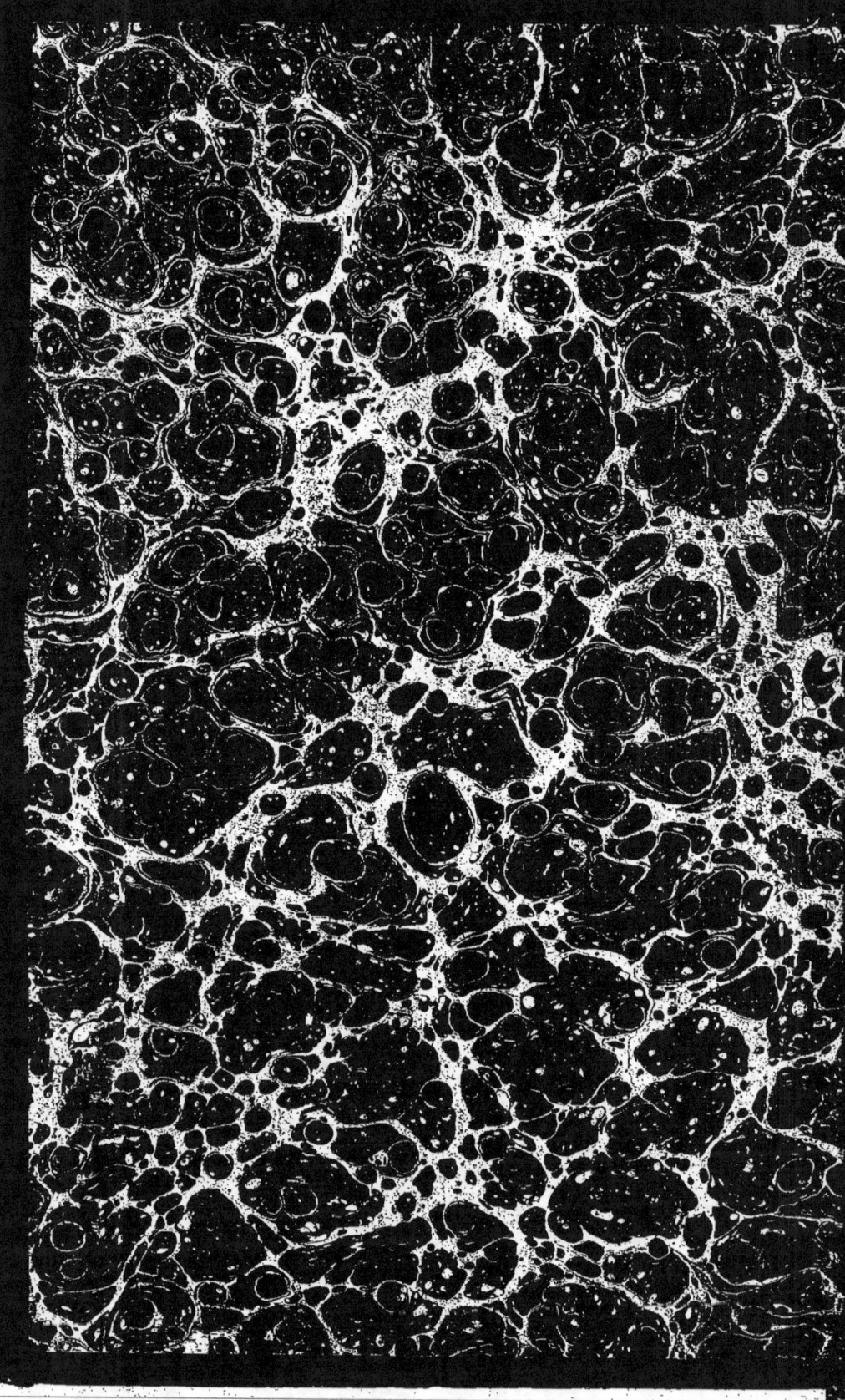

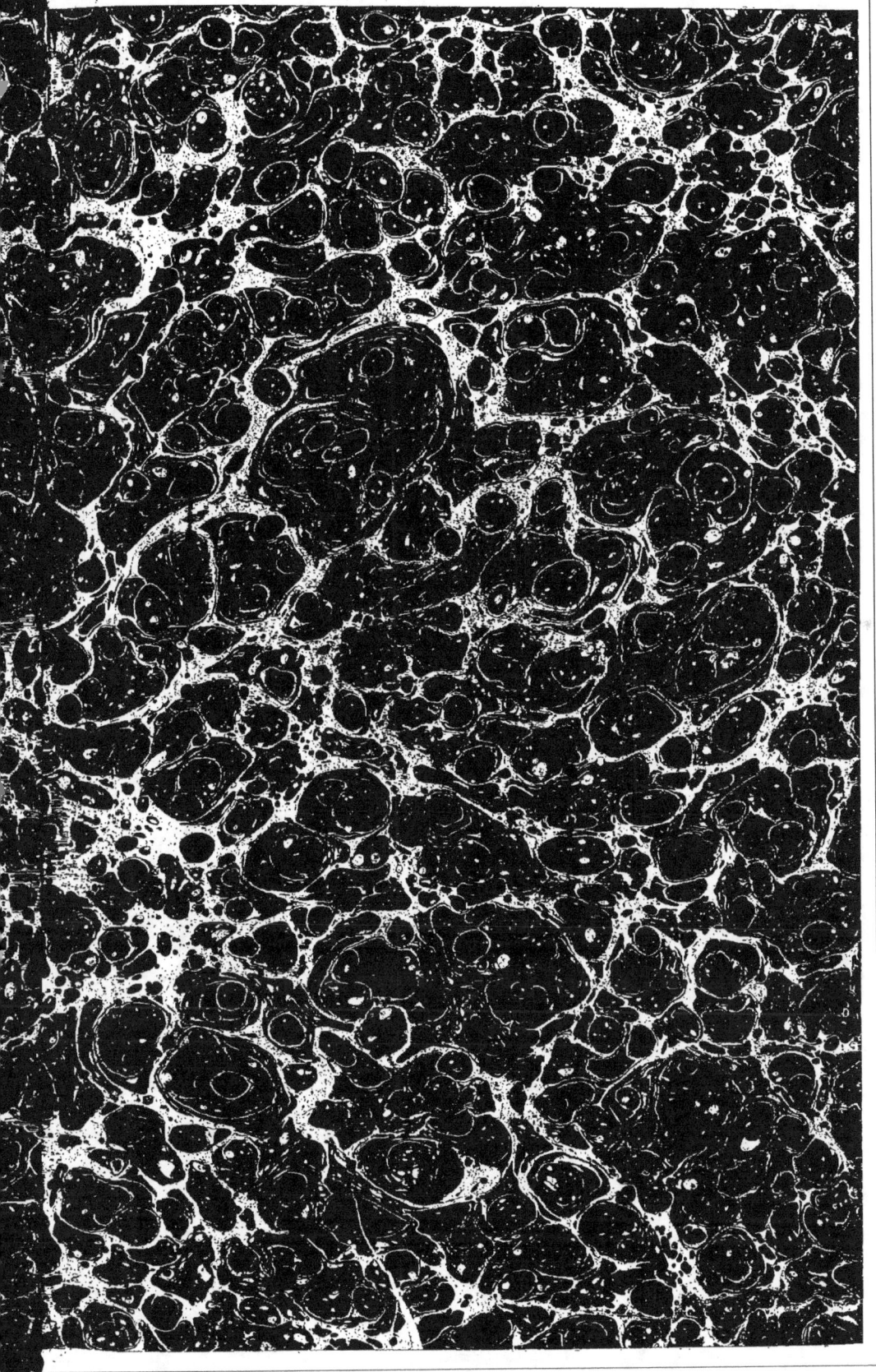

1291. 9ter.
H.

VOYAGE

AUX RÉGIONS ÉQUINOXIALES

DU

NOUVEAU CONTINENT.

IMPRIMERIE DE J. SMITH, RUE MONTMORENCY, N° 16.

VOYAGE

AUX RÉGIONS ÉQUINOXIALES

DU

NOUVEAU CONTINENT,

FAIT EN 1799, 1800, 1801, 1802, 1803 ET 1804,

PAR AL. DE HUMBOLDT ET A. BONPLAND;

RÉDIGÉ

PAR ALEXANDRE DE HUMBOLDT;

AVEC UN ATLAS GÉOGRAPHIQUE ET PHYSIQUE.

TOME ONZIÈME.

PARIS :
J. SMITH, Libraire, rue Montmorency, n° 16.
GIDE, Libraire, rue Saint-Marc-Feydeau, n° 20.

1826.

AVERTISSEMENT

DE L'ÉDITEUR.

En publiant les 11ᵉ et 12ᵉ volumes de la Relation Historique de M. de Humboldt (édition in-8°), l'Éditeur n'a pu compléter, comme il l'auroit désiré, le 12ᵉ volume. Une absence de M. de Humboldt en Allemagne, qui ne sera pas de longue durée, en a interrompu l'impression; et, pour faire jouir le public le plus tôt possible des intéressantes recherches sur l'état politique et commercial de l'île de Cuba, on a préféré publier les deux volumes, dont le dernier a quelques feuilles de moins, qui seront livrées au commencement de l'hiver. En attendant, nous joignons à ce volume l'Analyse raisonnée de la nouvelle carte de l'île de Cuba, analyse qui offre des discussions importantes pour la géographie de l'Amérique en général.

VOYAGE
AUX RÉGIONS ÉQUINOXIALES
DU
NOUVEAU CONTINENT.

SUITE DU
LIVRE IX.

SUITE DU
CHAPITRE XXVI.

Hauteur moyenne du baromètre au niveau de la mer, sous les tropiques.

PARMI les élémens numériques dont la géographie physique exige depuis long-temps une détermination précise, la hauteur moyenne du baromètre au niveau des mers, dans les différentes zones, est un des plus importans. Cette détermination embrasse deux questions entièrement distinctes : 1° quelle est la hauteur moyenne absolue du baromètre sur les côtes d'Europe et de l'Amérique équatoriale ? 2° cette hauteur est-elle la même, ou diffère-t-elle dans la zone tempérée et dans la zone torride ? Aucun de ces problêmes n'a été complétement résolu jusqu'ici. La détermination de la hauteur absolue suppose des évaluations exactes de l'effet de la capillarité, c'est-à-dire de la dépression du mercure dans les tubes des baromètres à cuvette. M. Arago s'est occupé de ce genre de recherches très-délicates en comparant les baromètres de la construction de Fortin à des baromètres à syphon. Il va bientôt publier les résultats de ce travail, qui offrira d'autant plus d'intérêt qu'il est lié à la question sur l'invariabilité du poids moyen de l'atmosphère dans une longue suite de siècles. Je ne traiterai ici que de la différence des hauteurs barométriques moyennes sous le parallèle de 49° et dans les régions équatoriales. Cette recherche avoit singulièrement fixé mon attention à l'époque où je quittai l'Europe. J'avois comparé avec soin deux de mes baromètres à celui d'après lequel M. Bouvard publioit les variations météorologiques faites à l'Observatoire de Paris. J'avois cru trouver à Cumana[1], au bord de la mer, la hauteur moyenne de $337^h,8$, ou $762^{mm},02$ à 25° du thermomètre centigrade, ce qui donne à zéro de température $758^{mm},59$. Comme à cette époque (1799) on supposoit la hauteur moyenne au niveau des mers, en Europe[2], d'après Shuckburg, de $761^{mm},18$ (à

[1] M. Caldas, que les réactions d'une politique sanguinaire ont enlevé aux sciences à un âge où son zèle pouvoit encore leur être si utile, pense que la différence de hauteur moyenne entre mon observation et celle de Shuckburg provient du peu d'accord que l'on trouve entre une colonne de mercure bouilli ou non bouilli dans les tubes (*Semanario*, Tom. I, p. 52). Cette cause n'a pu influer sur mes observations de Cumana et de la Guayra. J'avois porté d'Europe à Caracas deux baromètres à cuvette dont le mercure avoit été bouilli dans les tubes avec le plus grand soin par des artistes très-habiles.

[2] M. Oriani trouve, pour Milan, la hauteur moyenne sur les côtes de l'Adriatique (à 13°,5 cent. de température) $338^{lig},23$, ce qui donne $761^{mm},73$ à la température zéro. Selon M. Ferrer, la hauteur barométrique moyenne est, à la Havane, par 25°,7 cent. $338^{lig}55$, ou $763^{mm},71$, ou à 0° temp. 760,18. Ce résultat est identique avec celui de M. Boussingault; mais nous ignorons l'élévation du baromètre de M. Ferrer au-dessus

zéro de température), je devois nécessairement conclure de cette comparaison que *la moyenne barométrique au niveau des mers, dans la zone torride, étoit un peu moindre que dans la zone tempérée* [1]. Incertain sur la capillarité du

du niveau de l'Océan, et les précautions employées à Milan et à la Havane pour connoître la capillarité des tubes. Voy. *Dei combustibili, Memoria del Conti Bevelacque-Lanzisc*, p. 107. *Schumacher Astr. Nachr. Beil.*, Tom. II, n. 65; *Hertha*, n. 3, p. 246. Sur la dépression assez constante qu'éprouve le baromètre près du cap Horn, dans les mers de Sachalin et sur les côtes occidentales de la Norwège, où soufflent d'impétueux vents d'ouest, voy. *Krusenstern, Rec. de Mém. hydr.*, Tom. I, p. 29; *Léopold de Buch*, dans *Gilbert, Ann. der physik.*, Tom. XXV, p. 230; Id. *Barometrische Windroze*, p. 4.

[1] *Voyez* mon *Essai sur la Géogr. des plantes*, p. 90. Richer, Bouguer, La Condamine, Ulloa, et Don Jorge Juan croyoient, dans la première moitié du XVIIIe siècle, le baromètre au niveau des mers équinoxiales de $27^{po}11^{lig},5$; $28^{po}1^{lig}$, ou $28^{po}0^{lig}$. Les instrumens dont se servoient ces voyageurs étoient sans doute très-imparfaitement purgés d'air; car, comme on n'employoit aucune correction pour la température, on auroit dû trouver des hauteurs barométriques trop grandes. Si, récemment, on a exagéré un peu les hauteurs barométriques moyennes au niveau des mers d'Europe, c'est

baromètre que j'avois employé, j'évaluois, dans mon *Tableau des régions équinoxiales*, cette différence à deux millimètres, et je l'attribuois au mouvement ascendant de l'atmosphère tropicale qui déverse des couches d'air fortement échauffées vers les régions polaires. Ayant fait, avec mes instrumens, avant de m'embarquer pour Cumana, de longs trajets par terre de Paris à Marseille, à Murviedro, à Madrid et à la Corogne, je ne devois avoir que très-peu de confiance dans ma détermination. Heureusement je puis aujourd'hui y substituer une autre beaucoup plus précise. MM. Boussingault et Rivero ont comparé, conjointement avec M. Arago, avant de s'embarquer pour la Guayra, deux excellens baromètres de Fortin à celui de l'Observatoire de Paris. Ces deux baromètres ont conservé entre eux la même différence qu'ils avoient en Europe. Or, M. Boussingault a trouvé, au niveau de l'Océan, à la Guyara, la moyenne des *maxima* et *minima* observés pendant 12 jours $760^{mm},17$ (à zéro de température). M. Arago, par neuf

---

sans doute à cause des incertitudes qui enveloppent l'effet de la capillarité.

années d'observations de Paris, évalue la hauteur moyenne barométrique (en la réduisant à zéro de température et au niveau de l'Océan[1]), à 760^{mm},85. La différence des deux hauteurs moyennes, déterminées, pour ainsi dire, avec le même instrument, s'élève par conséquent à 0^{mm},68. Il ne faut pas oublier que, sous la zone torride, des causes accidentelles influent aussi sur les hauteurs moyennes : j'ai tâché d'évaluer avec soin les limites probables de ces changemens, et il résulte, de l'analogie de faits bien observés, qu'à la Guayra même, dans une autre saison, la moyenne barométrique, déduite des *maxima* de 9^h et des *minima* de 3$^{h\frac{1}{2}}$, auroit pu être trouvée d'un millimètre plus grande ou plus petite. Pour ne laisser aucun doute sur la question que nous agitons ici, il faudroit pouvoir comparer la moyenne de 9 années de Paris à la moyenne d'une année des côtes de Venezuela : mais jusqu'à ce jour nous ne possédons une année entière d'observations horaires que pour un seul en-

---

[1] Haut. bar. moyenne à Paris (Observatoire royal), 755^{mm},43. Différence entre l'Observatoire et le port du Havre, d'après une année d'observations correspondantes faites avec des instrumens comparés, 5^{mm},42.

CHAPITRE XXVI.

droit de la zone tropicale, entre 6° et 15° de latitude ; et ce seul endroit est le plateau de Bogota, élevé de plus de 2600 mètres au-dessus du niveau des mers équinoxiales.

~~~~~~~~~~

Température moyenne de Cumana. État hygrométrique et cyanométrique de l'air.

Pendant le séjour de six mois et demi que j'ai fait à la ville de Cumana (lat. 10° 27′ 52″), je me suis occupé simultanément de recherches, 1° sur la température moyenne du lieu [1], l'accroissement de la chaleur à différentes heures du jour, la température de la mer pendant le flot et le jusant [2] ; de l'intensité de chaleur du soleil, mesurée à différentes heures par des thermomètres placés à l'ombre et au soleil ; 2° sur les variations [3] horaires du baromètre ; 3° sur l'état hygrométrique [4], électrique et cyanométrique [5] de l'atmosphère ; 4° sur

[1] Tom. IV, p. 102, 103, 190, 191, 524-527.
[2] Tom. II, p. 181, 230-233 ; IV, p. 293-295.
[3] T. X, p. 334, 335, 474 et 475.
[4] Tom. II, p. 100, 101 ; III, p. 68 ; V, p. 175-179.
[5] Tom. II, p. 116, 134 ; IV, p. 187-189.

l'évaporation; 5° sur la quantité de pluie qui tombe dans les différens mois; 6° sur la déclinaison et l'inclinaison de l'aiguille aimantée [1], et sur l'intensité des forces magnétiques; 7° sur le mirage et l'influence que le lever et le coucher du soleil exercent sur l'inflexion des trajectoires [2]. Les volumes qui précèdent renferment déjà un grand nombre des résultats que j'ai pu obtenir : je traiterai ici spécialement de la distribution de la chaleur dans les différens mois de l'année, comme de l'état hygrométrique, cyanométrique et électrique de l'air de Cumana. Les expériences que j'ai faites sur l'évaporation et sur l'intensité de la chaleur des rayons solaires seront développées plus tard : elles serviront de terme de comparaison dans 'exposé des phénomènes météorologiques que l'on observe sur le dos des Cordillères de Quito et du Mexique. J'ai observé, à Cumana, le thermomètre, l'hygromètre à baleine de Deluc, et le cyanomètre de Saussure, pendant les mois de juillet, d'août, d'octobre et de novembre 1799; comme aussi pendant le

---

[1] Tom. IV, p. 24-29.
[2] *Ibid.*, p. 289-306.

mois d'août 1800, non tous les jours, mais souvent, pour mieux saisir les accroissemens progressifs, dix à douze fois dans un seul jour. Pendant mon voyage à Caracas et à l'Orénoque, j'ai prié une personne très-intelligente et très-zélée pour ce genre de recherches, M. Faustin Rubio, de consigner sur un registre les indications d'un thermomètre de Dollond (concordant avec les miens à 0°,2 cent. près) trois ou quatre fois par jour, à 7^h ou 8^h du matin, 2^h et 4^h après-midi et 11^h du soir. Ce thermomètre étoit placé à l'ombre dans un endroit aéré, loin du reflet du sol, au faubourg des Indiens Guayqueries. Cumana étant regardé comme un des endroits les plus chauds, les plus secs et les plus sains des basses régions de l'Amérique équinoxiale, il est important de faire connoître les observations partielles. J'en choisis, comme au hasard, parmi les 1600 que je possède : elles serviront surtout à constater que le climat des tropiques est bien plus caractérisé par la *durée de la chaleur* que par son intensité, c'est-à-dire par les *maxima* de température qu'atteint le thermomètre dans certains jours. Je n'ai vu cet instrument, à Cumana, jamais au-dessous de 20°,8 ni au-dessus de 32°,8 cent., et j'ai trouvé sur les registres de M. Orta, dont les thermomètres ont été comparés par les miens à ceux de l'Observatoire de Paris, qu'à la Vera-Cruz, en 13 ans, le *maximum* de chaleur n'a atteint que 3 fois 32° cent., et une seule fois 35°,7; tandis qu'à Paris[1] on a vu le thermomètre centésimal jusqu'à 38°,4.

I. OBSERVATIONS DE M. DE HUMBOLDT.

Juillet.	Th. R.	Hygr. Del.	Juillet.	Th. R.	Hygr. Del.
18					
8ʰ m.	18°.9	54° bleu.	2	23	45 bleu.
2	18.4	53 orage.	4 ½	20	48 nuages.
7 s.	18.7	... bleu.	6	18	65 pluie.
11 s.	19.0	55	11	18	60 bleu.
19			Août.		
6 ½ m.	18.7	53 bleu.	18		
9	20	50	3ʰ s.	22.5	00 orage.
1	22	....	5	21	49
2	22.4	49 orage.	9 s.	19	55
6 s.	20.2	00 bleu.	10	18.5	57 nuages
24			10 ½	18	59 bleu
7 m.	19.8	60 bleu.	minuit.	18	62 bleu.
midi.	23	50	26		
3	23.2	49.5 bleu.	midi.	23	53 bleu.
4 ½	22.5	50	3 s.	23.3	48
11 s.	18.1	56 bleu.	5	22.5	47.6
17			7	20.3	51 bleu.
5 ½	17	58 bleu.	11 s.	18.1	53 vent.
9	21	....	minuit.	18.0	00 bleu.
10 ½	22	....			

[1] *Voy.* Arago, sur les températures extrêmes observées à Paris dans l'*Annuaire du Bureau des Long.* pour 1825, p. 164.

CHAPITRE XXVI.

Août.	Th. R.	Hygr. Del.	Octobre.	Th. R.	Hygr. Del.
27			10	19.2	....
8 ½	19.2	57.5 bleu.	minuit.	19.1	00 vapeurs
9	19.5	57	23		
11 ½	22.5	49 nuages.	8h ½	20.5	53.5
midi.	24.0	48	10	22	52.5
2 s.	23.5	47 orage.	1	24.3	49.5
4	20	50.5	3 s.	24	49.5
6	18.7	54	4 ½	22	50.3
7	18.5	55 couv.	6	20.5	53
8	18	59 bleu.	11 s.	20	56.1
minuit.	17.5	60.5	24		
29			10	22	51.8
11 m.	22.5	52 bleu.	11	23	51
midi.	24.5	....	midi.	23.5	50.5
4 s.	23	51	1	23.2	50
4 ½	24	51 bleu.	5 ½	19.5	52.5
7	19.5	61 couv.	6	19.2	54
minuit.		67 bleu.	10	18.8	55.5
30			minuit.	18.6	56.5
7 ½	21.1	51 bleu.	25		
midi.	25.0	49	9	21	52.5
2	26	47 orage.	midi.	22.4	50.5
8 s.	19.2	56 bleu.	2	23	49.8
11	19	60	5	19.3	52.2
minuit.	18.5	60.2 bleu.	10 s.	19	62.3
31			26		
8 ½	20.3	54 bleu.	9	20.5	53.5
11	23	49	2 s.	23.2	50
midi.	23.6	48	5	20.2	52
2	23.4	47.7 bleu.	9	20	54
4	22.5	48	minuit.	18.2	56.5
11 s.	19	50	27		
minuit.	18.3	52	8	20.2	52.6
1	18	56 bleu.	11	21.5	51
Octobre.			midi.	23.2	50
22			11 s.	19.5	52.5
8h	20.4	00 bleu.	Novembre.		
10	21.5	....	3		
midi.	21.6	....	9	21	54
1	23.8	....	midi.	22	51
2	23.9	....	2	23	49
2 ½	23	00 bleu.	6	20.5	58
3	22	....	4		
5	21.5	....	9	22.4	49
6	20.9	....			
8 ½	19.2	00 vapeurs			

Novembre.	Th. R.	Hygr. Del.
4		
2 s.	23.2	48
5	22.5	54
7	21	60
11 s.	19	66
5		
10	22	54
midi.	22.5	50
3	23	49.4
4	20.2	50.2
5 ½	20.1	51.5
10	17.7	64

Le thermomètre (division de Réaumur) est réduit à celui des caves de l'Observatoire de Paris, lequel, d'après des recherches faites depuis mon retour en Europe, a été trouvé de 0°.37 c. trop élevé. L'hygromètre est à baleine: ses indications ne sont point corrigées par la température.

La nuit du 17 août, lorsque le thermomètre baissa rapidement à 18° R., on vit se former au même instant (par le refroidissement des hautes couches de l'air) un beau halo autour de la lune. Le 25 août, pendant un vent NE. furieux, le thermomètre baissa, à 9ʰ du soir, jusqu'à 17°,5 R. C'étoit le commencement des petites pluies qui forment ce que le peuple à Cumana appelle la saison d'hiver.

Jours que l'on regardoit comme excessivement chauds à Cumana, en 1799 et 1800,

le 27 août à midi 24°,0 R.
29 ——— 24°,5
30 ——— 26°,0
10 oct. tout le
jour..... 24°,2
toute la nuit. 23°,0
26 mars à 2ʰ.. 25°,7
14 mai à 4ʰ.. 26°,2

Quand le thermomètre a été, à Cumana, pendant trois jours, à 23°-25° R. (hygr. 48° Deluc), on éprouve un sentiment de froid lorsque le thermomètre descend, après une pluie d'orage, jusqu'à 18°-19° R. (hygromètre 62°Deluc). *Voy.*Tom. II, p. 317-320.

Septemb.	Th. R.	Hygr.
1ᵉʳ		
8ʰ m.	20°.8	82° an s.
10 s.	20.7	86
2		
9 m.	21.3	78
3 s.	22.2	82
minuit.	20.7	84
3		
10 m.	22.5	76
1 n.	20.9	83
4		
7 m.	20.7	82
3 s.	22.5	87
11 n.	22	78
5		
1 s.	22.8	37 Deluc.
3	23.0	36
11 n.	22.5	37
6		
3 s.	22.5	33.5
11 n.	20.7	36
7		
5 m.	19	43
3 s.	23.5	35
1 n.	19.5	49
8		
9 m.	23.3	33
3 s.	26.0	31
1 n.	20.2	37
9		
9 m.	23.5	27 bleu.
10 n.	22.5	45 pluie.
minuit.	18.3	50 bleu.

CHAPITRE XXVI.

Septemb.	Th. R.	Hygr.		Septemb.	Th. R.	Hygr.
10				14		
1 s.	24.0	29		7	18	47
3	19.7	37 pluie.		midi.	23	32
minuit.	18.8	50		11 n.	18.7	49
3 m.	18.3	50		15		
11				5 ½	18.5	47
9 m.	20.2	41		7	21	38
midi.	22.9	30		8	21.2	33
minuit.	19.3	40		10	23	32
12				midi.	23.3	32 bleu.
8 m.	20	37		3	19	70 pluie.
midi.	24	31		6	19.5	55
11 n.	21	38		11 n.	18	53
13				16		
5 ½ m.	19	41		8 m.	17.5	43
midi.	23.7	32		3 s.	22.0	35
1 n.	17.5	59		11 n.	19	48

OBSERVATIONS DU CYANOMÈTRE.

Jours.	Cyanom.	Th. R.	Hygr.
18 *août*.			
midi.	21°	22°.4	38° Deluc.
29 midi.	22	24.5	
30 midi.	19	24.8	
31 midi.	16	21	38.9
11 *sept*.			
7 m.	11.3	18	42
7 ¾	14	20.3	41.5
8	13	20.2	41
9	14	22	36
10	14	23	31.5
11	17.7	22.9	30
3 s.	18	.6	30
14			
7ʰ m.	13.7	18	47
9	17	21.2	40
10	18	21.7	35.4
midi.	23	23.8	30
16			
8 m.	14.5	17.5	43
9	18.5	20.8	41
11	19.5	22	34

Jours.	Cyanom.	Th. R.	Hygr.
18			
6 ¾ m.	15	18.4	43
7	16.3	19.2	41.7
7 ½	17.0	20.3	41
8	17.8	21.3	40
9	17	21.4	38.2
9 ½	18	21.7	36
11	22	23.5	32
midi.	22	23.8	29
1	23	24.5	29
3	17	24.3	32
19			
6 ½	15	16.7	40.7
7	16.8	17.5	39
7 ½	18	19.4	38.5
8	20	19.5	37.4
8 ½	20	21.2	36
9	20.4	21.7	35
9 ¾	19	22.6	33
11	18	23.5	30.2
midi.	18	23	29

De 1-4 septembre, hygr. de Saussure de 5-16 septembre, hygr. de Deluc.

Les observations du cyanomètre ont été très-fatigantes, à cause de l'intensité de la lumière dans ces régions. On a choisi des jours calmes et entièrement sereins. L'observation, toujours au zénith, ou tout près du zénith. Lorsque le vent s'élève, la teinte du ciel devient un peu plus pâle, sans que l'hygr. change ou que les vapeurs vésiculaires deviennent visibles. La couleur du ciel est généralement à Cumana, vers midi, de 22°-24° du cyanomètre de Sauss., lorsqu'à Paris (par 20° R. de température) elle est le plus souvent de 16°. Quelquefois (les 31 août et 19 septembre) le ciel a été singulièrement pâle, sans qu'il y ait eu le moindre souffle de vent. Tom. II, p. 116-134.

Souvent, par un vent d'est très-fort, on jouissoit d'une fraîcheur extraordinaire, quoique le thermomètre n'eût baissé que de 1°,5 R., et l'hygromètre de Deluc n'eût marché vers le point de l'humidité extrême que de 3°. Les étoiles ne *scintillent* pas, à Cumana, au-dessus de 25° de hauteur; cependant, les 24 et 26 octobre, la scintillation devient très-sensible jusqu'au zénith, lorsque le thermomètre étoit descendu rapidement à 18°,5 R. La scintillation semble augmenter à Cumana, moins par l'humidité que par un refroidissement subit et par des courans ascendans et descendans qui mêlent des couches d'air de densités très-différentes. L'hygromètre indique si peu la scintillation que je l'ai vu passer de 50° à 59°, même à 62° (division de Deluc), et cependant les étoiles, loin de *scintiller*, conservoient, au-dessous de 25°, leur lumière tranquille et planétaire. Ces phénomènes confirment l'explication ingénieuse de la scintillation donnée par M. Arago. (Tom. IV, p. 12, 15, 283; V, 117, 120; VI, 259 et 260). A Cumana, il n'est jamais tombé *de grêle*, quoique les explosions électriques y soient fréquentes 2^h après le *maximum* de la chaleur. Quand le thermomètre étoit à l'air 24° R., l'eau la plus fraîche que les habitans se préparoient par rayonnement et par évaporation (en l'exposant à des courans d'air dans des pots qui transsudent un peu), avoit encore 21° R. M. Chisholm dit : « Sous les tropiques, je n'ai jamais pu rafraîchir l'eau, dans des cruches, au-dessous de 72° Fahr. (17°,7 R.). » Des expériences délicates que j'ai tentées, pour vérifier le point de l'humidité extrême de mon hygromètre à baleine au moment de mon départ de Cumana pour Caracas, m'ont fait soupçonner que, vers la fin d'octobre, cet instrument indiquoit des humidités trop fortes de 1°,8. Le 50me degré de mon hygromètre de Deluc n'étoit peut-être égal qu'à 84°,7 de l'hygromètre à cheveu, tandis que 50° d'un hygromètre de Deluc, bien rectifié dans ces points extrêmes, font 85°,5 de l'hygromètre à cheveu de Saussure. Le 5 septembre, à 3^h après midi (th. 23° R.; hygr. 36° Del.), j'ai vu tomber de *grosses gouttes de pluie* par un ciel *tout bleu*, sans traces de nuages. Le même jour, entre midi et 3^h, le thermomètre montoit, dans les rues de Cumána, à l'ombre, mais exposé au reflet des édifices, 5 pieds au-dessus du sol, à 29° R.

(36°,2 cent.). *C'est la chaleur à laquelle on est exposé, pendant la majeure partie de l'année, à Cumana, en plein air, dans les rues et sur les grandes places, sur un sol blanc et poudreux.* Quand la température moyenne du jour (du lever au coucher du soleil, sans compter la nuit) est de 22°-24° R., on jouit d'une *grande fraîcheur* entre 17°-19° R. (21°,8-23°,7 cent.). Dans les temps les plus secs, pendant la nuit (à 19° R.), l'hygromètre de Deluc se soutient souvent à 30° (65°,3 Saussure). Le lever du soleil fait aller l'hygromètre à l'humidité, mais très-lentement. Le 17 septembre, l'hygromètre de Deluc : à 4^h après minuit, 44°7 (th. 17°,9 R.). Pendant le crépuscule, qui ne dure que quelques minutes : hygr. 45°,5 (th. 17°5). L'évaporation causée par les premiers rayons infléchis du soleil produit du froid. On sent un peu de vent comme en Europe. A 6^h : hygr. 44°,5 (th. 17°,8); à 6$^h\frac{1}{2}$: hygr. 38°. Le 19 septembre : hygr. à minuit, 35° (th. 19°,4); à 4^h après minuit : hygr., 39° (th. 19°); à 6^h du matin : hygr., 41° (th. 22° R.). En compulsant l'ensemble de mes observations hygrométriques de Cumana, je trouve par 22° R. (27°,5 cent.) de température :

Relat. hist., Tom. 11.

Moy. du jour. juillet	47°.6; de nuit	56°.2; des 24ʰ	51°.9
août	45°.4	58°.0	51°.7
octob.	46°.7	55°.7	51°.4
Moy. de trois mois..	46°.6	56°.7	51°.7 Del.
ou..	83°.5	89°.1	86°.3 Saus.

A Genève, des moyennes de 1796-1802 donnent aussi 82°,3 de l'hygromètre de Saussure, mais par 9°,6 cent. de température. Lorsque les évaluations de l'humidité atmosphérique en degrés de l'hygromètre de Saussure sont très-rapprochées les unes des autres (entre 83°-89°), la moyenne arithmétique diffère très-peu de la véritable moyenne hygrométrique. L'erreur deviendroit très-grave entre 70° et 90°, comme on peut s'en assurer en examinant le tableau de la tension des vapeurs, fondé sur les belles expériences de M. Gay-Lussac. Pendant quelques jours singulièrement secs du mois de septembre, j'ai vu baisser, à Cumana, l'hygromètre à cheveu jusqu'à 64° (29°,5 de l'hygromètre à baleine), par une température de 28°,7 cent.

Pluies et orages.

La saison des pluies qui, en d'autres parties des tropiques, donne 100 à 115 pouces d'eau

(Tom. III, p. 371 et suiv.) par an, en produit à Cumana à peine 7 à 8 pouces. J'ai recueilli en septembre et en octobre (saison des pluies) :

31 août	3li.2
8 septembre ...	2.0
9 ——————	5.4
12 ——————	6.1
15 ——————	2.1
16 ——————	6.7
18 ——————	3.8
30 ——————	0.7
2 octobre	8.8
4 ——————	13.7
6 ——————	3.3
22 ——————	10.5
24 ——————	0.9
28 ——————	4.2
30 ——————	0.9
	72.5 lignes ou 0m,163.

Les plus fortes averses ont produit partiellement 14 lignes d'eau ; elles tombent par gouttes d'une grosseur énorme, et c'est ce qui caractérise les petites pluies des tropiques par gouttes qui restent très-éloignées les unes des autres. Il y a eu des années (1798 et 1799) où, pendant neuf mois, de décembre en septembre, les pluies n'ont pas donné 2 pouces d'eau. Dans le Nouveau-Continent, on ne peut comparer, avec la sécheresse de Cumana, de Punta Araya et de l'île de la Marguerite, que la province de Ciara, au Brésil, où quelquefois (1792-1796) il ne pleut pas pendant plusieurs années (*Corogr. bras.*, II, p. 221). La végétation, malgré la sécheresse, est assez fraîche à Cumana, par exemple près de la *Chara de Capuchinos*. La rosée est presque nulle. Le peu d'eau qui tombe à Cumana descend en averses avec une rapidité extraordinaire. Ces averses ne durent généralement que 15 à 20 minutes. J'ai vu tomber en 6 minutes au *maximum* $4\frac{1}{2}$ lignes. Toutes mes mesures ont été faites dans des vases cylindriques, et de manière que l'évaporation n'a pu devenir une cause d'erreur. Pendant le grand orage du 16 septembre 1802, j'exposai à Cumana deux ombromètres cylindriques, à des hauteurs qui ne différoient perpendiculairement que de 22 pieds. Il pleuvoit à verse de $3^h 25'$ à $4^h 5'$; je trouvai, dans l'ombromètre le plus élevé, $6\frac{7}{10}$ lignes; dans l'ombromètre le plus bas, $7\frac{1}{2}$ lig. d'eau. Le docteur Heberden a vu des différences jusqu'à 15 pieds de hauteur. Le 28 septembre et le 2 octobre, je ne remarquai aucune différence entre les deux stations de l'ombromètre. Toutes les pluies de ces contrées sont électriques, et s'annoncent par des signes d'électricité très-sensibles pour l'électromètre de Volta, armé d'une mèche enflammée. Ce qui m'a frappé, surtout à Cumana, c'est que, peu de minutes avant que la pluie tombe, l'hygromètre à cheveu ne continue pas seulement d'indiquer 67° à 68°, ce qui est une sécheresse considérable pour ces contrées, mais (sans aucun changement de température), qu'il *rétrograde*, vers la sécheresse, de 1 à 2 degrés, à mesure que le ciel s'obscurcit et prend cette intensité de bleu-noirâtre qui précède les explosions électriques. A Cumana, les mots *tonnerre*, *hiver* et *pluie* (*trueno*, *invierno*, *aguasero*) sont synonymes. Le thermomètre baisse, pendant la pluie, de 24° R. tout au plus à 17°. Le ciel, en s'obscurcissant, resté uniformément bleu, ne montre pas de vapeurs divisées par groupes, et acquiert une intensité de couleur qui va jusqu'à 47° du cyanomètre. Les cocotiers, et toutes les plantes dont les feuilles sont lustrées, se détachent alors en *clair* sur la voûte azurée, et paroissent tout à coup plus rapprochées de l'observateur : il règne un calme parfait dans l'air. L'électricité atmosphérique que j'ai trouvée, à Cumana, généralement nulle de 7^h du matin à 2^h après midi, en l'essayant avec l'électromètre de Volta, sur une terrasse de 30 pieds de hauteur et entièrement libre, devient tout d'un coup si forte, que la divergence des boules de moelle de sureau s'élève à 8 lignes ; bientôt il n'est plus nécessaire d'armer l'instrument d'une mèche. L'électricité passe souvent du positif au négatif, sans qu'on entende encore gronder le tonnerre. Dans un grand nombre d'orages, la charge électrique des basses régions de l'air me paroissoit négative 20 minutes avant les explosions les plus fortes, quoique je fisse mes expériences loin des arbres, au milieu du *Salado*, dans une vaste plaine. La pluie qui tombe pendant l'orage, a quelquefois la température de 17°,8 ; dans ce cas, je l'ai trouvée d'un degré plus froide que l'air, au moment de l'averse. Comme, avec le même électromètre, j'ai fait beaucoup d'expériences en plein champ, dans les climats tempérés, à Salzbourg, à Bayreuth, à Vienne, à Marseille et à la Corogne, je puis assurer que la charge d'électricité, qui devient sensible sous les tropiques, pendant l'orage, dans les basses régions de l'air, est d'une intensité surprenante. J'ai vu, après trois quarts d'heure d'orage, d'éclairs et de pluie, dans l'électromètre de Volta, sans que le conducteur fût armé d'une mèche enflammée, un écartement des boules de 10 lignes. Souvent, au moment du tonnerre, l'électricité ne change pas de + en — ou de — en + ; d'autres fois, ces passages ne sont accompagnés d'aucune explosion ; d'autres fois encore, l'électricité, qui étoit positive de 14 lignes, devint tout d'un coup zéro au moment du tonnerre, resta nulle pendant 4 à 5 minutes, et devint positive de nouveau. Il m'a paru généralement que les gros nuages électriques sont beaucoup plus élevés dans la zone torride qu'en Europe ; le peuple croit que la foudre y atteint plus rarement la terre.

II. OBSERVATIONS DE DON FAUSTINO RUBIO.

Je ne donnerai que les observations partielles en degrés du thermomètre de Fahrenheit, pour les deux mois de janvier et de mai, dont la température moyenne diffère le plus.

JANVIER 1800.				MAI 1800.			
JOURS.	THERMOMÈTRE à 7ʰ du matin.	THERMOMÈTRE à 2ʰ après midi.	THERMOMÈTRE à 11ʰ du soir.	JOURS.	THERMOMÈTRE à 7ʰ du matin.	THERMOMÈTRE à 2ʰ après midi.	THERMOMÈTRE à 11ʰ du soir.
3	78°	82°	81°	1	81°	89°	84°
4	78	85		2	82	87	84
5	79	83		3	82	89	84
6	77	84	80	4	81	88	84
7	76	82	80	5	82	88	84
8	76	82	80	6	82	88	85
9	80	85	81	7	82	89	85
10	80	84	80	8	82	89	84
11	78	83	80	9	81	88	83
12	80	83	80	10	81	87	83
13	79	83	78	11	82	86	83
14	74	82	79	12	81	88	
15	76	82	80	13	82	88	86
16	77	82	80	14	81	90	86
17	76	83	80	15	81	89	86
18	76	85	81	16	81	88	84
19	78	84	80	17	81	89	84
20	78	84	80	18	81	88	83
21	79	85	80	19	82	89	83
22	75	83	80	20	81	86	81
23	76	83	80	21	81	88	83
24	75	83	80	22	80	88	83
25	78	85	80	23	82	88	83
26	79	85	80	24	80	88	83
27	78	84	80	25	81	89	83
28	77	83	81	26	79	89	82
29	76	84	81	27	80	88	84
30	78	85	80	28	82	87	
31	76	82	79	29	81	88	83
				30	82	87	82
				31	73	86	83

CHAPITRE XXVI.

L'uniformité de température aux mêmes heures est très-remarquable : dans les mêmes deux mois, d'après les observations très précises de MM. Boussingault et Rivero, sous le climat de Bogota, appelé *très-variable*, le thermomètre centigrade ne varie aussi, dans les différens jours, que de 1° ou 1°,5. Il résulte de l'ensemble des observations que je possède, que l'on peut admettre pour

CUMANA (5 t.)
Température moyenne de l'année.......... 27°.7 cent.
     du mois le plus chaud, 29°.1
     du mois le plus froid.. 26°.2

SANTA-FE DE BOGOTA (1366 t.)
     14°.6 cent.
     16°.8
     14°.4

Les seules observations du 19 nov. au 26 août donnent, pour Cumana, en n'employant que le *minimum* de 7ʰ du matin et le *maximum* de 2ʰ après midi :

Moyennes des mois.		Températures extrêmes	
		maxima.	minima.
Novembre...	22°.76 R.	24°.8 R.	23°.1 R.
Décembre....	21.70	24.0	21.7
Janvier.......	21.49	23.5	22.2
Février.......	21.56	24.4	22.2
Mars.........	21.20	25.3	23.1
Avril.........	23.04	25.7	23.5
Mai..........	23.35	26.2	24.2
Juin..........	22.71	24.8	21.3
Juillet........	21.79	24.4	21.3
Août.........	22.00	24.8	22.2
Moyennes...	22.16 R.	24.8 R.	22.5 R.
ou........	27.66 cent.	ou 30.9 cent.	28.7 cent.

« Peut-être la moyenne générale de Cumana est-elle de quelques décimales plus forte, parce que les températures des mois de septembre et d'octobre excèdent un peu celles du mois d'août. Les moyennes des extrêmes (*maxima*) de chaleur ne surpassent que de 3°,3 cent. la moyenne de l'année entière. En comparant la température moyenne de trois villes de la république de Colombia dans lesquelles un grand nombre d'observations météorologiques ont été faites, nous trouvons : Cumana (lat. 10° 27'; haut. 5 toises), 27°,7 cent.; Caracas (lat. 10° 31'; haut. 480 t.), 21°,5 ; Santa-Fe de Bogota (lat. 4° 35'; haut. 1366 t.), 14°,6, A l'extrémité de la zone torride, à la Havane (lat. 23° 10′), la température moyenne de l'air diffère encore très-peu (de 2°,1 cent.) de la température moyenne de Cumána; mais la différence du mois le plus froid est, dans ces deux endroits, de 5°. (Tom. IV, p. 98, 104, 195.)

NOTES DU LIVRE X.

Note A.

Comme je me suis proposé de réunir dans cet ouvrage tout ce qui peut répandre quelque jour sur l'histoire des deux Amériques, je vais rapporter succinctement les résultats des recherches les plus récentes sur les lignes de fortifications et les *tumulus* trouvés entre les *Rochy-Mountains* et la chaîne des Alleghanis. Les fortifications occupent principalement le terrain compris entre les grands lacs du Canada, le Mississipi et l'Ohio, depuis les 44° jusqu'aux 39° de latitude. Celles qui avancent le plus vers le nord-est, se trouvent sur le Black-River, un des affluens du lac Ontario. Si de là on se porte vers l'ouest, on découvre d'abord des monumens épars et peu considérables dans le comté de Genesee; mais, plus loin, ils augmentent en nombre et en grandeur, à mesure qu'on avance vers les bords de Cataraugus-Creek. De ce Creek, à l'ouest et au sud-ouest, ils se suivent sans interruption sur une longueur de 50 milles. Les fortifications anciennes les plus remarquables dans l'état de l'Ohio sont : 1° Newark (Licking County). Un octogone très-régulier renfermant une *area* de 32 arpens, et tenant à une circonvallation circulaire de 16 arpens. Les huit grandes portes de l'octogone sont défendues par huit ouvrages particuliers opposés à chacune des ouvertures. 2° Perry County. De nombreux murs, non en torchis, mais en pierre. 3° Marietta. Deux grands carrés avec douze portes; les murs de terre ont 21 pieds de haut et 42 pieds de base. 4° Circleville. Un carré avec huit portes et huit petits ouvrages pour la défense de ces portes, tenant à un fortin circulaire entouré de deux murs et d'un fossé. 5° Point-Creek, au confluent du Scioto et de l'Ohio. Les fortifications sont en partie irrégulières; l'une d'elles contient 62 arpens. 6° Portsmouth, vis-à-vis Alexandria. De grandes ruines, disposées sur des lignes parallèles, annoncent qu'il y avoit anciennement une nombreuse population dans cet endroit. 7° Petit Miami et Cincinnati. Un mur de 7 pieds de haut et 6300 toises de long; il va du Grand au Petit Scioto. (*Journ. du général Clinton*; *Western Gazetteer*, p. 108; *Warden, Description des États-Unis*, Tom. IV, p. 137; *Weekly Recorder of the Ohio*, Vol. II, n° 41, p. 324; *Med. Repos.*, Vol. XV, p. 147; *New Series of the Med. Reposit.*, Vol. III, p. 187; *Harris's Tour*, p. 149; *Drake's Picture of Cincinnati*, p. 204; *Mease's Geolog. Account of the United States*, p. 478; Caleb Atwater, dans l'*Archæologia Americana, or Transactions of the American Antiquarian Society of Worcester, Massachusetts*, 1820, p. 122, 141, 147.) Tous les fortins carrés sont aussi exactement orientés que les pyramides égyptiennes et mexicaines; lorsque les fortins n'ont qu'une seule ouverture, elle est dirigée vers le soleil levant. Les murs de ces lignes de fortifications sont le plus souvent de terre; mais à 2 milles de Chillicothe, dans l'état de l'Ohio, on trouve une muraille, construite en pierres, de 12 à 15 pieds de haut et de 5 à 8 d'épaisseur, formant un enclos de 80 arpens. On ne sait pas encore assez exactement jusqu'où ces ouvrages s'étendent à l'ouest, le long du cours du Missouri et de la rivière Platte; mais, de même qu'on ne les trouve pas au nord des lacs Ontario, Erié et Michigan, elles ne dépassent pas non plus la chaîne des Alleghanis. On doit regarder, comme une exception très-remarquable, quelques circonvallations que l'on a découvertes à l'est de cette chaîne sur les bords du Chenango, près d'Oxford, dans l'état de New-York. Il ne faut pas confondre avec ces monumens militaires les tertres ou *tumulus* qui renferment des milliers de squelettes d'une race d'hommes trapus et qui avoient à peine 5 pieds de haut. Ces tertres augmentent en nombre du nord vers le sud : les plus élevés sont près de Wheeling et Grave-Creek (diam. 300 pieds, hauteur 100 pieds); près de Saint-Louis, sur le Cahokia-Creek (diam. 800 pieds, haut. 100 pieds); près de New-Madrid (diam. 350 pieds); près de Washington, dans l'état de Mississipi et près de Harrisontown. M. Brackenridge croit qu'il peut y avoir près de 3000 *tumulus* de 20 à 100 pieds de hauteur, entre les embouchures de l'Ohio, de l'Illinois, du Missoury et du Rio San Francisco, et qu'ils indiquent, par le nombre des squelettes qu'ils renferment, combien jadis étoit considérable la population de ces contrées. Ces monumens, que l'on regardé comme des lieux de sépultures de grandes communes, sont le plus souvent placés au confluent des rivières, sur les points les plus favorables au commerce. La base des *tumulus* est ronde ou de forme ovale : ils sont généralement coniques, quelquefois aplatis au sommet, comme pour servir aux sacrifices ou à d'autres cérémonies qui doivent être vues par une grande masse de peuple à la fois. (Voyez mes *Vues des Cordillères*, p. 35.) Près de Point-Creek et de Saint-Louis, il y en a de deux et trois étages, et qui rappellent par leur forme les *teocallis* mexicains et les pyramides à gradins de l'Égypte et de l'Asie occidentale. Les *tumulus* sont construits partie en terre et partie en pierres (*Stone-Mounds*) jetées les unes sur les autres. On y a trouvé des haches, de la faïence peinte, des vases et ornemens de cuivre, un peu de fer, de l'argent en plaques (près de Marietta), et peut-être de l'or (près Chillicothe). Quelques-uns de ces tertres, qui n'ont que quelques pieds de hauteur, sont placés tantôt au centre, tantôt dans le voisinage des circonvallations circulaires : ils ressemblent aux *cerritos hechos a mano*, que, dans le royaume de Quito, près de Cayambe, on appelle *adoratorios de los Indios antiguos*; c'étoient, ou des tribunes pour haranguer le peuple assemblé, ou des lieux de sacrifices. Quelquefois, lorsqu'ils ont de 20 à 25 pieds de haut, on peut les considérer comme des espèces d'observatoires destinés à découvrir les mouvemens d'un ennemi voisin. (*Arch. Amer.*, Tom. I, p. 185, 189, 246, 210, 168, 178.) Les grands *tumulus*, de 80 à 150 pieds de haut, sont le plus souvent isolés; d'autres fois aussi ils semblent du même âge que les fortifications auxquelles on les trouve liés. Ces dernières méritent une attention particulière : je ne connois nulle part quelque chose qui leur ressemble, soit dans l'Amérique méridionale, soit dans l'ancien continent. La régularité des formes polygones et circulaires, les petits ouvrages destinés à couvrir les portes de l'enceinte sont surtout très-remarquables. On ignore si ce sont des enclos de propriétés, ou des murs de défense contre des peuples ennemis (*Relat. hist.*, T. I, p. 170, 171), ou des campemens retranchés, comme dans l'Asie centrale. L'usage de séparer par des circonvallations les différens quartiers d'une ville se trouvoit également dans l'ancien Tenochtitlan et dans la ville péruvienne du Chimu, dont j'ai examiné les ruines, entre Truxillo et les côtes de la Mer du Sud. (*Essai politique*, Tom. I, p. 191.) Les *tumulus* sont des constructions moins caractéristiques, et ils peuvent être dus à des peuples qui n'ont eu aucune communication entre eux; aussi les deux Amériques, le nord de l'Asie et tout l'est de l'Europe en sont couverts. On assure que les Omawhaws de la rivière Platte en construisent encore. Par les crânes que renferment les *tumulus* des États-Unis, ces monumens offrent un moyen presque sûr de reconnoître à quel degré la race d'hommes qui les a élevés différoit de la race d'Indiens qui habitent aujourd'hui ces mêmes contrées. M. Mittchill croit que les squelettes des cavernes du Kentucky et du Tenesée « appartiennent à des Malays qui sont venus par l'Océan-Pacifique sur les côtes occidentales de l'Amérique, et qui ont été détruits par les ancêtres des Indiens d'aujourd'hui, qui étoient de race tatare (mongole?). » Quant aux *tumulus* et aux fortifications, le même savant suppose, avec M. De Witt Clinton, que ces monumens sont l'ouvrage des peuples scandinaves qui, depuis le 11e jusqu'au xive siècle, ont visité les côtes du Groenland, Terre-Neuve ou le Vinland, Drogeo, et une partie du continent de l'Amérique du nord (*Vues des Cordillères*, Tom. I, p. 85). Si cette hypothèse étoit fondée, les crânes trouvés dans les *tumulus*, et dont M. Atwater, à Circleville, possède un si grand nombre, devroient appartenir non à la race américaine, non aux races tatare-mongole et malaye, mais à la race vulgairement appelée caucasienne. La gravure de ces crânes, donnée dans les Mémoires de la Société de Massachusetts, est trop imparfaite pour décider une question historique si digne d'occuper les ostéologues des deux continens. Il faut espérer que les savans distingués dont s'honorent aujourd'hui les États-Unis, se hâteront de faire passer en Europe les squelettes des *tumulus* et ceux des cavernes, pour les comparer entre eux avec les habitans actuels de race indigène et avec les individus de races malaye, mongole (tatare) et caucasienne que renferment les grandes collections de MM. Cuvier, Sommering et Blumenbach. Pour avancer dans ce genre de recherches, si importantes pour l'histoire de l'espèce humaine, l'attention doit être portée, ce me semble, sur trois points principaux; savoir: 1° sur les comparaisons ostéologiques, qui ne peuvent se faire avec succès d'après des dessins, des descriptions, ou le simple témoignage des voyageurs. Il faut comparer les crânes des anciens habitans (de cette race que l'on croit éteinte) avec les crânes des différentes variétés de l'espèce humaine, et ne pas oublier, dans cette comparaison, que, parmi les indigènes actuels du Nouveau-Continent, quelques tribus offrent aussi des variétés de conformation très-remarquables. Il suffit de citer, dans le nord, les Esquimaux-Tchougazes, dont les enfans naissent tout blancs; plus au sud, les Chepewyans, les Panis (Apaches) et es Sioux, trois peuples que, d'après leurs traditions et leur aspect, Mackenzie, Pike et Lewis considèrent comme venus d'Asie et comme fortement mongolisés (*Mackenzie*, *voy.* Tom. I, p. 275; Tom. III, p. 342; *Pike*, p. 274; *Lewis* et *Clark*, p. 146). 2° Sur les rapports de construction ou de position géographique que l'on observe entre les monumens des Etats-Unis, des rives de l'Ohio et du Missoury, et les monumens mexicains du Gila et de Nabajoa. Le pays compris entre les 33° et 41° de latitude (dans le parallèle des embouchures de l'Arkansas et du Missoury) est regardé, d'après les historiens aztèques, comme l'ancienne demeure des peuples civilisés d'Anahuac. Ces historiens placent la première station des Mexicains, dans le cours de leur migration du nord au sud, sur les bords des lacs (fabuleux?) de Teguayo et des Timpanogos; la seconde station est marquée par les ruines des *Casas-Grandes* du Rio Gila, que les Pères Garcés et Font ont décrites d'une manière détaillée (*Essai politique*, Tom. I,

p. 298, et dans mon *Atlas du Mexique*, les cartes I et II). Ces édifices, qui occupent une lieue carrée, sont exactement orientés d'après les quatre points cardinaux; ils sont, comme l'ancien Charachorin, la capitale des Mongols, entourés de lignes de fortifications. On reconnoît les vestiges de grosses tours qui se trouvoient liées par des murs construits en torchis. (Ce système de défense rappelle les monumens militaires des Etats-Unis : il y a cependant des Casas-Grandes sur le Rio Gila aux fortifications anciennes de Black-River, affluent du lac Ontario, plus de 600 lieues de distance.) 3° Sur les traditions et l'état moral des peuples qui habitent le pays entre la rive droite du Mississipi et les côtes de l'Océan-Pacifique. Lorsqu'on se porte de la Haute-Louisiane vers le Rio Colombia, on voit la civilisation augmenter progressivement à l'ouest des Montagnes Rocheuses qui se joignent, par la Sierra Verde et la Sierra de las Grullas, aux Andes mexicaines d'Anahuac. (*Brackenridge, Vews of Louisiana*, p. 173. *Mac-Culloch, Researches on America*, p. 203.) Dans le Moqui, traversé par le Rio Yaquesila, les Pères du Collége séraphique de Queretaro ont encore trouvé, en 1773, une ville indienne fortement peuplée, avec deux places publiques, des maisons à plusieurs étages, comme aux Casas-Grandes, et des rues parallèles entre elles. Les indigènes de ces contrées, près desquelles on place la *première station* des peuples mexicains, ont de longues barbes, comme les Ainos (habitans de Tarakai) de l'Asie orientale: ce sont les Yabipais, dont la langue diffère essentiellement de celle des Aztèques.

Cette analogie de construction chez les habitans actuels et les habitans anciens, quelque supériorité qu'aient eue ces derniers dans leur civilisation, est un phénomène très-curieux. Je n'ignore pas combien peu de confiance méritent les relations de Fray Marcos de Niza : mais on ne sauroit révoquer en doute qu'au milieu du XVI° siècle, il s'étoit encore conservé un petit centre de civilisation dans les régions situées au nord du Nouveau-Mexique, à Cibora et à Quivira. Lorsqu'un jour des voyageurs instruits auront entièrement exploré les plaines entre les sources du Rio Colorado et du Rio Colombia, plaines qui ont été parcourues en partie (1777) par le Père Escalante, il sera important de comparer l'état actuel du pays, et surtout les noms des sites, avec les journaux de route assez détaillés que nous possédons de l'expédition de Francisco Vasquez de Cornado (1540). On est frappé des désinences étranges que les historiens espagnols donnent aux noms des lieux et des hommes dans ce *Dorado* mexicain (Harac, Tiuhex, Cicuic, Acuc, Huex, Tutonteac; et le nom de ce roi Tatarax, *Señor de las siete ciudades*, dont on faisoit une espèce de Prêtre-Jean : « Hombre Barbudo, que rezava en oras, que adorava una cruz de oro, y una imagen de muger, Señora del cielo. » Gomara, *Hist. de las Indias*, 1553, fol. cxvii; *Herera Decad.*, vi, p. 157, 204; *Læt*, p. 297-304; *Viaje al Estrecho de Fuca*, p. 27; *Essai polit.*, Tom. I, pag. 305, 310; *Vues des Cordillères et Monumens*, Tom. I, p. 307, 318; *Rel. hist.*, Tom. VIII, p. 502 te 503.) Les *Conquistadores* plaçoient, bien vaguement sans doute, Cibora (d'après le nom des bisons, *cibolas*, ou vaches à bosse et à long poil, *vocas corcobadas*) par les 30° ½; Quivira, par les 40° de latitude. En lisant avec attention les premiers historiens espagnols, on devroit croire que les deux pays se trouvent situés à l'ouest des Montagnes Rocheuses; mais Cornado dit très-clairement qu'en allant au nord, on trouve, jusqu'à Cibola, que les rivières coulent vers l'ouest; au-delà de Cibola (donc à Quivira même), vers l'est. Cependant, dans toutes ces expéditions entreprises vers le nord, il n'est nulle part question d'un passage à travers les montagnes. Quivira est dépeint comme une immense plaine dans laquelle on a de la peine à s'orienter. Quelque opinion que l'on se forme de l'abaissement rapide des montagnes au nord du Nouveau-Mexique, il est difficile de se figurer, entre les *Rocky-Mountains* et la Sierra Verde, un point de partage des eaux, des *divortia aquarum*, situés dans une plaine. Francisco Vasquez de Cornado, dans sa lettre au vice-roi, se plaint des mensonges du moine Marcos de Niza: pour justifier son retour, il cherche à dépeindre le pays qu'il vient de parcourir, comme pauvre et sauvage; cependant il est tellement frappé de la grandeur des édifices à plusieurs étages, construits en pierres et en torchis, à Cibora et à Quivira, qu'il doute que les indigènes qu'il dit être intelligens, mais peu industrieux, les aient pu construire eux-mêmes. Ce témoignage d'un homme qui paroît très-véridique est bien digne d'attention : indique-t-il un peuple retombé dans la barbarie et qui avoit conservé quelque connoissance des arts mécaniques? Comme chaque maison de Quivira avoit un toit plat ou une terrasse (*azotea*), Cornado appelle tout le pays « la tierra de las azoteas. » Ces mêmes terrasses ont été trouvées, en 1773, dans les villages des Indiens actuels du Móqui, par le Père Garcès. On se demande si des peuples de race mexicaine, dans leur migration vers le sud, ont envoyé des colonies vers l'est, ou si les monumens des Etats-Unis sont dus à des nations autocthones? Peut-être faut-il admettre, dans l'Amérique du nord comme dans l'ancien monde, l'existence simultanée de plusieurs centres de civilisation, dont l'histoire ne nous fait pas connoître les rapports mutuels. Les peuples très-civilisés de la Nouvelle-Espagne, les Toltèques, les Chichimèques et les Aztèques, se disoient sortis successivement, depuis le vi^e jusqu'au xiie siècle de notre ère, de trois pays voisins qui étoient situés vers le nord, et qu'ils appeloient Huehuetlapallan ou Tlalpallan, Amaquemecan, et Aztlan ou Teo-Alcohuacan. Ces peuples parloient tous une même langue; ils avoient les mêmes mythes cosmogoniques, le même penchant pour les congrégations sacerdotales, les mêmes peintures hiéroglyphiques, les mêmes divisions du temps, le même goût (chinois et japonois) de tout noter, de tout enregistrer. Les noms qu'ils imposèrent aux villes construites dans le pays d'Anahuac étoient ceux des villes qu'ils avoient abandonnées dans leur ancienne patrie. La civilisation sur le plateau mexicain étoit regardée par les habitans mêmes comme la copie de quelque chose qui existoit ailleurs, comme le reflet de la civilisation primitive d'Aztlan. Or on se demande : Où doit-on placer cette métropole des colonies d'Anahuac, cette *officina gentium*, qui envoie vers le sud, pendant cinq siècles, des peuples qui s'entendent sans difficulté et qui se reconnoissent pour parens ? L'Asie, au nord de l'Amour, là où elle est le plus rapprochée de l'Amérique, est un pays barbare; et, en supposant (ce qui est géographiquement possible) une migration d'Asiatiques méridionaux par le Japon, Tarakay (Tchoka), les îles Kuriles et les îles Aléutiennes, du sud-ouest vers le nord-est (des 40° au 55° degré de latitude), comment croire que, dans une migration si longue, sur une route si facile à intercepter, les souvenirs des institutions de la métropole auroient pu conserver tant de vivacité et de fraîcheur? Les mythes cosmogoniques, les constructions pyramidales, le système du calendrier, les animaux des tropiques trouvés dans les catastérismes des jours, les couvens et les congrégations de prêtres, le goût pour les dénombremens statistiques, les annales de l'empire tenues avec l'ordre le plus scrupuleux, nous conduisent vers l'Asie orientale; tandis que la fraîcheur des souvenirs dont nous venons de parler, et la physionomie particulière qu'offre, sous tant d'autres rapports, la civilisation mexicaine, sembleroient indiquer l'antique existence d'un empire dans le nord de l'Amérique, entre les 36° et 42° de latitude. On ne peut réfléchir sur les monumens militaires des Etats-Unis sans se rappeler la première patrie des peuples civilisés du Mexique. C'est en s'élevant à des considérations historiques plus générales, c'esen examinant avec plus de soin qu'on ne l'a fait jusqu'à ce jour les langues et la conformation ostéologique des différentes peuplades, c'est en explorant tout l'immense pays limité par les Alleghanis et les côtes de l'Océan occidental, qu'on parviendra peu à peu à éclaircir un problème si digne d'exercer la sagacité des historiens. Dans toutes ces recherches, il ne peut être question ni des premiers habitans de l'Amérique (la véritable histoire ne remonte pas si haut), ni d'une civilisation très-avancée, supérieure, par exemple, à celle de tant de peuples de race tatare-mongole dans l'Asie centrale, ni enfin de l'analogie fortuite de quelques sons, de quelques syllabes qui se retrouvent avec des significations toutes différentes dans les langues tschoude, indo-pélasgique, ibérienne ou basque, et gale ou kelte. (*Wilhelm vom Humboldt, über die Urbewohner Hispaniens*, p. 95). C'est d'après des aperçus vagues et peu philosophiques que l'on a cru découvrir, de temps en temps, sur le territoire des Etats-Unis, des Indiens qui parlent l'irlandois, le bas-breton ou le celtique de l'Ecosse. Cette fable d'*Indiens gallois*, ayant conservé le langage gale ou celtique, date de très-loin. Déjà, du temps du chevalier Ralegh, un bruit confus se répandoit en Angleterre que, sur les côtes de Virginie, on avoit entendu le salut gallois: *hao, houi, iach*. Owen Chapelain raconte qu'en 1669, il parvint, en prononçant quelques mots celtiques, à se sauver des mains des Indiens de Tuscorora, qui étoient sur le point de le *scalper!* La même chose arriva (à ce que l'on prétend) à Benjamin Beatty, lorsqu'il passa de

Virginie en Caroline. Ce Beatty assure de plus avoir trouvé toute une peuplade gale qui conservoit la tradition du voyage de Madoc-ap-Owen (arrivé en 1170!). John Filson, dans son Histoire du Kentucky, a fait revivre ces contes des premiers voyageurs. Selon lui, le capitaine Abraham Chaplain a vu arriver au poste de Kaskasky des Indiens qui s'entretenoient en langue gale avec quelques soldats natifs du pays de Galles. Il croit même que, « bien loin à l'ouest, sur les rives du Missoury, il existe une peuplade qui, outre la langue celtique, a aussi conservé l'usage de quelques rites de la religion chrétienne. » (*Hist. du Kent.*, p. 122.) Sur le Red River de Natchitotches, à 700 milles de distance au-dessus de son embouchure dans le Mississipi, près du confluent de la rivière de Post (?), un capitaine, Isaac Stewart, assure avoir découvert des Indiens à peau blanche et à cheveux roux, qui conversoient en gale et qui possédoient les titres de leur origine. « Ils « produisirent, pour preuve de ce qu'ils disoient de « leur arrivée sur les côtes de l'est, des rouleaux de « parchemin qui étoient soigneusement enveloppés « dans des peaux de loutre, et sur lesquels étoient de « grands caractères écrits en bleu que ni Stewart, ni « son compagnon, Davey, natif du pays de Galles, ne « purent déchiffrer. » (*Mercure de France du 5 nov. 1785.*) Ce sont là, sans doute, ces livres gallois dont il a été question récemment dans les journaux françois et américains. (*Revue encyclopédique*, n. 4, p. 162, et article *Homme* du *Dict. des sciences nat.*, Tom. XXI, p. 392.) Observons d'abord que tous ces témoignages

sont extrêmement vagues pour l'indication des lieux. La dernière lettre de M. Owen, répétée dans les journaux d'Europe (du 11 février 1819), place les postes des Indiens gallois sur le Madwaga, et les divise en deux tribus, les Brydones et les Chadogees. « Ils par-
« lent le gallois avec plus de pureté qu'on ne le fait
« dans la principauté de Galles (!), attendu qu'il est
« exempt d'anglicisme. Ils professent le christianisme,
« fortement mêlé de druidisme. » On ne peut lire ces assertions sans se rappeler que tous les récits fabuleux qui flattent l'imagination, renaissent périodiquement sous de nouvelles formes. Le savant et judicieux géographe des Etats-Unis, M. Warden, demande, avec raison, pourquoi toutes ces traces de colonies galloises et de langue celtique ont disparu depuis que des voyageurs moins crédules, et qui se contrôlent, pour ainsi dire, les uns les autres, ont parcouru le pays situé entre l'Ohio et les Montagnes Rocheuses. Mackenzie, Barton, Clark et Lewis, Pike, Drake, Mitchill et les éditeurs de la Nouvelle *Archæologia americana*, n'ont rien, absolument rien trouvé qui annonce les restes des colonies européennes du XIIe siècle. De plus, le voyage de Madoc-ap-Owen est beaucoup plus incertain que ne le sont les expéditions des Scandinaves (des Islandois Rauda, Biorn, Leif, etc.). Si l'on devoit trouver les débris de quelque langue européenne dans le nord de l'Amérique, ce seroit plutôt le teutonique (scandinave, germain ou goth) que le celtique ou gale qui diffère essentiellement des langues germaniques. Comme la structure des idiomes américains paroît sin-

gulièrement bizarre aux différens peuples qui parlent les langues modernes occidentales, les théologiens ont cru y voir de l'hébreu (du sémitique ou araméen); les colons espagnols, du basque (ou ibérien); les colons anglois et françois, du gallois, de l'irlandois et du bas-breton. Les prétentions des Basques et des habitans du pays de Galles, qui regardent leurs langues non-seulement comme des langues-mères, mais encore comme les sources de toutes les autres langues, s'étendent d'ailleurs bien au-delà de l'Amérique, jusqu'aux îles de la Mer du Sud. J'ai rencontré, sur les côtes du Pérou, deux officiers de la marine espagnole et angloise, dont l'un prétendoit avoir entendu parler basque à Tahiti, et l'autre, galc-irlandois aux îles Sandwich. (Voyez Tom. III, p. 330, 321; et *Wilhelm von Humboldt, über die Urbew. Hispaniens*, p. 174-177.) J'ai cru devoir exposer avec franchise les doutes que j'ai sur l'existence des *Celto-Américains*. Je changerai d'opinion, si un jour l'on parvient à fournir quelques preuves convaincantes.

D'après les traditions recueillies par M. Heckwelder, « le pays, à l'est du Mississipi (*Nemæsi-Sipu, Poisson-Riviere*, par corruption *Mæssip*), étoit habité anciennement par une nation puissante, à taille gigantesque, appelée *Talligewi, Talligeu* ou *Allighewi*. C'est elle qui a donné son nom aux montagnes *Alleghaniennes* (Allighewiennes). Les Allighewis étoient plus civilisés que toutes les autres tribus que les Européens ont trouvées au XVIe siècle sous ces climats septentrionaux. Ils habitoient des villes fondées sur les rives du Mississipi;

et les fortifications qui font aujourd'hui l'étonnement des voyageurs, furent construites par eux, lorsqu'ils eurent à se défendre contre les Lenni-Lenapes (Delawares) qui venoient de l'ouest et qui étoient alliés à cette époque aux Mengwis (Iroquois). On peut supposer que cette invasion de peuples barbares changea l'état politique et moral de ces contrées. Les Allighewis furent vaincus par les Lenni-Lenapes, après une lutte prolongée. Dans leur fuite vers le sud, ils réunirent, après chaque combat, les ossemens de leurs *parens* dans des *tumulus* isolés; ils descendirent le Mississipi, et on ignore ce qu'ils sont devenus. » (*Trans. of the historical Committee of the Amer. Philos. Soc.*, Tom. I, p. 30.) On sait que les premières traditions des hommes se rattachent assez arbitrairement à telle ou telle localité, parce que chaque peuple ne s'intéresse qu'à ce qui l'environne de plus près : cependant des lignes de fortifications d'une prodigieuse longueur, observées par le capitaine Lewis, sur les bords du Missoury, vis-à-vis l'île du Bonhomme (*Travels*, p. 48) et sur la rivière Platte, prouvent suffisamment que l'ancienne habitation des Allighewis, de ce peuple puissant que j'incline à regarder comme de race toltèque ou aztèque, s'étendoit bien à l'ouest du Mississipi, vers le pied des Montagnes Rocheuses. M. Nuttal, en remontant l'Arkansas pour se rendre à Cadron, fut informé de l'existence d'un retranchement ancien ressemblant à un fort triangulaire. Les Arkansas disent que c'est l'ouvrage d'un peuple *blanc* et civilisé que leurs ancêtres combattirent lorsqu'ils arrivèrent dans cette contrée, et qu'ils vainquirent par la ruse et non par la force : ils attribuent aussi à un peuple plus ancien qu'eux et plus policé des monumens de pierres brutes et amoncelées qu'on voit sur le sommet des collines. D'autres monumens non moins curieux sont des chemins assez commodes et d'une longueur immense, que, de temps immémorial, les indigènes avoient tracés, et qui, depuis les bords de l'Arkansas, près de Littlerock, conduisent à droite jusqu'à Saint-Louis, et, à gauche, par l'établissement de Mont-Prairie jusqu'aux Natchitotches, sur la rivière Rouge. (*Journal of Travels in to the Arkansas Territory*, 1821, p. 28.)

Les traits caractéristiques de *stature colossale* et de couleur *blanche*, attribués à des nations détruites, doivent-ils leur origine à des idées de puissance et de force physique, comme au sentiment de la prépondérance intellectuelle des Européens, ou bien ces traits se lient-ils aux mythes d'hommes blancs, législateurs et prêtres, que nous trouvons chez les Mexicains, chez les habitans de la Nouvelle-Grenade et chez tant d'autres peuples américains? La plupart des squelettes renfermés dans les *tumulus* des pays transalleghaniens appartiennent à une race d'hommes trapus, moins grands que les Indiens du Canada et du Missoury (*Archæologia americana*, Tom. I, p. 209). Les corps trouvés sur les bords du Merrimack ont même fait renaître, chez quelques auteurs, la fable des pygmées. (*Morse, Modern Geography*, 1822, p. 211.) Une idole découverte à Natchez (*Archæol.*, Tom. I, p. 215. *Annales des Voyages*, Tom. XIX, n° 45, p. 428) a été comparée avec raison, par M. Malte-Brun, aux images des *esprits célestes* que Pallas a rencontrées chez les peuples mongols. Si les tribus, qui habitoient des villes sur les bords du Mississipi, sont sorties de ce même pays d'Aztlan qu'ont habité les Toltèques, les Chichimèques et les Aztèques, il faut admettre, du moins d'après l'inspection de leurs idoles et de leurs essais de sculpture, qu'ils étoient beaucoup moins avancés dans les arts que les tribus mexicaines qui, sans dévier vers l'est, ont suivi la grande route des peuples du Nouveau-Monde, dirigée du nord au sud, des rives du Gila vers le lac de Nicaragua. En lisant la Relation du Voyage de M. Eversman à Bokhara, j'ai été frappé de la description d'une montagne faite de main d'hommes (*cerro hocho a mano*), d'une demi-lieue de tour, située au milieu de la ville et servant de base au palais du Chan. Cette colline artificielle, appelée *Aerk*, s'élève au milieu de la plaine, et attire de loin l'attention des voyageurs. Elle est formée de briques et de terre glaise. J'ai insisté souvent, dans mes ouvrages, sur l'analogie frappante qu'offrent les *teocallis* mexicains avec la pyramide de Belus et d'autres édifices à étages ou gradins de l'Asie orientale. Dans l'*Aerk* du Chan de Bokhara, nous voyons jusqu'à ce mélange de briques et de terre glaise étendue par couches, qui caractérise la construction de la pyramide de Cholula.

Il est assez probable que l'invasion des Lenni-Lenapes et la destruction du pouvoir des Allighewis ont été liées à la migration des Caribes. Sans me rendre garant de leur origine septentrionale et de leur passage de la

Floride aux îles Lucayes, je vais réunir à la fin de cette note les fruits de mes recherches sur cette importante association de peuples si long-temps calomniée par les voyageurs. Les Caribes du continent dont les sites s'étendent encore aujourd'hui depuis les côtes de la province de Nueva-Barcelona (*Missiones de Piritu*), le long des rives du Carony, de l'Essequebo, du Cuyuni et du Rio Branco jusque vers l'équateur, s'appellent eux-mêmes *Carina*. Les Ottomaques les nomment *Caripina*; les Maypures, *Caripuna*. C'est presque le mot Callipinan (en confondant *l* et *r*) de la langue des femmes dans les îles Caribes. (Tom. VIII, p. 44. *Gili*, Tom. I, p. xxxv; Tom. III, p. 107.) Les Caribes des Antilles divisent leur nation en habitans des îles ou *Oubao-bonon* et habitans de la Terre-Ferme ou *Baloue-bonon*. (Ile, *oubao*; habitation, *icabanum* ou *icabatobon*; continent, *baloue*.) *Rochefort, Hist. des Antilles*, p. 325, 658; *Breton, Dict. Caribe*, p. 32. Voici les noms des îles en langue caribe : Antigoa, *Ouala*; Saint-Barthelemy, *Ouanalao*; Saint-Martin, *Oualachi*; Sainte-Croix, *Amonhana*, *Ayay* ou *Hayhay* (*Petr. Mart. Ocean.*, p. 54); Anguilla, *Maliouana*; Dominique, *Ouaitouconbouli*; Barbade, *Ouahomoni*; Marigalante, *Aichi*; Saint-Christophe, *Liamaigana*; Guadeloupe, *Caloncuera* (dont Petrus Martyr, *Oc.*, *Lib. IX, fol.* 63, a fait *Caraqueira*); la Cabes-Terre seule, *Balaorcone*; la Basse-Terre seule, *Kaerebone*; Portorico ou San Juan, *Borriken* ou *Oubouemoin*; la Trinité, *Cairi*. J'ai recueilli ces noms, parce que leur connoissance devient indispensable à ceux qui veulent étudier la géographie de l'Amérique au commencement du xvie siècle. J'ajouterai quelques autres noms d'îles qui cependant ne sont pas caribes : la Guadeloupe, *Guacana* (Gomara, Hist., fol. xxiii); Saint-Domingue ou Isla Española, *Haïti* et *Quizqueja* (le premier de ces noms signifioit, dans la langue du pays, aspérité ou endroit montagneux; le second, *Grande-Terre*. Gomara, fol. xvi); Cuba, *Juana* ou *Fernandina*; la Jamaïque, *Santiago*. L'aspect des Caribes est partout le même : Læt a décrit, il y a deux cents ans, ceux des rives du Marwina (Marony) exactement comme j'ai trouvé les Caribes des *Llanos* du Cari. « Mares sunt procero et obeso corpore, capillis in orbem de tonsis, instar coronæ sacerdotalis et cutem rubro colore tincti : velant pudenda panniculo quodam unum palmum lato et duos longo, cætera nudi : fœminæ pusillo sunt corpore. » (*Descript. Ind. Occid.*, p. 647. *Voyez* aussi *Archæol. americana*, Tom. I, p. 365-433.) Les dénominations géographiques de *Caribana*, *Cariai* et *Cariari* méritent des éclaircissemens. Le golfe d'Uraba (golfe des canots, car *uru* signifie canot. *Petr. Mart.*, p. 32 C.), dans lequel se jette le grand Rio Atrato (Rio San Juan ou Rio Dabeiba), ne portoit point encore, au xvie siècle, le nom de golfe de Darien. On appeloit alors *Caribana* une province située entre l'embouchure du Rio Sinù (Zenù) et celle de l'Atrato. Gomara (*Hist. de las Indias*, 1553, fol. xxx) nomme, de l'est à l'ouest, les lieux suivans : « Caribana, Zenù, Carthagena, Zamba y Santa Marta. » Le cap qui borde le golfe de Darien vers l'est porte, comme je l'ai déjà rappelé dans le texte, même de nos jours, le nom de *Punta Caribana*. En parlant d'Alonso de Ojeda, Gomara dit : « Salió á tierra en Caribana (solar de Cariben como algunos quieren) que esta á la entrada del golfo de Uraba. Del golfo de Uraba cuentan 70 leguas hasta Cartagena. Otro golfo está en medio del Rio Zenù y Caribana, de donde se nombran los Caribes. » (*L. c.*, fol. ix et xxxi.) Plus à l'est, les Indiens Caramares (Caramairi), habitans de la côte où se trouve situé aujourd'hui le port de Carthagène des Indes, se croyoient également d'origine caribe. (*Petr. Mart. Oc.*, p. 26; *Her. Dec. I*, p. 197.) Herera, dont les renseignemens géographiques sont généralement très-exacts, nomme *Caribaco* une baie sur la côte septentrionale de Veragua, circonstance qui est d'autant plus digne d'attention que les peuples appelés Caribes d'Uraba plaçoient leurs premières demeures au-delà du Rio Darien ou Atrato. « Decian los Indios de esta region que habia sido su naturaleza pasado el Gran Rio de Darien. » (*Dec. I*, p. 262.) Le plus ancien nom de la baie de Caribaco, entre Cartago et la Laguna Chiriqui, est Caravaro ou Corobaro (*Gomara, Hist.*, fol. viii; *Her. Descr.*, p. 29; *Læt*, p. 345). Sans doute qu'à l'ouest de l'isthme de Panama il y avoit des peuples anthropophages, qui, d'après l'observation de Colomb (dans la *Lettera rarissima del 7 di Junio* 1503) « mangiavano uomini como noi mangiamo altre animali. » Cariari ou Cariai, que j'ai confondu à tort plus haut (Tom. VII, p. 649 et 470) avec Caribana, étoit situé au sud du cap Gracias a Dios et de l'île Quiribiri, vraisemblablement près de l'embouchure du Rio San Juan, qui est le *desaguadero* du lac de Nicaragua et un des points les plus importans pour la communication projetée entre les deux mers. C'est à Cariai que Colomb, séduit par la vivacité de son imagination, crut entendre parler de la Chine (Catay) et de la rivière du Gange. Les habitans n'étoient point de race caribe, mais très-doux et adonnés au commerce. Colomb ne dit du mal que des femmes de ce pays qu'il appelle des enchanteresses dévergondées. « Quando aggionsi, écrit-il au roi et à la reine de Castille, incontinente mi mandarono due fanciulle ornate di ricchi vestimenti : la più di tempo non saria di età di anni undici, l'altra di sette, tutte due con tanta pratica, con tante atti e tanto vedere che saria bastato, se fossero state puttane publiche vinti anni. Portavano con esse loro polvere di incantamenti e altre cose della loro arte. » L'amiral résista à tant de moyens de séduction et se hâta d'envoyer les jeunes filles à terre. (*Lettera rar.*, p. 9, 25; *Petr. Martyr. Oc.*, p. 53; *A. Her. Dec. I*, p. 132.) Le nom de *Cariari* paroît une seconde fois dans la partie nord-est de l'Amérique méridionale. Gomara, en décrivant cette côte de l'ouest à l'est, s'énonce ainsi : « De San Roman al golfo Triste (entre Punta Tucacas et Porto-cabelo) hay 50 leguas, en que cae Curiana (Coro), ó el pais de los Curianas. (Tom. IV, p. 272.) Del golfo Triste al *golfo de Cariari* hay 100 leguas de costa, puesta en 10 grados, y que tiene a puerto de Cañafistola, Chiribichi y Rio de Cumana, y punta de Araia. » (*Hist. de las Indias*, fol. VIII.) Il résulte de ce *Portulan* ancien que si le golfo de Cariari n'est pas identique avec le golfe de Cariaco, il en est du moins peu éloigné. Cette répétition des mêmes dénominations géographiques sur la côte de Veragua et sur celles de Cumana tient-elle à d'anciennes migrations de peuples de race caribe? Ce que j'ai rapporté dans le texte sur la connoissance des peintures hiéroglyphiques chez les Caribes d'Uraba, se fonde sur le passage suivant : « Legum peritus dictus Corrales, Dariensium (Futeracæ et Caribanæ) prætor urbanus, inquit se occurrisse cuidam fugitivo ex internis occidentalibus magnis terris qui ad regulum repertum a se profugerat. Is legentem cernens prætorem insilivit admirabundus atque per interpretes, qui reguli hospitis sui linguam callebant : en quid et vos libros habetis, en et vos characteris quibus absentes vos intelligat assequimini? Oravit una ut apertus sibi libellus ostenderetur, putans se litteras patrias visurum. Dissimiles reperit eas esse. (*Petr. Mart.*, *Oc.*, p. 65. D.) Aussi, chez les Caramares qui se disoient de race caribe, on trouvoit quelques traces d'une culture étrangère. « Architecti pererrantes a littore parumper in frusto candidi marmoris se incidisse dixerunt. Putant peregrinos ad eas terras venisse quondam qui marmora e montibus aliquando spinderent et putamina illa in plano reliquerint. » Au milieu d'un pays presque dépourvu de traditions historiques, on s'intéresse à tout ce qui rappelle une époque antérieure à la barbarie dans laquelle les Européens ont trouvé les régions chaudes de l'Amérique à l'est des Andes. Ces peuples de Cauchieto près de Coro ou Curiana, de Caramairi près de Carthagène des Indes, de Caribana et de Cariari, étoient riches en or, qui leur venoit sans doute des montagnes de l'intérieur. Une partie de cet or étoit mêlée avec $\frac{1}{5}$ d'argent. C'étoit l'electrum des anciens, de l'argent natif aurifère, ou, comme disoient les *Conquistadores*, d'après un mot de la langue d'Haïti, du *guanin*. (*Petr. Mart. Oc.*, p. 22.) Dans ce passage, *quanini* ou plutôt *nini*, car *qua* est une forme affixe, est faussement traduit par aurichalcum. Herera, dans ses Décades (I, p. 79), désigne par le mot *quanines* toutes sortes de colliers faits en or de bas aloi. (*Voyez* des mots de la langue d'Haïti qui n'ont pas été recueillis par Gili, Tom. III, p. 224, dans *Petr. Mart.*, p. 59-61.) Je n'ai point parlé, dans le tableau que j'ai tracé des peuples caribes, de l'habitude attribuée aux hommes de s'étendre dans un hamac et de se soumettre à des jeûnes prolongés après les couches de leurs femmes. Il paroît que cette habitude bizarre appartenoit à un petit nombre de tribus, et qu'elle étoit plus commune chez d'autres nations de l'Orénoque et de l'Amazone (*Garcia*, p. 172. *Southey*, Tom. I, p. 642.) On la trouvoit anciennement chez les Ibériens, les Corses et les Tibareni. (*Apollon. Rhod. Argonaut., Lib. II, v.* 1009-1014.) On dit aussi que, dans plusieurs provinces de la France méridionale, les maris *faisoient couvade* à la naissance d'un enfant. La taille élancée des Caribes de la Terre-Ferme paroît confirmer d'ailleurs leur origine septentrionale. Les peuples de la Floride ont frappé les premiers voyageurs par leur stature extraordinaire. Dans l'expédition de Luis Velasquez de Ayllon (1520), on trouva, sur la côte de Chicora et à l'embouchure du Rio Jordan (entre Savannah et Charlestown, dans la Caroline du Sud), une race d'Indiens grands comme les Caribes, mais à cheveux longs. « Por aquella costa arriba hombres hay mui altos y que parecian gigantes. » (*Gomara*, fol. XXII; *Herera, Dec. II*, p. 259; *Læt*, p. 96.) Les voyageurs du XVI° siècle qui avoient, comme les voyageurs modernes, la manie de tout expliquer, croyoient « que les Indiens de Chicora se ramollissoient les os en prenant des jus d'herbes, et qu'ils s'alongeoient les membres à force de les tirer de temps en temps. » Quant à l'origine asiatique (araméenne) des Caribes, nous n'en parlerons pas plus que des monnoies phéniciennes et romaines que l'on assure avoir trouvées aux Etats-Unis. On a prétendu que les dernières étoient du III° siècle, et qu'elles avoient été découvertes dans une caverne près Nashville ; mais on sait aujourd'hui (*Archæologia*, Tom. I, p. 119) qu'elles ont été enfouies, soit par supercherie, soit accidentellement, avec de l'argent anglois, par des colons européens ! Les monnoies carthaginoises de la Louisiane méritent d'être placées à côté des prétendues inscriptions de Dighton, trouvées dans la baie de Narangaset, sur lesquelles Court de Gebelin a fondé de si absurdes hypothèses ! (*Vues des Cordillères*, Tom. I, p. 60.) Est-on bien sûr que la belle coquille de 9 pouces de long et 7 pouces de large, récemment découverte dans un *tumulus* près de Cincinnati, est identique avec le Cassis cornutus de l'archipel des îles d'Asie ? (*Long's Exped.*, Tom. I, p. 64.) Ce seroit une découverte bien extraordinaire.

Note B.

Pour faciliter la comparaison des nouvelles associations politiques formées dans le Nouveau-Continent avec les anciens états de l'Europe, je donne ici un Tableau des surfaces et des populations. On a rangé les divers pays d'après leur étendue, qui est l'élément le moins variable de la statistique. Chaque nombre a été l'objet d'une discussion particulière, et j'ai consulté tous les ouvrages statistiques dont j'ai pu avoir connoissance. Lorsque les évaluations d'*area* différoient considérablement, j'ai calculé de nouveau les surfaces d'après les meilleures cartes. L'*area* de la Péninsule Ibérienne, par exemple, est évaluée à 18,155 l. c., et non, comme le veut M. Antillon, à 18,443 l. c. L'Espagne, qu'on croyoit autrefois de 16,094 ou de 15,863 l. c., n'en a que 15,005. (*Principios de Geografia*, p. 135; *Elementos de la Geogr. de España*, 1815, p. 141, 143.) Pour l'*area* du Portugal (3150 l. c.), j'ai suivi le calcul du colonel Franzini (*Balbi, Essai statist. sur le Portugal*, Tom. I, p. 67). Les populations de mon tableau se rapportent à peu près aux années 1820 et 1822. Celle de la France se fonde sur le recensement de 1820, tel que l'a publié M. Coquebert de Montbret, y compris l'armée. La population de l'Angleterre est conforme au dénombrement de 1821. (Voyez *Rickman, Enumeration of Parish Registers*, 1822, p. xxxiii et xxxv.) Quant à la population et à l'*area* de l'Egypte, elles sont dues à des recherches inédites de M. Jomard.

COMPARAISON

DES GRANDES DIVISIONS POLITIQUES

rangées

D'APRÈS L'ORDRE DE LEURS GRANDEURS RESPECTIVES.

	Lieues marines carrées (de 20 au degré).
AMÉRIQUE, depuis le Cap de Horn jusqu'au parallèle de Melville's Sound et du cap Barrow (y compris les Antilles et Terre-Neuve)...... Popul., 34,284,000; Par lieue carr. mar., 29.	1,186,930
EMPIRE RUSSE...................... Population, 54 millions. Par l. c., 87. (Demi-surface de la Lune, 614,768 l. c.).	616,000
AMÉRIQUE SEPTENTRIONALE, depuis l'extrémité sud-est de l'isthme de Panama jusqu'à 68° de lat. bor. (la seule partie continentale, sans les îles Antilles)............................ Population, 19,650,000. Par l. c., 32.	607,337
AMÉRIQUE MÉRIDIONALE, au sud de l'isthme de Panama (sans les îles Antilles)............. Population, 12,161,000. Par l. c., 21.	571,300
RUSSIE D'ASIE, en prenant pour limite occidentale le Kara, les Monts Oural et le Jaik...... Population, 2 millions. Par l. c., 4.	465,600
EMPIRE CHINOIS, y compris les nouvelles possessions occidentales de Taschkent, Kokan et Kogend.............................. Population, 175 millions. Par l. c., 377.	463,200
AMÉRIQUE ESPAGNOLE, y compris les îles........ Population, 16,785,000. Par l. c., 45.	371,400
EUROPE jusqu'à l'Oural................. Population, 195 millions. Par l. c., 639.	304,700
AMÉRIQUE PORTUGAISE (Brésil).............. Population, 4 millions. Par l. c., 15.	257,000
POSSESSIONS ANGLOISES DANS L'AMÉRIQUE SEPTENTRIONALE, dont les contrées, entièrement sauvages (le Labrador, la Nouvelle-Galle du nord et la Nouvelle-Galle du sud) forment $\frac{4}{5}$ ou 157,000 lieues carrées marines.................. Population, 62,000, sans les Indiens indépendans.	205,000
ÉTATS-UNIS, des côtes de l'Atlantique jusqu'à celles de l'Océan-Pacifique.................. Population, 10,220,000. Par l. c., 58.	174,500

COMPARAISON DES GRANDES DIVISIONS POLITIQUES rangées D'APRÈS L'ORDRE DE LEURS GRANDEURS RESPECTIVES.	LIEUES marines carrées (de 20 au degré).
RUSSIE D'EUROPE jusqu'à l'Oural (y compris la Pologne et la Finlande)................	150,400
Population, 52 millions. Par l. c., 345.	
CHINE proprement dite........................	128,000
Population, 150 millions. Par l. c., 1172.	
BUENOS-AYRES................................	126,800
Population, 2,300,000. Par l. c., 18.	
PÉNINSULE DE L'INDE (Hindostan)............	109,200
dont Inde britannique (avec les pays protégés), 90,100 l. c. Popul., 73 mill.	
Inde indépendante, 19,100 l. c. Pop., 28 m.	
Population totale, 101 millions. Par l. c., 925.	
ÉTATS-UNIS, A L'OUEST DU MISSISSIPI...........	96,600
Populat., 816,000; avec les Indiens, 376,000. Par l. c., 4.	
NOUVELLE-ESPAGNE AVEC GUATIMALA............	92,600
Population, 8,400,000. Par l. c., 95.	
COLOMBIA (l'ancienne vice-royauté de la Nouvelle-Grenade avec la Capitania general de Caracas).	92,000
Population, 2,785,000. Par l. c., 30.	
ÉTATS-UNIS, A L'EST DU MISSISSIPI............	77,700
Population, 9,404,000. Par l. c., 121.	
NOUVELLE-GRENADE (avec Quito)...............	58,250
Population, 2 millions. Par l. c., 34.	
EMPIRE BRITANNIQUE DANS L'INDE...............	90,100
Population, 73 millions. Par l. c., 810.	
α. Possessions de la Compagnie (les trois Présidences avec les provinces nouvellement conquises). *Area*, 49,200 l. c. Population, 55 ½ millions. Par l. c., 1128.	
β. Pays placés sous la protection de la Compagnie (le Nizam, le Rajah de Mysore, d'Oude, de Nagpur, etc.) *Area*, 40,900. Population, 17 ½ millions. Par l. c., 428.	
PÉROU..	41,400
Population, 1,400,000. Par l. c., 34.	
SUÈDE ET NORWÈGE............................	39,100
Population, 3,550,000. Par l. c., 90.	

COMPARAISON DES GRANDES DIVISIONS POLITIQUES rangées D'APRÈS L'ORDRE DE LEURS GRANDEURS RESPECTIVES.	LIEUES marines carrées (de 20 au degré).
VENEZUELA (l'ancienne Capitania general)........	35,700
Population, 785,000. Par l. c., 23.	
LES 15 ÉTATS ATLANTIQUES des États-Unis d'Amérique...	30,900
Entre les limites extrêmes de la Géorgie et du Maine (par conséquent sans les Florides), mais des deux côtés des Alleghanys.	
Population, 7,421,000. Par l. c., 240.	
MONARCHIE AUTRICHIENNE.....................	21,900
Population, 29 millions. Par l. c., 1324.	
ALLEMAGNE...................................	21,300
Population, 30 ½ millions. Par l. c., 1432.	
PÉNINSULE IBÉRIENNE (Espagne et Portugal).....	18,150
Population, 14,619,000. Par l. c., 805.	
FRANCE avec la Corse............................	17,100
Population, 30,616,000. Par l. c., 1790.	
ESPAGNE..	15,000
Population, 11,446,000. Par l. c., 763.	
CHILI...	14,300
Population, 1,100,000. Par l. c., 76.	
ITALIE..	10,240
Population, 20,160,000. Par l. c., 1967.	
ILES BRITANNIQUES..............................	10,000
Population, 21,200,800. Par. l. c., 2120.	
α. Angleterre avec la P. de Galles. *Area*, 4840 l. c. Pop., 12,218,500. Par l. c., 2524.	
β. Écosse avec ses îles. *Area*, 2470 l. c. Pop., 2,135,300. Par l. c., 864.	
ɣ. Irlande. *Area*, 2690 l. c. Pop., 6,847,000. Par l. c., 2545.	
MONARCHIE PRUSSIENNE.........................	8,900
Population, 11,663,000. Par l. c., 1311.	
ARCHIPEL DES ANTILLES.........................	8,300
Population, 2 ½ millions. Par l. c., 301.	
ÉTAT DE VIRGINIE...............................	5,400
Population, 1,065,000. Par l. c., 197.	

COMPARAISON DES GRANDES DIVISIONS POLITIQUES rangées D'APRÈS L'ORDRE DE LEURS GRANDEURS RESPECTIVES.	LIEUES marines carrées (de 20 au degré).
PROVINCE DE CARACAS (avec Coro)........	5,200
Population, 420,000. Par l. c., 40.	
ANGLETERRE......................	4,840
Population, 12,218,500. Par l. c., 2524.	
ÉTAT DE PENSYLVANIE................	3,900
Population, 1,049,500. Par l. c., 269.	
INTENDANCE DE MEXICO...............	3,800
Population, 1,770,000. Par l. c., 465.	
PORTUGAL.......................	3,150
Population, 3,173,000. Par l. c., 1007.	
SUISSE.........................	1,330
Population, 1,940,000. Par l. c., 1175.	
ÉGYPTE.........................	1,400
En ne comprenant sous ce nom que le pays qui reçoit ou a reçu les eaux du Nil. L'espace entre la Mer Rouge et les Oasis Libyques comprend 11,000 l. c. marines, mais ⅚ ne forment qu'un désert. Population, 2,489,000. Par l. c., 1777 (dans la seule partie cultivée).	
LA GALICE (province d'Espagne).........	1,650
Population, 1,400,000. Par l. c., 1053.	
ROYAUME D'ARAGON.................	1,230
Population, 660,000. Par l. c., 537.	
HOLLANDE (l'ancienne république)........	900
Population, 2,100,000. Par l. c., 1330.	
ROYAUME DE VALENCE................	640
Population, 1,200,000. Par l. c., 1874.	
DÉPARTEMENT DE LA CHARENTE...........	186
Population, 347,000. Par l. c., 1865. Ce département et celui de la Meurthe offrent à la fois la grandeur moyenne et la population moyenne d'un département de la France.	

NOTES. 59

L'évaluation de *l'area* de l'Amérique entière se fonde sur le calcul suivant :

J'ai trouvé, en traçant des triangles sur des cartes à très-grandes échelles,

lieues carrées.

I. *Amérique méridionale*, sans y comprendre l'isthme de Panama.................. 571,290
    Colombia (sans Veragua et sans l'isthme.).............. 89,344
    Pérou, Chili et Buenos-Ayres ensemble.............. 182,430
    Brésil...................... 256,990
    Guyanes angloise, hollandoise et françoise.............. 11,320
    Terres patagoniques, au sud du Rio Negro............ 31,206
                              571,290

II. Isthme de Panama et province de Veragua................................ 2,600

III. Guatimala et Nouvelle-Espagne ensemble. 92,570

IV. Le pays presque désert qui ne se trouve point compris dans le territoire réclamé jusqu'ici par le gouvernement des Etats-Unis et par celui de la Nouvelle-Espagne; savoir, 1° à l'ouest du Rio del Norte, entre le Nouveau-Mexique, la Sonora et la Nouvelle-Californie, de 35° à 42° de lat. bor., depuis le port de San Francisco jusqu'au cap San Sebastian, une

NOTES.

lieues carrées.

surface de 41,162 l. c., arrosée par le
Rio Colorado; 2° à l'est du Rio del Norte,
entre le Nouveau-Mexique, les intendances de Durango et de San Luis Potosi,
le territoire d'Arkansas et l'état du
Missoury, une surface de 20,320 l. c...   61,482
V. Territoire des Etats-Unis.............   174,300
VI. Tout ce qui se trouve entre la limite
septentrionale des Etats-Unis et le parallèle de 68° qui passe (d'après les découvertes récentes du capitaine Franklin),
au sud de l'archipel du Duc-de-York,
par les caps Mackenzie, Barrow et
Croker. Cet immense terrain comprend
les possessions angloises, le Labrador, le
pays des Chipeways et l'Amérique russe
(en excluant le Grœnland, West-Main,
au-delà du parallèle de 68°, et l'île de
Cumberland)........................   276,385
VII. Amérique insulaire, d'après les calculs
de M. de Lindenau et les cartes du
Deposito hidrografico de Madrid (*Zach's
Monalt. Corresp.*, 1817, Dec.)........   8,303

Total........ 1,186,930

Il résulte de ces données :
   Amérique septentrionale, au nord de
   l'extrémité sud-est de l'isthme de   lieues mar. c.
   Panama.......................   607,337
   Population, 19,650,000.

NOTES.

	lieues mar. c.
Archipel des Antilles..............	8,303
Population, 2,473,000.	
Amérique méridionale, au sud de l'extrémité sud-est de l'isthme de Panama.	571,290
Population, 12,161,000.	
	1,186,930

Si nous comparons ces nombres à ceux qu'offrent les ouvrages de statistiques les plus récens et les plus estimés, nous trouvons, en réduisant uniformément les milles anglois et les lieues géographiques à des lieues marines carrées de 20 au degré, l'*area* totale de l'Amérique avec le Grœnland, d'après M. Morse (*A new system of Geography*, 1822, p. 51), de 1,184,800 l. c.; et d'après M. Balbi (*Compendio di Geografia universale*, 1819, p. 308), de 1,327,000 l. c. L'Amérique, à peu près jusqu'au parallèle de 68°, comprend, d'après M. Hassel (*Gaspari, Hassel und Cannabich, Vollst. Erdbeschreibung*, 1822, B. 16), 1,072,026 l. c.; savoir :

Amérique septentrionale...........	539,453
insulaire...............	8,018
méridionale.............	524,555
	1,072,026

Comme M. Hassel a publié les détails de son calcul, il est assez facile de reconnoître quelles sont les parties continentales qui, dans ses évaluations, diffèrent considérablement de celles que j'ai pu faire d'après une connoissance plus intime des limites et sur des cartes rectifiées d'après un plus grand nombre d'observations astronomiques. Dans l'Amérique septentrionale on a oublié de mettre en ligne de compte un espace de 61,000 l. c. renfermé entre les parallèles de 35° et 42°, et qui n'est pas compris jusqu'ici dans les territoires du Mexique et des États-Unis. Dans l'Amérique méridionale, l'*area* de Buénos-Ayres, du Pérou et du Brésil a été évaluée de 32000 + 3000 + 77000 = 112,000 l. c. trop petite; l'*area* de Colombia et du Chili, de 58000 + 5000 = 63,000 trop grande. En appliquant ces corrections, M. Hassel trouveroit, pour l'Amérique septentrionale, 601,000 l. c.; pour l'Amérique méridionale, 573,000, et, pour tout le Nouveau-Continent avec les Antilles, presque comme moi, 1,182,000 l. c. de 20 au degré.

La répartition des colonies espagnoles, ou, pour parler avec plus de précision, des pays habités et gouvernés par les Espagnols-Américains, au nord et au sud de l'équateur, est comme il suit:

lieues carrées.

Sur le continent de l'Amérique septentrionale, y compris l'isthme de Panama 95,170

Population, 8,480,000.

Dans l'archipel des Antilles......... 4,430

	lieues carrées.
Population, 800,000.	
Sur le continent de l'Amérique méridionale..................	271,580
Population, 7,505,000.	371,380

Ces trois groupes donnent ensemble une population de 16,785,000. (*Voyez* Tom. IX, p. 157 et 182. On a tellement exagéré jusqu'ici la grandeur de l'*area* qu'occupent les colonies espagnoles, que le père Molina donne au Chili 42,00 au lieu de 14,300 lieues carrées marines (*Saggio sulla Storia nat. del Chili*, 1810, p. 1). Mais aussi, dans sa carte, Molina élargit, de la manière la plus arbitraire, de 60 lieues, la basse région du Chili.

La surface de l'Indostan et celle de ses divisions politiques ont été calculées par M. Mathieu et par moi avec le plus grand soin, d'après la carte qui porte pour titre : *New improved map of India* 1822 *by Allen, Black, Kingsbury and Parbury*. Nous avons trouvé 109,190 lieues marines carrées ou 1,307,180 milles anglois carrés, en assignant à la péninsule de l'Inde les limites suivantes : L'embouchure de l'Indus et son cours jusqu'à 35° 20′ de lat. au N. O. de Cachemire ; la chaîne de l'Himalaya la plus rapprochée du lac Manassarovar jusqu'à la rivière Tistah ; le Burampouter, à 91° de longitude ; la Mer du Bengal, au sud de l'île Mascal et à l'est de la rivière Sankar. Je suis surpris de voir que M. Hamilton donne à toute la péninsule 1,020,000 milles carrés anglois ou 85,120 l. c. marines, évaluation de plus de $\frac{1}{5}$ trop petite. Les résultats de

Plaifair, que j'ai suivis dans mon ouvrage sur le Mexique, ceux de MM. Balbi, Tempelman et Hassel (162,827 l. c. de 25 au degré; 62,500 l. c. géographiques; 69,750 l. c. géogr.; 73,460 l. c. g.) approchent assez du résultat auquel je m'arrête. Voici les données partielles d'après la carte d'Allen : I. Territoire anglois, les Présidences, 49,224 lieues carrées marines. II. Pays sous la dépendance de la Compagnie (états tributaires, subsidiaires et protégés) : Rajah de Mysore, 2635 l. c.; le Nizam, 8126; Rajah de Nagpoor, 5931; Holkar, 1992; Oude, 2052; Gykwar, 3418; Rajpoots, 9482; Seiks; 1300; chefs de Bundelkund, 1229; Bopaul, 494; Sitarra, 1185; Travencore, 658; Sindia, 2398 : ensemble 40,900 lieues carrées. III. Etats indépendans : Lahore et Seiks, 10,935; Sinde, 3643; Nepal, 4335; Goa, Pondichéry, Chandernagor, Mahé, Tranquebar, Palicote, etc., 153 : ensemble 19,066 lieues carrées. Total, y compris l'île de Ceylan, 109,190 l. c.

La population de l'Angleterre étoit, d'après le recensement de 1377, de 2,300,000. La ville de Londres n'avoit alors que 35,000. (*Lowe, Present state of England Ap.*, p. III.) Voici, d'après M. Cleland, l'accroissement de la population de la Grande-Bretagne depuis vingt ans : en 1801, la population s'élevoit à 10,942,642; en 1811, à 12,596,803; en 1821, à 14,353,800.

En évaluant la population de l'Empire russe avec la Pologne à 54 millions, j'ai compté 2 millions pour la seule partie asiatique. Des renseignemens officiels (*Petersbuger Zeitschrift*, 1823, *juin*, p. 294) donnent

à la Sibérie 1,606,195 (savoir : Tobolsk, 572,471;
Tomsk, 340,000; Jeniseisk, 135,000; Irkutsk, 400,500;
Jakutsk, 147,015; Ochotsk, 6703, et Kamtschatka,
4506). J'ajoute, pour les parties situées à l'est des
Monts-Oural, c'est-à-dire pour $\frac{1}{4}$ du gouvernement de
Perme, $\frac{1}{7}$ du gouvernement d'Orenbourg et les Kirgises,
aux 1,606,195 habitans de la Sibérie proprement dite,
encore 450,000.

D'après la grande Géographie impériale de la Chine,
le nombre des *taillables* s'élevoit, en 1790, à 143 millions. M. de Klaproth pense que l'on peut ajouter
700,000 pour l'armée et les exempts de taille, de sorte
que la Chine proprement dite, avec le Liao-toung,
renferme vraisemblablement 150 millions. Pour la
Tartarie (à l'exception du Tibet et de la Corée), on
peut compter 6 millions.

Note C.

Comme tout ce qui a rapport aux restes de la population indigène est d'un grand intérêt pour les amis de
l'humanité, je vais consigner ici 1° l'état des missions
des pères de l'*Observance de Saint-François* dans la
province de Barcelone, missions appelées vulgairement
de Piritù et dépendantes (Tom. IX, p. 10-16)
du collége de la *Purissima Concepcion de Propaganda
Fide* à Nueva Barcelona; 2° l'état des missions de l'Orénoque, du Cassiquiare, du Rio Negro et de l'Atabapo,

dans la province de la Guyane (Vol. VII, p. 240; VIII, p. 396), également gouvernée par les *frères de l'Observance* du collége de Nueva Barcelona; 3° l'état des missions de Carony, à l'est de l'Angostura, dans la province de la Guyane, confiée aux Capucins catalans (Vol. VIII, p. 417-428).

1° *État des Missions de Piritù dans la province de Nueva Barcelona en 1799.*

NOMS DES 38 VILLAGES desservis par les religieux Observantins. Parmi ce nombre, 17 sont de mission et 21 de doctrina.	POPULATION.			Époque de fondation.	Baptêmes.	Morts.	Mariages
	Mariés.	Non mariés adultes.	Enfans.				
La Puriss. Concepcion de Piritù. (D.)	366	259	660	1575	120	64	27
S. Antonio de Clarines. (D.)	422	776	458	1667	115	93	25
Nuestra Señora del Pilar. (D.)	558	542	1019	1674	204	108	46
Santa Catharina de Sena del Carito. (D.)	200	220	241	1698	»	»	»
Jesus Maria Josef de Caigua. (D.)	526	775	547	1667	118	50	34
San Miguel.	260	397	360	1661	60	42	19
N. S. P. S. Juan de Huere. (D.)	152	193	112	1675	57	50	16
San Pablo Apost. de Huere. (D.)	204	306	438	1680	101	68	21
San Lorenzo de Huere. (D.)	307	504	645	1675	61	30	10
S. Andres Apollin. de Onoto. (D.)	46	56	102	1687	28	9	8
Nuestra Señora del Amparo de Pozuelos. (D.)	53	85	82	1687	17	4	4
San Diego. (D.)	58	42	95	1688	25	11	5
Santo Domingo de Guzman de Araguita. (D.)	41	38	53	1690	16	10	4
San Juan Capistrano de Purney. (D.)	133	264	200	1680	40	22	10
San Bernardino. (D.)	252	254	296	1675	72	55	7
S. Josef de Curataquiche. (D.)	172	185	196	1679	47	28	12
S. Matheo Ap. y Evangelista. (D.)	308	309	545	1715	84	60	20
S. Vicente Ferrer de Carapa. (M.)	143	71	341	1793	34	20	13
Santa Gertrudis del Tigre. (M.)	70	74	105	1794	44	27	8
Nuestra Señora del Socorro del Carí. (M.)	134	198	188	1761	33	8	11
A reporter.	4,405	5,528	6,683	.....	1,274	759	300

NOMS DES 38 VILLAGES desservis par les religieux Observantins. Parmi ce nombre, 17 sont *de mission* et 21 *de doctrina*.	POPULATION.			Époque de fondation.	Baptêmes.	Morts.	Mariages.
	Mariés.	Non mariés adultes.	Enfans.				
Report............	4,405	5,528	6,683	....	1,274	739	300
La Puris. Concepcion de Tavaro. (M.)	98	113	143	1771	31	10	6
S. Pedro Apollin. de la Puerta. (D.)	128	175	195	1794	14	4	8
La Divina Pastora de Guaicupa. (M.)	51	42	86	1754	28	8	7
Santiago, ó Santa Cruz de Orinoco. (D.)	50	25	97	1796	28	8	10
San Juan Baut. de Miucuras. (M.)	43	44	66	1754	33	11	10
La Asuncion de Atapiriri. (M.)	71	54	86	1754	24	6	4
S. Simon Apollin. de Moquète. (D.)	31	28	69	1799	»	»	»
Santa Clara de Arivi. (M.)	72	91	76	1755	24	14	9
S. Pedro Regalado de la Candelaria. (M.)	33	25	50	1755	17	8	5
San Luis Obispo de Arivi. (M.)	41	89	95	1755	12	7	8
Santo Christo de Pariaguan. (M.)	142	190	286	1744	51	4	11
Santa Cruz de Cachipo. (M.)	109	164	252	1749	54	14	7
Santa Ana de Orocopiche............	243	363	422	1735	66	13	18
S. Joaquin del Parire. (M.)	284	380	423	1724	63	20	15
N. Señora de la Candelaria de Chamariapa. (D.)	181	126	351	1742	47	12	9
Santa Rosa de Viterbo de Ocopi. (M.)	417	411	261	1724	104	47	23
N. Señora de Dolores de Quiamare. (M.)	63	107	114	1748	20	14	8
S. Buenaventura de la Margarita. (M.)	105	188	264	1721	44	22	10
	6579	8180	10,019	....	1934	961	468
	24,778						

NOTES.

Cet état de la population de 1799 m'a été communiqué, à Nueva Barcelona, par le président des missions de Piritù. Il n'y a parmi 24,778 habitans que près de 1500 blancs (*Españoles*) et mulâtres : tout le reste de la population est de race pure indienne. Un dénombrement de 1792, que l'on croyoit plus exact, donnoit dans 16 *pueblos de mission* :

Indiens 2196 familles ou..............	8,284 ames
Blancs et mulâtres lib. 247 familles ou	1,351
Dispersos (isolés hors des villages)...	2,543
	12,178

dans 16 *pueblos de doctrina* :

Indiens 4944 familles ou.............	17,967 ames
Blancs et mulâtres 51 familles ou....	246
Dispersos.......................	40
	18,253

Par conséquent dans tous les villages soumis au régime des moines *Observantins* dans la province de Nueva Barcelona :

Indiens...............................	26,251 ames
Españoles...........................	1,597
Dispersos...........................	2,583
Total..........	30,431

Doit-on conclure de la comparaison des états de 1792 et 1799 que la population indienne de la province a diminué, ou la différence ne provient-elle que de la négligence du dernier dénombrement et de l'exclusion des *dispersos*?

2° *État des Missions de l'Orénoque, du Cassiquiare et du Rio Negro dans la province de la Guyane le, en* 1796.

San Felipe.................................	52 ames
San Miguel.................................	102
San Baltasar...............................	80
Esmeralda..................................	92
Santa Barbara..............................	94
San Fernando..............................	226
Maypures..................................	48
Carichana..................................	100
Caño de Tortuga...........................	117
Uruana.....................................	505
Encaramada................................	412
Cuchivero..................................	329
Ciudad Real................................	403
Guaciparo..................................	98
Uruana.....................................	100
Guaraguarayco............................	132
Aripao.....................................	84
San Pedro Alcantara.......................	226
La Piedra..................................	163
Platanar...................................	356
Real Corona...............................	609
Tapaquire..................................	429

NOTES. 71

Borbon	342
Cerro del Morro	150
Orocopiche	558
Buenavista	230
Atures	47
San Carlos	272
San Francisco Solano	442
Tomo	155
Tuamini	119
Quirabuena	60
Maroa	79
Vaciva	87
Total	7298 ames

3° *Missions de Carony dans la Guyane espagnole, en* 1797.

Cupapui	872 ames
Santa Rosa de Cura	925
Santa Clara de Yaruapana	228
Aycaba	178
San Pedro de las Bocas de Paragua	550
Santa Magdalena de Currucay	200
San Serafin de Abaratayme	273
Miamo	287
Cumamo	512
Villa del Barceloneta	414
Pueblo de los Dolores de Maria	301
Nuestra Señora del Ros. de Guatipati	732
San Josef de Ayma	630

San Juan Baptista de Avechica..........	514 âmes
Santa Cruz del Monte Calvario..........	429
Santa Ana de Purisa...................	504
Nuestra Señora de los Angeles..........	541
San Buenaventura de Guri..............	663
Divina Pastora........................	498
Tupuqueri............................	566
Palmar...............................	698
San Antonio de Usiatano...............	684
San Fidel del Carapo..................	753
Santa Eulalia de Murucuri.............	613
Pueblo del San Francisco del Alta Gracia.	951
Nuestra Señora de Belen de Tumeremo.	333
Caruache.............................	400
Upata................................	667
San Miguel de Unala..................	487
Carony...............................	699
Total.............	16,102 âmes

J'ai composé, pendant ma navigation sur l'Apure, l'Orénoque, l'Atabapo, le Rio Negro et le Cassiquiare, à l'aide des missionnaires, un tableau des tribus indigènes, qui habitent aujourd'hui les forêts et les savanes, comprises entre ces rivières, entre le Caura, le Ventuari et le Carony, sur une surface de plus de 19000 lieues marines carrées. Cette distribution géographique n'est pas sans intérêt pour l'histoire des peuples. J'ai voulu d'abord ranger les noms d'après l'analogie des langues, et d'après les hypothèses que les missionnaires, seuls historiens de ces contrées, se sont formées sur la filiation des peuplades indiennes; mais j'ai dû abandonner ce projet, parce que plus de $\frac{7}{8}$ seroient restés ce que les botanistes classificateurs appellent *incertæ sedis*. Un voyageur ne peut offrir des travaux achevés; ce que l'on a droit d'exiger de lui, c'est de donner avec candeur les matériaux tels qu'il les a recueillis sur les lieux. Ceux que je consigne ici ont été disposés alphabétiquement; c'est un moyen assez sûr de les soustraire à l'empire des hypothèses ethnographiques et de faciliter les recherches. Comme l'expérience m'a prouvé que des nations, dont les noms paroissent presque identiques, sont quelquefois de race aussi différente que les Ugures-Finnois et Uigures-Turcs, je n'ai, malgré la crainte d'un double emploi, pas réuni les tribus qui offrent ces analogies de dénomination. Le père Caulin n'a jamais pénétré au-delà des cataractes; je me suis servi de son ouvrage, chaque fois que la conformité des localités me rassuroit sur l'identité des tribus dont il parle, avec celles que renferme ma liste. Un catalogue manuscrit que le père Ramon Bueno a bien voulu me communiquer, pendant mon séjour dans la mission d'Uruana, m'a été surtout très-utile. J'ajouterai à ce tableau la citation des pages de la *Relation historique*, qui présentent des renseignemens de quelque étendue sur les peuplades que l'on croit aujourd'hui les plus nombreuses et les plus importantes. Je n'ignore pas que souvent ces peuplades prennent leur dénomination des mots: *hommes, fils de tel ou tel chef* (Tom. VII, p. 251, note 1re), *descen*-

dant de tel ou tel animal courageux; cependant il y a toujours dans les simples noms des peuples quelque chose de monumental, qui, comme le prouvent les savantes recherches de MM. Abel Remusat, Guillaume de Humboldt, Klaproth, Marsden, Ritter et Vater, peut devenir d'une haute importance pour l'histoire des migrations lointaines. L'analogie des racines et les artifices étymologiques ont, sans doute, depuis des siècles, donné lieu à des rêveries absurdes, à de véritables romans historiques. Nous ne reconnoîtrons pas les Quaquas de la Nouvelle-Andalousie, dans une peuplade de ce nom, qui habite les côtes de la Guinée, ou les indiens Caracas, de race caribe, habitans de hautes vallées, dans le nom d'un site ibérien, cité par Ptolémée (*Géogr. II*, 6, p. 46), et qui paroît tenir à la racine basque, *car* signifiant hauteur, sommet ou élévation (*Wilhelm von Humboldt, Urbewohner Hispanien's*, p. 68). Le vague des voyelles et la permutation des consonnes qui se font d'après des lois organiques, produisent, sans compter les mots à son imitatif (onomatopées) dans des milliers de langues et de dialectes, des ressemblances fortuites, dont le nombre pourroit être soumis au calcul des probabilités. Si l'on compare une seule langue non à celles d'un seul rameau, par exemple au rameau sémitique, indo-germanique ou gale (kelte), mais à toute la masse des idiomes connus, la chance des analogies accidentelles devient la plus grande possible, et, d'après cette apparence, la prodigieuse variété de langues qu'offrent les deux hémisphères paroît liée *nexu retiformi*. Des analogies de son ne peuvent pas toujours être considérées comme des analogies de racines; et, quoique les savans qui, de préférence, s'occupent de ces analogies, méritent de l'encouragement et de la reconnoissance, parce qu'ils éveillent l'attention des linguistes, il n'en est pas moins sûr que l'étude des mots doit toujours être accompagnée de celle de la structure des langues et de la connoissance intime des formes grammaticales. Ce seroit ignorer l'état de la philologie moderne, que de méconnoître les services éminens que, par les soins d'un petit nombre de savans doués d'une érudition solide, les recherches étymologiques ont rendus, depuis un demi-siècle, en Hollande, en Allemagne, en Angleterre et en France, à l'étude philosophique des langues.

NOTES.

Tribus de l'Orénoque, de ses embranchemens et de ses affluens.

A.

Arinacotos (Caura; Carapo, affluent du Caroni, Rio de Aguas Blancas ou Rio Parime; R. Paragua; Berbice).
Achaguas (Meta et Cravo, affluent du Meta; Bas-Apure).
Achirigotos (Erevato, Paragua).
Arivacos (Haut-Caura).
Abanis (Orénoque à Por. d'Atures, Amanaveni).
Aruros (Orénoque, à l'est de Maypures, Amanaveni, Atures).
Arevirianas (Ventuari, Manapiare, Erevato).
Ajures (Ventuario, R. Paro).
Aguaricotos (Rio Caura, près des rapides de Mura).
Amarizanos (Meta).
Acarianas (Puruname; Jao).
Aberianas (Ventuari; Jao, sources du Puruname).
Amuisanas ou Amozana (Cassiquiare et Rio Parime).
Atures (sources de l'Orénoque; Raudal Mapara). Tom. VII, p. 17, 178, 265-269.
Arinavis (R. Negro, Itinivini).
Aviras (Caura).
Arnacotos (Erevato).
Abacarvas (sources du Rio de Aguasblancas ou Rio Parime).
Aruacas (Cujuni).
Aturayos (Esquibo).
Aturayes (R. Esquibo).
Acurias (Berbice).
Abacarvas (Haut-Paragua).
Ariguas (Caura).
Arevidianos (R. Parime).
Atapeimas (Haut-Orénoque).
Amarucatos (R. Parime).
Avanas (Rio Auvana).
Aquerecotos (nation presque éteinte).

B.

Berepaquinavis (Rio Negro, Itinivini).
Barinagotos (R. Paragua, affluent du Caroni).

C.

Chorotas (Meta).
Cuyabas (entre le Caroni et le Cuyni).
Chavinavi (tribu caribe).
Chapoanas (R. Negro).
Caduvini (Esquibo).
Cachirigotos (R. Parime).
Chinatos (R. Parime).
Chirapas (Auvana).
Cabres, Caberres (Guaviare, Ariari, Atabapo, quelques-uns au Cuchivero). T. VII, p. 186, 251, 255; VIII, p. 60.
Ghuenas (Cusiana, affluent du Meta).
Caridaquères.
Chaipos.
Candalos.
Caparaches.
Cataras (Meta).
Curacicanas (Ventuari et son affluent le Manipiare). T. VII, p. 249.
Cheruvichahena (Rio Negro, Rio Tomo).
Carives, Caribes, Carina, Callinago (Paragua, Haut-Caura). Tom. III, p. 353; V, p. 235; VII, p. 257, 320-322, 251, 257 et 441; VIII, p. 60; IX, p. 16.

NOTES.

Carianas (Paragua; Ucamu).
Cadupinapos (Haut-Caura, Erevato).
Chiricoas (entre le Meta et l'Apure).
Civitenes (Ventuario, Rio Paro).
Carinacos (Haut-Orénoque, Rio Negro, Macoma, Ventuari, Padamo).
Cogenas (R. Negro).
Cariguanas (R. de Aguas blancas).

D.

Deesanas (Cassiquiare).
Darivasanas (Haut-Orénoque).
Davinavi (Ucamu).
Daricavanas (sources du Rio Negro).

E.

Equinabis ou Marivitanos (Haut-Rio Negro, entre Rio Temi et Azacami).
Emaructos (Haut-Orénoque).

G.

Gujancamos ou Guayanicomos (Caura).
Guainares (sources du Matacona). Tom. VIII, p. 207-209.
Guaycas (sources de l'Orénoque, Caño Chiguire). Tom. VIII, p. 207 et 418.
Guaraunos (bouches de l'Orénoque). Tom. III, p. 269 et 544; VIII, p. 383.
Guaripacos (Haut-Caura).
Guaypunabis (Inirida). T. VII, p. 251-253. (Serrania Mabicori et Caño Nooquene).

Tom. VII, p. 258-260; VIII, p. 58 et 129.
Guanimanase (Rio Negro).
Guamos (Bas-Apure). T. VI, p. 218; VIII, p. 210.
Guaiquiris (sources du Rio Caripo).
Guasurionnes (rive méridionale du Haut-Rio Negro).
Guapes (Rio Negro).
Guacavayos (Esquibo).
Guajamura (R. de Aguas blancas).
Guainaves (Haut-Orénoque).
Guahibos (Meta). Tom. VII, p. 10, 187, 287, 392; VIII, p. 293.
Guayres (Haut-Orénoque).
Guaharibos (Haut-Orénoque). Tom. VII, p. 204.
Guarares (R. Parime).
Guayumoros (Haut-Orénoque).
Guaranaos (R. Parime).
Gajones (Haut-Orénoque).
Guaneros (Padamo).
Guacamayas (Padamo).
Guaiquiris ? (peut-être anciennement entre le Caura et le Cuchivero. Tom. III, p. 269 et 348.

J.

Jaditanas (Erevato).
Jnaos (Caura).
Jabacuyanas (Haut-Orénque, Conoconumo (Jao).
Jayres (Haut-Orénoque, Rio Conoconumo (Jao).
Javarannas (Ventuari, Maniapire).
Jayures (Jao, Conoconumo).
Jaruros (entre Meta et Apure, entre Ventuari et Jao).

Tom. VI, p. 195-198, 382 et 383; VII, p. 21.
Jcanicaros (Haut-Orénoque).
Jchapaminaris (Padamo).
Jpurucotos (Paragua). T. VIII, p. 498.

K.

Kiriquiripas (Paragua, Erevato).
Kirikiriscotos (Berbice).

L. et M.

Libirianos (Ventuario, Rio Paro).
Maypures (jadis Raudal Quittuna (entre R. Sipapo et R. Capuana; Jao; Rio Negro et Patavita).
Maciniravi (Caura).
Macurotos (Crevato, Haut-Caura).
Manetibitanas (R. Siapa).
Marebitanas (R. Negro).
Mayepien (R. Negro).
Mayanaos (sources de l'Esquibo).
Maconas (Padamo).
Macusis (R. Aguas blancas, Esquibo).
Maysanas (Cassiquiare).
Mapojos (Caura).
Macos-Piraoas (Cataniapo). Tom. VII, p. 154 et 187.
Macos (Caura, Ventuari, Parueni, Paragua). T. VIII, p. 250.
Macos-Macos (sources de l'Orénoque).
Maquiritares (entre le Jao et le Padamo; Ventuari). Tom. VIII, p. 143 et 209.
Manivas (Rio Negro, Aquio).

Mariusas (bouches de l'Orénoque).
Maguisas (Haut-Caura).
Meyepures (Orénoque, Amanaveni, Ventuari, Caura, Guanami).
Morononis (Jao, Ventuari).
Maripizanas (Cassiquiare, R. Guapo, R. Negro). T. VIII, p. 254.
Mariquiaitares (Padamo).
Matomatos (sources de l'Orénoque).
Manisipitanas (R. Negro).
Marivisanas (Ventuari).
Mapanavis (Ventuari).
Motilones (Caura).
Maymones (Haut-Orénoque).
Massarinavi (Ventuari).
Marivitanos (Rio Negro). Tom. VII, p. 254 et 258.
Maisanas (Cassiquiare).

O.

Otomacos (entre Meta et Apure). Tom. VII, p. 321; 383; VIII, p. 211, 287, 288 et 321.
Ocomesianas (R. Guanami, rive occidentale du Jao).
Ojes (Cuchivero).

P.

Paraguanas (source de l'Esquibo).
Piriquitos (R. Parime).
Panivas (Padamo).
Pujuni (Caura).
Puinabis (Guaviare).
Poimisanos (entre Atabapo, Inirida et Guaviare).
Paragini (Ventuari).
Purucotos (Cara).

Parabenas (Caura).
Poignaves ou Puinabis (Inirida). Tom. VII, p. 186; VIII, p. 208.
Paracaruscotos (Paragua).
Puinaves (Ventuari). T. VII, p. 251.
Purugotos (Haut-Caura, Paragua).
Paudacotos (Haut-Caura).
Paravenes (Erevato).
Parenas (Orénoque, Mataveni, Ventuari). Tom. VII, p. 179 et 183.
Pottuari (Ventuari).
Parecas (Vichada, Venituari, entre le Cuchivero et le Caño Tortuga).
Puipuitrenes (Ventuario, Paro).
Purayanas (R. Aguas blancas, Caura).
Parabenas (R. Aguas blancas).
Putchinirinavos (Haut-Rio Negro). Tom. VIII, p. 304.
Pajocotos (Padamo).
Palenkes (Caura).
Paraivanas (Padamo).
Parujos (Cuchivero).

Q.

Quiriquiripos (Caura).
Quirupas (Orénoque à l'or. d'Atures).
Quaquas (Cuchivero). T. III, p. 350.
Quinaroas (Haut-Orénoque.)

S.

Salivas (S. Meta, Paute, entre Vichada et Guaviare). Tom. VII, p. 359.
Saparas (Padamo).
Sercucumas (Erevato).
Sagidaqueres (Atabapo; Temi; Uua, affluent du Guaviare).

T.

Tabajaris (Caura).
Tacutacu.
Taparitas (entre Meta et Apure).
Tomuzas (Bas-Orénoque).
Tasumas (Aguas blancas, Esquibo).
Tamianacos (sud-est de l'Encaramada). T. III, p. 315; VIII, p. 240 et 272.
Toazonnas (Siapa).
Taparitas (Apure).
Tiau, nation éteinte.
Tujazonas.
Tamanaques (au sud-est de l'Encaramada). Tom. III, p. 315; VIII, p. 240 et 272.

U, V et Z.

Ules.
Urumanavi (Haut-Orénoque).
Vaniva.
Varinagotos (Carony, Carapo).
Voquiares, nation presque éteinte (Haut-Orénoque).
Viras (Caura).
Zaparas (Esquibo, Rio de Aguas blancas).

Je viens de donner une liste de plus de 200 peuplades de la Guyane, répandus entre les parallèles de 2° et 8° de latitude boréale, par conséquent sur un terrain un peu plus grand que la France ; ces peuplades se croient pour le moins aussi étrangères les unes aux autres que les Anglois, les Danois et les Allemands. Je compare tout exprès des nations de l'Europe qui tiennent à un même rameau : car nous avons rappelé souvent dans cet ouvrage comment, dans la dispersion, j'aurois presque dit dans le grand naufrage des peuples de l'Amérique, de simples dialectes ont pris peu à peu l'apparence de langues essentiellement différentes. L'état des organes de la voix, la permutation des consonnes, la paresse même de la prononciation rendent difficile à reconnoître l'analogie des racines. Dans l'Amérique du nord, les recherches de MM. Heckewelder et Duponceau ont rendu probable que des langues éparses jadis sur plus de 120,000 lieues carrées, entre les Alléghanis et les Montagnes Rocheuses, entre les lacs du Canada et la Mer des Antilles, se réduisent à un très-petit nombre de rameaux, dont le Lenni-Lenape (Delaware), l'Iroquois et le Floridien sont les plus importans. On se demande : Existe-t-il parmi les tribus de l'Orénoque dont nous venons de donner la nomenclature, et qui (il est douloureux de le dire) ne comprennent pas aujourd'hui 80,000 individus, huit à dix langues différentes entre elles, au même degré que sont l'allemand, le slave, le basque et le gale ? Cette question ne pourra être résolue que d'après l'étude des grammaires imprimées, que nous devons aux soins des missionnaires. Mon frère,

M. Guillaume de Humboldt, le seul de tous les hellénistes qui ait une connoissance approfondie du sanscrit, des langues sémitiques et de presque tous les idiomes de l'Europe, sans en exclure le basque, le gale et le hongrois, s'occupe, depuis un grand nombre d'années, de l'ensemble des langues du Nouveau-Continent. Il possède, pour cette étude, plus de matériaux qu'on n'en a pu réunir jusqu'ici, et l'ouvrage dans lequel il va bientôt faire connoître les langues du Nouveau-Continent répandra beaucoup de lumière sur cette branche importante de nos connoissances.

J'ai parlé, dans la relation de mon voyage à l'Orénoque, de l'influence qu'exercent les immenses savanes de l'Amérique (entre l'Apure, le Meta et le Guaviare, entre les sources de l'Essequebo et du Rio Parime, ou Rio Branco), sur les mœurs et les langues des indigènes. Les *Llanos* inspirent et entretiennent le goût de la vie errante, même dans une région du monde où il n'y a point de troupeaux qui puissent donner du laitage, et où les *Indios vagos y andantes* ne vivent que de la chasse et de la pêche. Ces plaines contribuent aussi à généraliser un petit nombre de langues, et à les répandre sur un vaste espace (Tom. VI, p. 222; VII, p. 17; VIII, p. 249) : mais la plus grande masse des peuples que nous venons de nommer habitent un pays couvert de forêts et de montagnes, dans lequel il n'y a d'autre chemin que le cours des rivières. La difficulté de se mouvoir, les entraves que la force de la végétation et la profondeur des rivières opposent à la chasse et à la pêche, ont engagé le sauvage à devenir agriculteur. C'est dans cette région montagneuse, entre l'Esmeralda, les sources du Carony, l'embouchure de l'Apure et celle de l'Atabapo, que l'isolement et l'immobilité ont produit l'apparence de la plus grande diversité des langues. Les degrés de barbarie dans lesquels on a trouvé ces peuplades, celles qui sont errantes (les Guamos, les Achaguas, les Otomaques), et celles qui sont fixées au sol et adonnées à la culture (les Macos, les Curacicanas, les Maquiritares), diffèrent autant que leur taille et la couleur de leur peau (Tom. VIII, p. 210). Les peuples du Haut-Orénoque habitent des plaines couvertes de forêts au sein desquelles s'élèvent de hautes montagnes; ce ne sont pas, à proprement parler, des peuples montagnards. Ici comme sur le plateau de l'Asie, les hordes conquérantes sont sorties des steppes qui avoisinent les montagnes et les forêts. Des Caribes belliqueux et errans ont été long-temps les maîtres et le fléau de ces contrées qu'ils parcouroient pour enlever des esclaves. En lutte avec les Cabres, ils ont été la nation prédominante dans le Bas-Orénoque, comme les Guaypunabis, ennemis des Manitivitains, l'ont été entre l'Atabapo, le Cassiquiare et le Rio Negro (Tom. VII, p. 251-254). Les idiomes des peuples conquérans se sont généralisés; ils ont même survécu à la prépondérance nationale. Partout où ces idiomes n'ont pas été substitués entièrement aux langues indigènes, ils ont laissé sur leur passage des mots isolés qui se sont mêlés, incorporés, *agglutinés* à des langues entièrement différentes. Ces mots, que l'on reconnoît à la dissemblance des sons, sont, dans ces contrées barbares, presque les seuls monumens des antiques révolutions du genre humain. Ils ont souvent une forme bizarre; et, dans un pays dépourvu de traditions, ils se présentent à notre imagination comme ces débris d'animaux du monde primitif, qui, enfouis dans la terre, contrastent avec les formes des animaux d'aujourd'hui.

La civilisation européenne, et en général toute civilisation étrangère et *importée*, remonte les fleuves; une civilisation indigène les descend, comme le prouve l'histoire des peuples de l'Indus, du Gange, de l'Euphrate, peut-être même du Nil. On ne sauroit révoquer en doute qu'avant les hordes barbares qui habitent aujourd'hui les forêts de la Guyane, il y a eu dans ces mêmes contrées d'autres races un peu plus avancées dans la culture, qui couvroient les rochers de traits symboliques. Ces *roches peintes* forment une zone particulière entre l'Atabapo et le Cassiquiare, entre les sources de l'Essequebo et du Rio Branco, entre Uruana et Cabruta, où les traditions tamanaques sur le déluge d'Amalivaca se lient aux figures sculptées dans le granite (Tom. VIII, p. 245). Entre les tropiques comme dans les climats tempérés, à l'est des Andes comme à l'est des Montagnes Rocheuses, dans cette longue série de peuples qui ont inondé successivement les plaines, une foible lueur de culture avoit précédé la barbarie que les colons européens y ont trouvée en franchissant les Alléghanis ou les rives du Bas-Orénoque. Aux États-Unis, des murs d'une longueur prodigieuse, construits en pierre ou en terre, annoncent l'existence de villes populeuses, ou de campemens fortifiés et placés au confluent des grandes rivières. Dans la Guyane, malgré les illusions de Ralegh et de Keymis, on n'a jamais découvert jusqu'ici les traces d'un édifice en pierre! Si les peuples de l'Orénoque étoient restés abandonnés à eux-mêmes, la civilisation du Pérou et du plateau de la Nouvelle-Grenade, celles des empires de l'Inca et du Zaque, auroient pénétré vers l'est, en suivant le cours du Caqueta, du Rio Negro et du Meta (Tom. VIII, p. 468 et 499); mais ce mouvement d'une culture indigène auroit été plus lent que celui de la culture étrangère.

Je n'ignore pas que l'on regarde assez généralement avec dédain ces langues qui n'ont pas de littérature (*inculti sermonis horrorem*), ces sons qui ne nous paroissent que le cri sauvage de la nature, parce que notre oreille n'est pas faite pour en saisir les nuances; mais il ne faut point oublier qu'il y a un autre but dans lequel les langues doivent être étudiées, que celui de recueillir les individualités d'une littérature étrangère. Les langues les plus incultes sont intéressantes sous le rapport de leur structure et de leur organisation intérieure. Le botaniste donne à peine quelque préférence aux plantes qui offrent un emploi utile dans les arts, où qui augmentent nos richesses nationales: il cherche à analyser toutes les formes du règne végétal, parce que, pour bien saisir l'organisation d'une seule de ces formes, il faut les connoître toutes. De même on ne sauroit réduire les langues en familles, sans étudier un très-grand nombre de celles qui diffèrent par leur structure grammaticale. Si la multiplicité des langues réunies sur un petit espace oppose de fortes entraves à la communication des peuples, elle a l'avantage aussi de leur conserver un caractère d'individualité, sans lequel s'efface tout ce qui tient à une physionomie nationale. D'ailleurs, et j'aime à insister sur cette circonstance, aucune des langues de l'Amérique n'est dans cet état d'abrutissement, que long-temps et à tort on a cru caractériser l'enfance des peuples : elles ont déjà des formes grammaticales fixées ; car toutes les parties qui sont essentiellement organiques dans un idiome, se forment à la fois. (Guillaume de Humboldt, sur le développement progressif des langues, dans les *Mémoires de l'Académie Royale de Prusse*, 1823.) Plus on pénètre dans la structure d'un grand nombre d'idiomes, et plus on se défie de ces grandes divisions des langues (par bifurcation) en langues synthétiques et langues analytiques. Il en est de ces classes comme des grandes divisions des corps organisés, qui n'offrent qu'une trompeuse simplicité, et auxquelles on commence, de nos jours à substituer une distribution par petits groupes nombreux, liés entre eux par des affinités naturelles. Demander si cette multiplicité des idiomes est primitive, ou si elle peut être l'effet d'une déviation progressive, c'est demander si la variété des végétaux qui embellissent la terre a toujours existé, ou si (d'après l'hypothèse du grand naturaliste d'Upsal) les espèces se sont diversifiées en se fécondant mutuellement. Des questions de ce genre n'appartiennent pas à l'histoire, mais aux mythes cosmogoniques des peuples.

Note D.

Voici les données bien incomplètes que l'on possède jusqu'ici sur la population de l'ancienne vice-royauté de Buenos-Ayres, désignée, sous le régime de la métropole, par le nom de *Provincias del Rio de la Plata*, et divisée en intendances et gouvernemens (Buenos-Ayres, Montevideo, Paraguay, Salta del Tucuman, Cordova del Tucuman, Charcas, La Paz, Potosi, Santa-Cruz de la Sierra, Chiquitos, Moxos) :

I. Audiencia de Buenos-Ayres. Division politique :	POPULATION, les Indiens non compris.	INDIENS seuls.	POPULATION totale.
Buenos-Ayres	120,000	130,000	250,000
Cordova	75,000	25,000	100,000
Tucuman	60,000		
Salta (avec Valle de Catamarca et Jujuy)	60,000		
Cuyo (Mendoza et S. Juan de la Frontera)	75,000		
Paraguay et Missions	140,000		
Santa-Fe, Entre-Rios et Banda Oriental	50,000		
Districts non évalués	75,000		
Total	655,000		

(Voy. Brackenridge, *Voyage to South America*, 1820, Vol. II, p. 47. M. Rodney trouve, par différens calculs, ou 489,000, ou 523,000. (*Message to the fifteenth Congress*, 1818, p. 34.)

NOTES.

II. AUDIENCIA DE CHARCAS.

Divisions politiques :

Intendance de Charcas :	POPULATION, les Indiens non compris.	INDIENS seuls.	POPULATION totale.
Charcas (La Plata ou Chuquisaca).........	16,000		16,000
Zinti.................	25,000	35,000	60,000
Yamparaes............	12,000	28,000	40,000
Tomina...............	12,000	28,000	40,000
Paria.................	13,000	37,000	50,000
Oruro................	6,000	9,000	15,000
Carangas.............	8,000	17,000	25,000
	92,000	154,000	246,000
Intendance de Potosi :			
Potosi................	14,000	21,000	35,000
Atacama..............	8,000	22,000	30,000
Lipes.................	8,000	12,000	20,000
Porco................	15,000	115,000	130,000
Chayanta.............	40,000	60,000	100,000
	85,000	230,000	315,000
Intendance de la Paz :			
La Paz...............	14,000	26,000	40,000
Pacajes...............	60,000	30,000	90,000
Sicasica..............	20,000	40,000	60,000
Chulumani............	15,000	35,000	50,000
Omasuyos.............	30,000	30,000	60,000
Larecaja..............	25,000	40,000	65,000
Apolobamba..........	5,000	30,000	35,000
	169,000	231,000	400,000
Intendance de Cochabamba :			
Cochabamba..........	30,000	70,000	100,000
Sacaba...............	15,000	45,000	60,000
Tapacari.............	30,000	70,000	100,000
Arque................	10,000	25,000	35,000

Palca........................	6,000	14,000	20,000
Clissa......................	35,000	65,000	100,000
Mizque.....................	8,000	12,000	20,000
Valle Grande (Jesus de Montes Claros)...................	30,000	70,000	100,000
	164,000	371,000	535,000
Santa-Cruz de la Sierra, Moxos et Chiquitos...............			220,000

(*Brackenridge*, Tom. II, p. 80). J'ai rectifié les noms des provinces. Villes principales : dans l'Audiencia de Buenos-Ayres, Buenos-Ayres 60,000; Montevideo 7000; San Miguel de Cordova 6000; Santa-Fe 6000; Tucuman 5000; Salta 6000; Mendoza 8000; Asuncion 12,000; La Candelaria 5000. Dans l'Audiencia de Charcas : La Paz 40,000; Potosi 35,000; La Plata 16,000; Oruro 15,000; Zinti 12,000; Oropesa 25,000; Zarate 12,000.

Ces évaluations de la population sont assez incomplètes pour les basses régions de l'*Audiencia* de Buenos-Ayres (par exemple pour Salta, Santa-Fe, Banda oriental et Entre-Rios): elles péchent toutes en moins, donnent, dans les années 1817-1820, pour l'*Audiencia* de Charcas avec Santa-Cruz, Moxos et Chiquitos, 1,716,000, y compris les indigènes; pour l'*Audiencia* de Buenos-Ayres, *sans les Indiens*, 655,000 : total 2,371,000. M. Schmidtmeyer, dans son intéressant *Voyage au Chili*, compte 1,100,000 habitans pour le bassin de La Plata, et 1,300,000 pour les *Provincias de la Sierra*. Il me paroît très-probable que la population blanche, cuivrée et mélangée de toute la vice-royauté, avant le démembrement de la province Cisplatine par les Portugais-Brésiliens, et celui de la province du Paraguay par le docteur Franzia, excédoit $2\frac{1}{3}$ millions, dont 1,200,000 Indiens.

Note E.

L'accroissement rapide de la population des États-Unis a été la base de tant de calculs d'économie politique en Europe, qu'il est d'un vif intérêt d'en connoître avec précision les données principales. Pour comparer les nombres et fixer des rapports exacts, il faut recourir aux premières sources, c'est-à-dire aux tableaux imprimés par le Congrès et purgés des fautes typographiques qui les défigurent quelquefois. La population de 1800, qui a été de 5,306,032, est indiquée par M. Melish (*Travels*, p. 566), de 5,308,844; par M. Seybert (*Annales statist.*, p. 72), de 5,319,762; par M. Harvey (*Edimb. Phil. Journ.*, 1823, p. 42), de 5,309,758. Je consignerai ici une note que je dois à la bienveillance de M. Gallatin qui a occupé long-temps le ministère du trésor public à Washington, et dont le départ d'Europe a causé récemment de si vifs regrets à tous ceux qui savent apprécier le talent et les sentimens généreux.

« Voici les recensemens officiels corrigés et sur l'exactitude desquels on peut compter :

	1790.	1800.	1810.	1820.	
Blancs......	3,172,120	4,303,133	5,862,090	7,862,282	Sous le nom de *noirs* sont aussi compris les gens de couleur dont le nombre est très-petit aux États-Unis.
Noirs { libres.	59,511	109,294	186,443	238,149	
Noirs { esclav.	697,697	893,605	1,191,367	1,537,568	
Total...	3,929,328	5,306,032	7,239,903	9,637,999	

« Il y a plusieurs observations à faire lorsqu'on veut calculer l'accroissement pour chaque période de dix ans.

1.º Les habitans des pays situés au nord de l'Ohio (Etats d'Ohio, d'Indiana et des Illinois, avec le Territoire de Michigan), de même que les habitans du Territoire, à présent Etat du Mississipi, n'ont pas été dénombrés en 1790; et on devroit les ajouter au recensement de cette année. J'évalue qu'ils étoient à cette époque :

Blancs...............	10,000	⎫	
Noirs libres...........	200	⎬	11,800
Esclaves...............	1,600	⎭	

2º Trois comtés de l'État d'Alabama ont été omis dans le recensement de 1820. Mais on sait que le nombre de leurs habitans dépassoit 12,000, dont environ 8000 blancs, 4000 esclaves et 50 noirs libres.

3° La Louisiane n'ayant été acquise qu'en 1803, elle n'a pas pu être comprise dans les recensemens de 1790 et 1800. D'après les recensemens faits en 1799-1802 par le gouvernement espagnol, la population de la Louisiane étoit pour 1800 :

	BASSE-LOUISIANE, à présent Louisiane.	ARKANSAS.	HAUTE-LOUISIANE, à présent Missoury.	TOTAL.	
Blancs......	18,850	350	5,000	24,200	Il faut ajouter ce nombre au recensem.^{t} de 1800, lorsqu'on veut calculer l'accroissem.^{t} de 1800 à 1810.
Noirs { libres.	2,300	»	200	2,500	
Noirs { esclav.	18,850	50	9	19,800	
Total...	40,000	400	6,100	46,500	

4° Pour pouvoir calculer l'accroissement *naturel*, il faut tenir compte non seulement de l'acquisition de la Louisiane, mais aussi des émigrations d'Europe. Quant à la population blanche, je crois pouvoir assurer que la moyenne annuelle des émigrés arrivant aux Etats-Unis est à peu près 10,000, ou plutôt entre les limites 7,000-14,000 : car, quoiqu'il y ait eu des années de 22,000 et de 5000, la moyenne de l'émigration d'Europe n'est pas au-dessus de 14,000 ni au-dessous de 7,000. L'accroissement de la population noire est entièrement naturel, à l'exception de la période de 1800 à 1810, pendant laquelle il faut tenir compte, non seulement du nombre de noirs trouvés dans la Louisiane, mais aussi d'environ 39,000 Africains importés pendant les années 1804-1807, époque à laquelle la Caroline méridionale a permis l'importation des esclaves. Dans ces calculs, on doit toujours considérer dans son ensemble toute la population noire, libre et esclave.

Quoique nous n'ayons pas encore des données suffisantes pour obtenir des résultats définitifs sur les naissances et les décès annuels, l'on peut affirmer que, pour la population blanche, les premières sont au-dessous de 5, et les décès au-dessous de 2 par cent de la population. La différence ou l'accroissement annuel naturel est de 2,9 par 100. »

J'ajoute à ces renseignemens donnés par M. Gallatin quelques autres rapports numériques :

La *population totale*, en 1810, étoit 7,239,903 ; en 1820, elle étoit 9,637,999 ; accroissement 33 p. cent.

La *population blanche*, en 1810, étoit 5,862,093 ; en 1820, elle étoit 7,856,082 ; accroissement 34 p. cent.

La *population des esclaves*, en 1810, étoit 1,191,364 ; en 1820, elle étoit 1,537,568 ; accroissement de $28\frac{1}{2}$ p. cent.

La *population des gens de couleur libres*, en 1810, étoit 186,443 ; en 1820, elle étoit 238,149 ; accroissement $27\frac{2}{5}$ p. cent.

Le calcul de l'*area* des Etats-Unis, que j'ai donné plus haut dans le Chapitre XXVI, suppose la vérification astronomique de cinq grandes lignes, celles des côtés de l'Atlantique, des montagnes Alléghaniennes, du cours du Mississipi, des Montagnes Rocheuses et des côtes de la Mer du Sud qui divisent la confédération en quatre sections naturelles. Si les cartes générales que l'on a tracées jusqu'ici n'offroient d'autres erreurs que celles des longitudes *absolues*, et que tout en conservant les différences de longitudes *relatives*, elles déplaçoient également, par rapport à l'Europe (par exemple aux méridiens de Paris ou de Greenwich), les cinq grandes lignes que nous venons de nommer, l'*area* des divisions partielles ne seroit pas altérée. Pour évaluer l'effet des déplacemens inégaux, j'ai comparé, sur chaque carte qui a servi aux calculs des surfaces, les longitudes de New-York, de Pittsburg, du confluent de l'Ohio et du Mississipi, de Taos, village du Nouveau-Mexique, situé pour ainsi dire sur la prolongation des Montagnes Rocheuses et de la baie de Noutka. Les trois premiers points se fondent sur les excellentes observations de M. Ferrer. New-York est 8° 22′ 34″ à l'est du Morro de la Havane; et ce point étant, par mes observations de satellites, de 84° 42′ 33″; d'après les occultations de M. Ferrer, de 84° 42′ 43″ à l'ouest de Paris, on peut admettre, pour la longitude absolue de New-York, 76° 20′ 9″ (*Conn. des Temps*, 1817, p. 320 et 339, et mes *Obs. astr.*, Tom. II, p. 108). Les longitudes très-bien déterminées de Pittsburg (82° 18′ 30″), d'Albani (76° 4′ 45″) et de Lancaster (78° 39′ 30″) servent, par la proximité de ces trois points aux montagnes, à contenir entre de justes limites la chaîne des Alléghanis. La ligne du Mississipi est fixée par des observations faites à l'embouchure de l'Ohio (91° 22′ 45″) et à la Nouvelle-Orléans (92° 26′ 15″). La chaîne des Montagnes Rocheuses, qui divise en deux grandes sections le pays à l'ouest du Mississipi, n'est point encore aussi rigoureusement déterminée en longitude que les trois lignes précédentes. Je suppose Taos du Nouveau-Mexique par 106° 50′; MM. Lewis et Clark placent, sous le parallèle de 45°, la chaîne centrale des montagnes par 114° 46′ : mais il est probable que cette position est de beaucoup trop occidentale, quoique les chaînons parallèles des Montagnes Rocheuses remplissent, sous ce parallèle, un espace de plus de 3° de longitude. La côte de l'Océan-Pacifique a été relevée avec le plus grand soin par Vancouver, Galiano et Valdès : les *longitudes relatives* laissent peu à désirer, mais les *longitudes absolues* restent incertaines de plus d'un demi-degré. D'après les savantes recherches de M. Oltmanns, l'Anse des Amis à l'île de Noutka est probablement par les 128° 57′, mais les résultats partiels de Galiano (8^h 35′ 40″), de Marchand (8^h 35′ 44″), de Cook (8^h 36′ 0″) et de Vancouver (8^h 36′ 55″) n'offrent pas l'accord qu'on auroit pu espérer du concours de tant de chronomètres et de tant de séries de distances lunaires. (*Voyez* mes *Obs. astr.*, Tom. II, p. 596, et *Oltmans, Georg. Untersuchungen*, Tom. II, p. 439.)

Les cinq grandes lignes de démarcation que nous venons de discuter partagent l'immense territoire des Etats-Unis en quatre portions inégales :

a) *Entre les côtes atlantiques et les Alléghanis*, si

l'on suppose prolongées ces montagnes au nord vers Plattsburg, au sud en suivant les rives de l'Apalachicola. D'après ce prolongement proposé par M. Gallatin dans un mémoire très-intéressant qu'il m'a permis d'insérer dans l'Essai politique sur la Nouvelle-Espagne (Tom. II, p. 853), la majeure partie de la Floride est comprise dans la 1re division, dont j'ai trouvé l'*area* pour le moins de 324,000 milles carrés anglois, ou de 27,064 lieues carrées marines. J'ai calculé séparément la portion des *Atlantic-States* qui tombe à l'ouest des montagnes Alléghanis, ces montagnes traversant les états de New-York, de la Pensylvanie, de la Virginie et de la Caroline du Nord. L'étendue de pays, qu'il faut décompter du territoire total des *Atlantic-States*, y compris la Floride occidentale, a 97,071 milles carrés. En partageant les 324,000 m. c. de la première division en états du nord-est (de Delaware à Maine) et en états du sud-est (de Maryland à la Floride), on trouve, pour les premiers, 110,991 m. c.; pour les seconds, 213,009 m. c. Les *Atlantic-Slave-States* (états à esclaves situés à l'est des Alléghanis) surpassent un peu l'*area* de la France. Toute la Floride a, selon mes calculs, 59,187 m. c., dont 52,310 à l'est de l'Apalachicola, et 6,877 à l'ouest de cette rivière. MM. Carcy et Lea donnent à la Floride 57,750 m. c. La division des Alléghanis en plusieurs chaînons parallèles rend un peu arbitraire le partage des Etats-Unis, situés sur la rive gauche du Mississipi, en deux portions, à l'est et à l'ouest des montagnes. Les 15 *Atlantic-States* (de Géorgie à Maine, par conséquent sans les Florides) occupent, des deux côtés des montagnes, d'après M. Warden, 386,000 m. c.; d'après M. Morse, 377,446; d'après M. Melish, 366,000. En adoptant ce dernier nombre et en évaluant à 97,071-6877=90,194 m. c. ce qui de ces 15 états tombe à l'ouest des Alléghanis, on trouve le territoire des Etats-Unis compris entre l'Océan atlantique et les montagnes, sans la Floride, de 275,806 m. c.; avec la Floride, de 328,116; résultat qui s'accorde dans des limites assez étroites avec celui que m'ont donné les mesures directes. M. Gallatin évaluoit, en 1804, cette même division, sans y comprendre la Floride, à 320,000 m. c., ce qui semble prouver que cet homme d'état, si instruit dans la statistique de son pays, donnoit plus de 386,000 m. c. à l'*area* totale des *Atlantic-States*, ou bien qu'il traçoit la ligne de division par un chaînon moins oriental des Alléghanis.

β) *Entre les Alléghanis et le Mississipi*, au plus 606,000 milles carrés anglois ou 50,620 lieues carrées marines. Sans la partie de la Floride située à l'ouest de l'Apalachicola, je trouve 599,123 m. c. M. Gallatin avoit très-bien évalué cette surface à plus de 580,000 m. c. Si les valeurs partielles des deux sections α et β sont affectées de l'incertitude d'une ligne de démarcation passant par un des nombreux chaînons des Alléghanis, la valeur totale de $\alpha + \beta$ reste moins douteuse, parce qu'elle ne dépend que de la position des côtes de l'Atlantique, de celles des lacs et du cours du Mississipi. La division des Etats-Unis en deux grandes sections, à l'est et à l'ouest du Mississipi, est, par sa nature, la plus précise de toutes; et les cartes que nous possédons aujourd'hui n'offrent des discordances qu'à cause de la forme incertaine de la péninsule de la Floride et du manque de relèvemens exacts des côtes de la Géorgie, d'Alabama et du Territoire du Mississipi. M. Gallatin trouve, pour la valeur de $\alpha + \beta$, y compris la Floride, 958,000 m. c.; M. Warden, 909,000; M. Melish, 952,000. Je me suis arrêté à 930,000 m. c., ou 77,700 lieues carrées marines; mais la carte de M. Brué, pour laquelle on a employé beaucoup de positions astronomiques, me donne 972,000 m. c. Tous ces calculs de l'*area* prouvent que les limites des erreurs sont, dans l'état actuel de la géographie de l'Amérique, entre $\frac{1}{25}$ et $\frac{1}{35}$. En Europe même, les erreurs s'élèvent, pour beaucoup de pays, à $\frac{1}{40}$. (*Antillon*, *Geogr.*, p. 143).

ε) *Entre le Mississipi et les Montagnes Rocheuses :* 868,400 m. c., ou 72,531 l. c. Comme on a jeté récemment beaucoup de doutes sur l'*area* du Territoire du Missoury, j'ai refait les calculs sur un grand nombre de cartes qui m'ont donné, pour la partie de ce Territoire entre le Mississipi et les Montagnes Rocheuses, y compris l'état du Missoury, 693,862; 680,806; 692,277; 696,277 milles carrés. M. Morse évalue cette *area* beaucoup trop grande à 860,000 m. c. Le Territoire d'Arkansas seul, dont le major Long a relevé une grande partie avec beaucoup de précision, a 125,855 m. c.

Relat. hist., Tom. 11.

J'ai trouvé l'état de la Louisiane, à l'est du Mississipi, 6,200 m. c.; à l'ouest, 45,300.

δ) *Entre les Montagnes Rocheuses et les côtes de l'Océan-Pacifique* : 288,400 m. c., ou 24,091 lieues carrées marines. C'est le Territoire de Colombia, d'Oregon ou de l'Ouest qu'il ne faut pas confondre ni avec le *Territoire du Nord-Ouest*, entre le Lac supérieur et le Lac Michigan, compris aujourd'hui dans le Territoire de Michigan, ni avec le *Western Territory* anglois que parcourent les chasseurs de la Compagnie du Nord-Ouest. Les différentes cartes m'ont donné, pour cette quatrième grande division des États-Unis: 286,034; 288,391; 284,925, et 290,400 milles anglois carrés. Les seuls Territoires d'Oregon (Colombia), Arkansas et Missoury, y compris l'État de ce dernier nom, offrent, selon mes calculs, une *area* de 1,107,000 m. c.; région immense qui, en 1820, ne comptoit pas encore 83,000 habitans d'origine européenne.

Depuis l'Océan-Atlantique jusqu'à l'Océan-Pacifique, les États-Unis comprennent aujourd'hui une *area* de 174,306 lieues carrées de 20 au degré, ou 2,086,800 milles carrés. M. Morse leur donne aussi 2 millions de m. c., dont la moitié appartient aux trois Territoires du Missoury, d'Arkansas et d'Oregon. M. Warden, dans les éditions angloises et françoises de son ouvrage statistique (*Introd.*, Tom. I, p. xlix et li), avoit très-bien évalué cette surface à plus de 1,836,000 m. c.; et si, plus tard, dans l'édition françoise (Tom. V, p. 100, et *Bulletin de la Société de géographie*, Tom. I, n°3), il semble s'arrêter à 1,637,000, cette diminution de surface ne provient que d'une erreur causée par la transformation des lieues en milles carrés. Le terrain compris entre le Mississipi et l'Océan-Pacifique n'a pas 741,414 m. c. (savoir : Etat de la Louisiane, en décomptant ce qui est à l'est du Mississipi, 48,220—9215=39,005; Territ. d'Arkansas, 76,961 ; Territ. du Missoury, 445,334; Territ. de l'Ouest, 180,114. *Warden*, Tom. I, p. 101; Tom. IV, p. 563, 653); mais 1,156,800 m. c. Un géographe, très-instruit, que M. Warden avoit chargé de ces calculs de surface, les a refaits à ma prière; et, en employant les véritables logarithmes de réduction, il a trouvé, presque comme moi, le Territoire du Missoury, y compris l'Etat de ce nom, de 696,000 m. c., au lieu de 445,334; le Territoire de l'Ouest, de 284,000 m. c., au lieu de 180,114; le Territoire d'Arkansas, de 125,855 milles carrés, au lieu de 76,961. Ces erreurs partielles, qui ne portent que sur la partie la plus dépeuplée du territoire américain, et dont les calculs de superficie que présente l'édition angloise de M. Warden, sont entièrement exempts, produisent une différence totale de plus de 400,000 m. c., ou 33,400 lieues marines carrées. C'est de cette quantité qu'on rend trop petite l'*area* des Etats-Unis, lorsqu'on ne l'évalue qu'à 1,637,000 milles carrés. M. Adrien Balbi, qui a réuni dans son Essai statistique sur le royaume de Portugal un grand nombre de matériaux précieux pour l'étude de l'économie politique en général, donne aux Etats-Unis (Tom. I, p. 259), une *area* de 2,146,000 milles carrés italiens de 60 au degré (238,000 l. c. marines). Cette évaluation est presque de $\frac{1}{5}$ trop grande. D'un autre côté, les résultats auxquels s'arrête M. Morse dans un ouvrage très-instructif qu'il vient de publier à Boston, sous le titre *System of Modern Geography*, diffèrent très-peu des miens pour la partie orientale de la confédération. Ce savant donne 377,446 m. c. aux Etats-Atlantiques. Or, en décomptant 90,200 pour la portion de ces Etats qui tombe à l'ouest des Alléghanis, et en ajoutant 52,300 pour la Floride, à l'est de l'Apalachicola, on obtient, pour la division α, 339,600 milles carrés. Les huit Etats et Territoires situés entre les Etats atlantiques et le Mississipi, y compris la partie orientale de l'Etat de la Louisiane, ont, d'après M. Morse, 484,000 m. c.; et toute la division β (en y ajoutant 90,200 + 6900 pour la portion de *Atlantic States* et de la Floride, à l'ouest des Alléghanis) a 581,100 m. c. Il en résulte pour $\alpha + \beta$: 920,700 milles carrés, seulement $\frac{1}{93}$ de moins que l'*area* que j'ai donnée (T. IX, p. 216) au Territoire des Etats-Unis, à l'est du Mississipi.

La surface de 2,086,800 m. c. offerte à l'industrie d'un peuple laborieux et sagement gouverné est dix fois plus grande que la France. On n'a pas besoin de l'agrandir encore en substituant, comme quelques ingénieurs américains semblent l'avoir désiré récemment (à l'occasion de la rectification des limites du Canada anglois), des *latitudes géocentriques* (l'angle formé par le rayon de la terre avec l'équateur) aux latitudes ordinaires. (*Quart. Journ. of Sciences*, 1823, *jan.*, p. 412.)

En comparant l'*area* des grandes divisions avec le nombre des habitans que donne le dénombrement de 1820, on trouve :

I. Dans les 15 États-Atlantiques (de Maine à Géorgie), par conséquent sans la Floride des deux côtes des Monts Alléghanis, sur 30,900 l. c. mar. ou 370,000 m. c. anglois :

 Population absolue.............. 7,420,762
 Population relative par lieue carr. m. 239

II. Entre les États-Atlantiques et la rive gauche du Mississipi (aussi sans la Floride), sur 42,000 l. c.

 Population absolue.............. 1,982,998
 Population relative par lieue carr. m. 47

III. Entre la rive droite du Mississipi et les côtes de l'Océan-Pacifique, sur 96,600 l. c. ou 1,156,000 m. c.

 Population absolue, sans les Indiens. 234,239
 Population relative des blanes par lieue carrée................. $2\frac{1}{2}$

Il résulte de ces calculs, dans lesquels une erreur d'évaluation de surfaces ne pourroit avoir d'influence sensible sur la population relative, que les Etats-Unis, à l'est du Mississipi (sans y comprendre les Florides), avoient, en 1820, sur une *area* de 77,700 l. c. marines, ou 730,000 m. c. anglois, une population absolue de 9,403,760, et une population relative de 122 habitans par lieue carrée marine. Si la population relative de tout le territoire des Etats-Unis, depuis l'Océan-Pacifique jusqu'à l'Océan-Atlantique, étoit, en 1820, de 55 habitans par l. c., elle doit avoir été, à la fin de l'année 1822 (où je trouve, en supposant un accroissement uniforme, une population totale de 10,220,800), un peu au-delà de 58. L'immense augmentation de la population à l'est du Mississipi devient peu sensible si, d'après une abstraction purement mathématique, on répartit toute la population sur toute la surface du territoire.

J'ai discuté dans cette note les incertitudes qui restent sur des objets qui sont d'un grand intérêt pour l'économie politique : j'ai fixé surtout mon attention sur les contrées situées à l'ouest du Mississipi, et dont les destinées, dans la suite des siècles, influeront puissamment sur l'état des provinces septentrionales du Mexique. Pour bien connoître l'*area* des Etats-Unis, on n'a pas besoin d'attendre l'époque où 174,000 lieues carrées seront levées trigonométriquement. C'est par des moyens purement astronomiques, par la combinaison d'un grand nombre de latitudes observées et de *lignes chronométriques* tracées en différentes directions, que l'on peut obtenir rapidement des données précises et indispensables dans toute bonne administration. Il seroit à désirer qu'au milieu de tant d'incertitudes, le congrès de Washington fît réunir tous les matériaux que l'on possède déjà, pour pouvoir fixer, par le calcul, je ne dis pas l'*area* de chaque Etat et de chaque Territoire, mais l'*area* totale des quatre grandes divisions naturelles qui sont comprises entre les côtes de l'Océan-Atlantique, le chaînon central des Alléghanis, le cours du Mississipi, les Montagnes Rocheuses et l'Océan-Pacifique.

Dans les possessions angloises, voisines des Etats-Unis, la population est aujourd'hui peut-être de $\frac{1}{7}$ plus élevée que je l'ai supposée dans le tableau, T. IX, p. 182. On comptoit déjà, en 1814, dans le Bas-Canada, 335,000; dans le Haut-Canada, 95,000; dans la Nouvelle-Écosse, 100,000; dans le Nouveau-Brunswick, 60,000; dans New-Foundland et au cap Breton, 18,000; en tout 608,000 habitans. (*Carey and Lea, Historical, chronological and geographical Atlas of America*, 1822, n° 4).

Pour faciliter les réductions des surfaces, nous rappellerons à la fin de cette note qu'une lieue marine carrée (de 20 au degré) a 11,9716 milles anglois carrés (de 69,2 au degré) ou 1,5625 lieues de France carrées (de 25 au degré), ou 0,5625 lieues géographiques carrées (de 15 au degré), ou 9 milles italiens carrés (de 60 au degré).

Note F.

« Occupé de déterminations astronomiques sur la frontière méridionale de la Guyane espagnole, j'ai tâché, pendant le cours de mes voyages, de réunir avec soin tout ce qui a rapport aux contestations sur les limites entre les couronnes de Portugal et d'Espagne; ces renseignemens m'étoient nécessaires pour compléter le mémoire que j'ai adressé, lors de mon retour de l'Orénoque, au premier secrétaire d'état, Don Mariano Luis de Urquijo (Tom. VIII, p. 367; et plus haut, p. 72 et 73.). Sans prétendre donner ici une histoire complète de ces *Commissions de limites*, que d'ignobles artifices de la diplomatie européenne ont rendues si peu utiles à la géographie astronomique du Nouveau-Continent, je vais publier succinctement des notions qui peuvent jeter quelque jour sur cet important problème. Celles de ces notions qui ont rapport aux négociations du 18ᵉ siècle sont tirées de pièces inédites et conservées dans les archives. Les discussions sur les limites entre les cours de Madrid et de Portugal ont duré pendant trois siècles. Elles n'ont d'abord touché que des intérêts maritimes, la possession des îles et des côtes; peu à peu elles se sont étendues à l'intérieur de l'Amérique méridionale. La bulle célèbre que le pape Alexandre VI donna (le 4 mai 1493) en faveur de l'Espagne, étoit rédigée dans le même esprit que la bulle moins connue de l'année 1445, donnée par le pape Nicolas V en faveur du Portugal. La première place la ligne de démarcation cent lieues à l'est des îles Açores et du Cap-Vert, et donne aux Espagnols tout ce qui, à l'ouest de cette ligne, n'avoit point été occupé avant la fête de Noël de l'année 1492. Elle dit assez confusément *centum leucas a qualibet insularum quæ vulgariter nuncupantur* de las Azores y Cabo Verde. Le cardinal Bembo, dans la crainte de voir son style classique vicié par l'emploi de nouvelles dénominations, dit *Gorgonum insulæ*, sans doute (*Pline*, d'après Xénophon de Lampsaque, *lib. VI, c.* 31, *p.* 348; *Mela, lib. III, c.* 9, *p.* 93) les *Gorgades* (*domus, ut aiunt aliquando, Gorgonum*), vis-à-vis le *Ryssadium Promontorium*. L'île Saint-Antoine est sans doute dans le méridien de l'île San Miguel, mais il y a 8° de longitude du méridien de l'île du Cap-Vert la plus occidentale, au méridien de l'île la plus orientale des Açores. Une nouvelle bulle du 24 novembre 1493 laissa subsister ces mêmes doutes; mais, dans le traité de Tordesillas (7 juin 1494), le méridien de la démarcation fut porté, au lieu de 100, à 370 lieues des îles du Cap-Vert. La valeur des lieues n'ayant pas été indiquée, la *linea divisoria* peut atteindre, d'après différentes hypothèses, ou l'embouchure du Rio de San Francisco, ou Rio Janeiro, ou le méridien de Saint-Paul, qui se trouve encore 1° à l'est du Grand Para. Le pape Jules II sanctionna le traité de Tordesillas par la bulle du 24 janvier 1506; mais le voyage hardi de Magellan et les découvertes de 1500 à 1504 de la bouche de la rivière des Amazones, par Vicente Janez Pinson, du cap San Augustin, par Amerigo Vespucci, et des ports de Santa Cruz et de Bahia de Todos Santos, qui avoient précédé le voyage de Magellan, engagèrent les deux cours de Madrid et de Lisbonne à réunir au pont du Rio Caya, entre Yelves et Badajoz, en 1524, le *congrès des pilotes et des cosmographes*. Dans ce congrès, les Espagnols accusèrent les Portugais d'avoir altéré la distance de Gilolo aux côtes du Brésil, et ils prouvèrent victorieusement que les Moluques étoient du domaine castillan. Le célèbre mathématicien Faleiro avoit enseigné aux pilotes des méthodes lunaires par lesquelles ils pouvoient déterminer la distance d'un navire à la ligne de démarcation, considérée comme un premier méridien. La nécessité de connoître la position de cette ligne a puissamment contribué à l'ardeur avec laquelle, à cette époque, on cherchoit des méthodes propres à trouver les longitudes par des moyens précis. Le congrès des cosmographes au *Puente de Caya* traîna en longueur, et les contestations entre les deux nations ne cessèrent, par rapport aux possessions de l'archipel de l'Inde, que par un traité conclu à Saragosse, le 22 avril 1529. (*Don Juan y don Antonio de Ulloa, Disert. historica y geografica sobre el meridiano de demarcacion. Madrid*, 1749, *Salazar de los progresos de la hidrografia en España*, 1809, *p.* 115. *Cespedes, Hidrografia, cap.* 4, *p.* 128, 143, 152). L'Espagne céda les îles Moluques pour le prix de 350,000 ducats, tout en se réservant le droit « de rentrer dans la propriété de ces îles au moment où la somme d'achat seroit rendue. » La réunion des deux couronnes, sous Philippe II, calma pendant quelque temps les haines nationales, ou plutôt elle les força de paroître assoupies; mais, dès la fin du 17ᵉ siècle, l'établissement de la Colonia de San Sacramento, près de l'embouchure du Rio de la Plata, fit naître des contestations sur les limites brésiliennes. Les Espagnols détruisirent cet établissement, et l'on tenta un nouveau congrès de cosmographes au *Puente de Caya*, qui dura depuis le 4 novembre jusqu'au 22 janvier 1682. On avoit stipulé, dès le commencement des négociations, que si l'on ne pouvoit s'arranger dans l'espace de trois mois, *l'on se soumettroit à la décision du souverain Pontife!* Quand on considère l'état des lumières du monde dans les cent ans qui ont précédé la déclaration de l'indépendance des Etats-Unis, on seroit presque tenté de révoquer en doute ce qui est prouvé par les documens les plus authentiques conservés dans les archives. On discuta inutilement à Caya si les 370 lieues mentionnées dans le traité de Tordesillas formoient 22° 14′ ou un moindre nombre de degrés, et si cette distance devoit être comptée dans l'archipel du Cap-Vert du centre de l'île Saint-Nicolas, ou (comme le vouloient les Portugais) de l'extrémité occidentale de l'île Saint-Antoine. D'après ces argumens minutieux, les cosmographes de Lisbonne vouloient porter le *meridiano de demarcacion* 13 lieues à l'ouest de l'établissement reconstruit de San Sacramento. Le second congrès du *Puente de Caya* se sépara sans avoir rien décidé, et les points en litige ne furent point soumis au souverain Pontife, comme on en étoit d'abord convenu. Pendant le foible règne de Charles II, les

Portugais gagnèrent partout sur leurs voisins en Amérique, du côté du Paraguay, sur les rives de l'Amazone et au Rio Negro. L'Espagne renonça, par la paix d'Utrecht, à la possession de San Sacramento. Près de quarante ans se passèrent dans l'inactivité la plus complète de la part du ministère de Madrid, lorsque la reine Barbara, fille de Jean V de Portugal, voulut profiter de l'extrême foiblesse de son époux, le roi Ferdinand VI d'Espagne, pour se rendre utile à son pays natal, et pour terminer la lutte sur les limites dans l'Amérique méridionale à l'avantage de la cour de Lisbonne. Le chef d'escadre, Don Josef de Yturiaga, fut nommé directeur (*primer comisario*) d'une expédition qui devoit longer toutes les frontières septentrionales de la *Capitania general* du Grand-Para, entrer dans l'Amazone par l'Orénoque et le Rio Negro, remonter l'Amazone jusqu'à la province de Maynas, et peut-être même passer par terre aux confins du Paraguay (Voyez la correspondance de Loefling avec Linné, dans *Pettri Læftingi Iter Hispanicum eller Resa til Spanska Länderna uti Europa och America*; 1758, p. 84, 90). L'expédition mit à la voile à Cadix, le 15 février 1754. On y avoit joint un naturaliste, un physicien et un géographe. Le naturaliste étoit le célèbre Loefling, qui, après avoir parcouru les environs de Cumana et de Nueva Barcelona, les missions de Piritù et de Caroni, mourut victime de son zèle, à Santa-Eulalia de Murucuri (Linné appelle ce village Merecuri, et Surville Mucururi), un peu au sud du confluent de l'Orénoque avec le Rio Caroni, le 22 février

1756. Yturiaga fit, au Port d'Espagne de l'île de la Triité, les apprêts de la navigation projetée sur les fleuves. Il entra, à la fin de juillet 1754, dans les bouches de l'Orénoque, avec 53 petites embarcations (*Goletas*, *Lanchas*, *Piraguas* et *Champanes*). Les dyssenteries et les fièvres firent beaucoup de ravages parmi la troupe; et même plusieurs centaines d'Indiens tombèrent malades. On ne put atteindre que le quinzième jour la forteresse de la Vieja Guyana. (Tom. VIII, p. 413 et 490). On remonta avec la même lenteur jusqu'à Cabruta, près de l'embouchure du Rio Apure. Beaucoup d'embarcations, exposées imprudemment sur les plages au soleil, se fendirent. Les fièvres continuèrent, et l'on manqua à la fois de rameurs (*bogas*), de pirogues et d'argent. Deux des commissaires, Don Eusebio de Albarado et Don Josef Solano allèrent à Santa-Fe de Bogota pour chercher des fonds; ils ne revinrent qu'après six mois, et, en 1756, Solano seul franchit, avec un petite partie de l'expédition, les grandes cataractes d'Atures et de Maypures sans dépasser toutefois la bouche du Rio Guaviare, où il fonda San Fernando de l'Atabapo (Tom. VII, p. 259; VIII, p. 2, 129, 509 et 368, et mss. de *Don Apollinario Diez de la Fuente*, que j'ai tirés des Archives de la province de Quixos, au sud-est de Quito). Nous avons déjà fait voir, dans un autre endroit, que les instrumens astronomiques de *l'expédition des limites* n'ont été portés ni à l'isthme du Pimichin et au Rio Negro, ni au Cassiquiare, et à l'Alto Orinoco, au-dessus de son confluent avec le Guaviare et l'Atabapo. Ce vaste pays, dans lequel aucune observation précise n'avoit été tentée avant mon voyage, ne fut parcourue alors que par quelques soldats que Solano envoya à la découverte, et par Don Apollinario de la Fuente. Ce dernier construisit avec des troncs d'arbres un petit fortin au point de la bifurcation de l'Orénoque, entra dans le Rio Padamo pour visiter les Indiens Catarapènes, et fonda avec des Maquiritares la mission de l'Esmeralda, d'où il fit une excursion infructueuse vers le Rio Gehette et le Cerro Yumariquin. (Tom. VIII, p. 218, 219 et 226). Ce même Don Apollinario, dont j'ai souvent entendu prononcer le nom aux Indiens du Rio Negro et de l'Esmeralda, affirme, dans ses journaux de route conservés à Quito, que, lors du départ de l'expédition de Solano (1754), par conséquent dix ans après le voyage du Père Roman. (Tom. VIII, p. 128), beaucoup de personnes, à l'île de la Trinité, doutoient encore de la communication de l'Orénoque avec l'Amazone, et qu'on n'y avoit aucune idée exacte de l'existence du Cassiquiare et de sa réunion avec le Rio Negro.

Pendant que Don Josef Solano fit des efforts pour pacifier la Haute-Guyane, Yturiaga demeura sur les bords du Bas-Orénoque. On assure que ce chef de la *Commission des limites* avoit des ordres secrets pour empêcher toute conclusion définitive d'un traité. Il désiroit plaire au ministre des Indes, Arriaga, et surtout au successeur de la couronne d'Espagne, Don Carlos, qui régnoit à Naples. Ce prince ne pouvoit s'opposer ouvertement aux projets de sa mère la reine Barbara et du parti portugais. On savoit que le traité seroit contraire aux intérêts de l'Espagne, et il ne restoit qu'à gagner du temps en créant des obstacles. Les embarcations qu'on avoit construites pour conduire le reste de la troupe au-delà des cataractes, sur les frontières de la Capitania general du Grand-Para, étoient prêtes à mettre à la voile : les ordres du roi Ferdinand VI étoient précis. Yturiaga ordonna de chanter un *Te Deum* à Muitaco (Tom. VIII, p. 341); et, pendant la cérémonie, il fit mettre clandestinement le feu à la flottille, qu'on dit avoir été brûlée par un accident imprévu. On avoit pris d'ailleurs si peu de peine pour cacher ce stratagème, qu'on le découvrit dans le moment même. Les commissaires portugais offrirent à Yturiaga de venir le chercher avec leurs propres pirogues, mais on leur répondit qu'on attendroit les ordres de Madrid. Ennuyé des dépenses et des lenteurs d'Yturiaga, le roi Ferdinand VI rappela l'Expédition. Solano et Albarado s'embarquèrent, je crois, en 1761, à la Guayra pour San Sébastien. Yturiaga, après avoir habité long-temps la petite ville de Muitaco où il espéroit rétablir sa santé, mourut à l'île de la Marguerite. Des plaintes portées contre lui à la cour par les moines et par ses collègues, les autres commissaires des limites rendirent très-pénible la dernière époque de sa vie. Don Apollinario Diez de la Fuente retourna d'Espagne à l'Orénoque, avec les titres pompeux de *Capitan poblador del Alto Orinoco y Cabo militar del Fuerte de Cassiquiare;* plus tard il fut Gouverneur de la province de Quixos, et *Cosmografo de la real Espedicion de limites del Marañon.* A en juger d'après ses manuscrits, les cosmographes réunis au congrès de Puente de Caya, en 1524, étoient plus instruits que lui.

Les travaux de la Commission des limites de l'Orénoque que je viens d'exposer ont été aussi infructueux que le traité signé le 12 janvier 1750 à Madrid, d'après lequel les deux nations portugaise et espagnole renonçoient à la *ligne de démarcation*, en se promettant de ne reconnoître d'autres limites entre le Brésil, Buenos-Ayres et le Pérou, que la crête de quelques montagnes et le cours des rivières. Cette convention énonçoit formellement « qu'il étoit impossible de fixer par des observations de longitude la ligne de démarcation sur les côtes et dans l'intérieur, » aveu d'autant plus étrange que Don Jorge Juan et Don Antonio de Ulloa, dans un savant mémoire (*Disertacion historica y geografica sobre el meridiano de demarcacion entre los dominios de Portugal y de España*), publié d'abord après leur retour de Quito, en 1749, avoient prouvé que la limite devoit être fixée, d'après la teneur du traité de Tordesillas et selon deux modes d'interprétation dont ce traité est susceptible, soit 1° 50', soit 3° 14' à l'est de la ville du Grand-Para. La convention de 1750 fut renouvelée et confirmée à Madrid, le 11 octobre 1777; mais l'exécution de stipulations faites sans connoissance des localités et en ne consultant que des cartes très-imparfaites, trouva de grandes difficultés. On ne voulut plus rien tenter du côté de l'Orénoque et du Rio Negro; toute l'attention des deux cours se porta vers les limites du Paraguay et les rives du Caqueta, du Rio Blanco et de l'Amazone. Le brigadier Don Jose Varela fut envoyé (1782-1789) à Montevideo, M. d'Azara au Paraguay, et M. Requeña à Maynas. Quelque incomplets que soient restés les travaux des commissaires, on ne peut douter que la géographie astronomique en tireroit de grands avantages, si l'on rendoit publics, non les résultats seuls de leurs travaux, mais les observations sur lesquelles ces résultats sont fondés. La carte d'Azara du Paraguay et celles du Brésil, rédigées à Rio Janeiro en 1804, par ordre du ministre de la marine, Don Rodrigo de Souza Coutinho, par le capitaine de frégate, Don Antonio Péres da Silva Pontes Lemos, ont été rectifiées d'après une partie de ces observations; mais les longitudes étant toutes chronométriques, la discordance entre les montres marines des géographes espagnols et portugais, et l'incertitude des positions qui ont servi de points de départ, jettent beaucoup de confusion sur cette fixation des limites. La cour de Madrid, ennuyée de tant de frais et de lenteur, résolut de dissoudre la Commission en 1801; et, quelques années plus tard, l'occupation militaire de la province cisplatine par les Portugais mit fin pour long-temps aux discussions de longitudes et aux exceptions dilatoires de la diplomatie.

Note G.

En faisant connoître aux savans de l'Europe les propriétés physiques de *l'arbre de la vache* (Voyez p. 258-

277 et 317; et plus haut, p. 54, note B), j'avois rapproché son lait nourrissant, non du suc des plantes qui abondent en caoutchouc, comme le suc du Hevea, mais du lait du Papayer. J'avois tenté quelques expériences chimiques sur ce dernier qui me paroissoit une substance fortement animalisée. Récemment, deux de mes amis, MM. Boussingault et Rivero, dont j'ai déjà eu occasion de citer les travaux importans (Tom. IX, p. 295 et 341), et qui sont beaucoup plus instruits en chimie que je ne l'étois à l'époque de mon voyage, ont fait connoître complétement la composition chimique du suc du *Palo de Vaca*. Voici l'extrait de l'analyse que ces savans m'ont envoyée dans une lettre datée de Maracay (entre Caracas et Nueva Valencia), en date du 15 février 1823.

« Le lait, dit M. Boussingault, que nous avons analysé à votre demande, provient du *Palo de Leche* ou *de Vaca*. Cet arbre croît assez abondamment dans les montagnes qui dominent Periquito, situé au nord-ouest de Maracay. Le lait végétal possède les mêmes propriétés physiques que celui de la vache, avec cette seule différence qu'il est un peu visqueux. Il en a aussi la saveur : quant à ses propriétés chimiques, elles diffèrent sensiblement de celles du lait animal. Il se mêle à l'eau en toute proportion; et, dans cet état, il ne se coagule pas par l'ébullition. Les acides ne le caillent pas, comme il arrive avec le lait de la vache. L'ammoniaque, loin de le précipiter, le rend plus liquide : ce caractère indique l'absence du caoutchouc; car nous avons observé dans des sucs contenant ce principe, que l'ammoniaque en précipitoit la plus petite quantité, et que le précipité, séché, possédoit les propriétés de la gomme élastique. L'alcool coagule légèrement le lait de l'arbre de la vache. C'est presque moins qu'un coagulum : car l'alcool rend seulement le suc plus difficile à filtrer. Le lait frais rougit légèrement le tournesol. Il bout à la température de 100°, à la pression d'environ 0^m,729. Soumis à l'action de la chaleur, il présente d'abord les mêmes phénomènes que le lait de la vache; on voit se former à sa surface une pellicule qui empêche le dégagement des vapeurs aqueuses. En enlevant successivement la pellicule et le faisant évaporer à une douce chaleur, on obtient un extrait qui ressemble à la *frangipane*; mais si l'on continue plus long-temps l'action de la chaleur, il se forme des gouttes huileuses; elles augmentent à mesure que l'eau se dégage, et finissent par former un liquide huileux dans lequel nage une substance fibreuse qui se dessèche et se racornit à mesure que la température de l'huile augmente. Alors se répand l'odeur la mieux caractérisée de viande que l'on fait frire dans la graisse. Par l'action de la chaleur, on sépare le lait végétal en deux parties, l'une fusible, de nature grasse; l'autre fibreuse, de nature animale. Si on ne pousse pas trop loin l'évaporation du lait végétal et qu'on ne fasse pas bouillir la matière fusible, on peut l'obtenir sans altération. Elle jouit alors des propriétés suivantes : elle est d'un blanc légèrement jaune, translucide, solide, et résiste à l'impression du doigt. Elle commence à fondre à 40° centigr.; et, quand la fusion est complète, le thermomètre indique 60°. Elle est insoluble dans l'eau; les

8 *

huiles essentielles la dissolvent facilement; elle se combine aussi aux huiles grasses, et forme un composé analogue au cérat. L'alcool à 40° la dissout totalement par l'ébullition, et elle se précipite par le refroidissement. Elle est saponifiable par la potasse caustique; mise en ébullition avec l'ammoniaque, elle forme une émulsion savonneuse. L'acide nitrique chaud la dissout avec dégagement de gaz nitreux, et forme de l'acide oxalique. Cette matière nous paroît ressembler à la cire d'abeille raffinée : nous pouvons ajouter qu'elle peut servir aux mêmes usages, car nous en avons fait des bougies.

Nous nous sommes procuré la matière fibreuse en évaporant le lait, en décantant la cire fondue, en lavant le résidu par une huile essentielle pour enlever les dernières portions de cire, en exprimant ce résidu et le faisant bouillir long-temps avec de l'eau pour volatiliser l'huile essentielle. Malgré cette opération, on ne peut ôter entièrement l'odeur de l'huile essentielle. Ainsi obtenue, la matière fibreuse est brune, parce qu'elle est sans doute un peu altérée par la haute température de la cire fondue; elle est sans saveur : sur un fer chaud, elle se contourne, se boursouffle, se fond et se carbonise, en répandant l'odeur de la viande grillée. Si on la traite par l'acide nitrique étendu, il se dégage un gaz qui n'est pas du gaz nitreux. La matière fibreuse se transforme en une masse jaune et graisseuse, comme il arrive à la chair musculaire quand on prépare le gaz azote par le procédé de M. Berthollet. L'alcool ne dissout pas la matière fibreuse, et nous avons employé ce liquide pour l'obtenir sans altération. En traitant l'extrait du lait végétal par l'action réitérée de l'esprit-de-vin et en décantant le liquide chaud, on finit par obtenir cette matière en fibres blanches et flexibles : dans cet état, elle se dissout facilement dans l'acide hydrochlorique étendu. Cette substance possède les mêmes caractères que la fibrine animale. La présence, dans le lait végétal, d'un produit qu'on ne rencontre ordinairement que parmi les sécrétions des animaux, est un fait bien surprenant que nous n'annoncerions qu'avec beaucoup de circonspection si un de nos plus célèbres chimistes, M. Vauquelin, n'avoit déjà trouvé la fibrine animale dans le suc laiteux du Carica Papaya. Il nous reste à examiner le liquide qui, dans le lait du *Palo de Leche*, tient en suspension, dans un état de division chimique, les deux principes que nous avons reconnus ci-dessus : la cire et la fibrine. Le lait végétal, jeté sur un filtre, ne passe qu'avec la plus grande difficulté; mais si l'on y ajoute de l'alcool, il se forme un léger coagulum, et le liquide passe plus facilement. La liqueur, filtrée, rougit le tournesol; très-rapprochée, elle n'a pas déposé de cristaux. Evaporée en consistance sirupeuse et traitée par l'alcool rectifié, elle lui a abandonné un peu de matière sucrée; mais la masse principale ne s'est pas dissoute. La portion insoluble dans l'alcool avoit une saveur amère; dissoute dans l'eau, l'ammoniaque y forma un précipité, ainsi que le phosphate de soude. Nous présumâmes alors la présence d'un sel magnésien; en effet, une goutte de la dissolution placée sur une lame de verre à côté d'une autre goutte de phosphaste d'ammoniaque a formé, par son mélange avec cette dernière, au moyen d'un tube de verre, des caractères. Cette *propriété écrivante* appartient, comme on sait, au phosphate ammoniaco-magnésien; et le procédé au Dr Wollaston. Nous pensions que c'étoit l'acide acétique qui étoit combiné à la magnésie; mais l'acide sulfurique ne dégagea pas l'odeur du vinaigre, il forma un sulfate et charbonna la liqueur. Nous ignorons donc la nature de cet acide. La matière qui reste sur le filtre a l'aspect, quand elle est sèche, de la cire brute; elle se fond en exhalant l'odeur de viande. Le lait végétal, abandonné à lui-même, s'aigrit et acquiert une odeur désagréable. Pendant cette altération il se dégage de l'acide carbonique; il se forme en outre un sel ammoniacal; car la potasse en dégage de l'alcali volatil. Quelques gouttes d'acide ont empêché la putréfaction.

Les parties constituantes du lait de l'*arbre de la vache* sont : 1° de la cire, 2° de la fibrine, 3° un peu de sucre, 4° un sel magnésien qui n'est pas un acétate, 5° de l'eau. Il ne renferme ni caséum ni caoutchouc. Par l'incinération, nous avons trouvé de la silice, de la chaux, du phosphaste de chaux, de la magnésie. Tel est le précis des expériences que nous avons faites, M. Rivero et moi, sur ce suc nourrissant. La présence de la fibrine explique la propriété nutritive du *Palo de Leche*. Quant à la cire, nous ignorons l'effet qu'elle produit ordinairement sur l'économie animale : ici, l'expérience prouve qu'elle n'est pas nuisible, car nous en évaluons la quantité à la moitié du poids du lait végétal. L'*arbre de la vache* mériteroit d'être cultivé pour en retirer la cire, qui est d'une qualité excellente ; ce seroit une richesse de plus à ajouter aux belles productions agricoles des vallées d'Aragua. » Je désire ardemment que ces habiles chimistes, MM. Boussingault et Rivero, puissent continuer leurs travaux sur les sucs laiteux des plantes équinoxiales.

NOTE ADDITIONNELLE SUR LA HAUTEUR DU LAC DE NICARAGUA AU-DESSUS DU NIVEAU DES MERS.

En discutant plus haut les obstacles qui peuvent s'opposer à la possibilité, et surtout à l'utilité d'un *canal océanique* (semblable au canal Calédonien et au canal récemment terminé de la Nord-Hollande) entre les côtes orientales et occidentales de l'Amérique, j'ai parlé de la grande hauteur du bassin de Nicaragua. J'ai regretté en même temps que, depuis mon retour en Europe, aucune mesure précise n'ait été faite dans les isthmes d'Huasacualco, de Nicaragua, de Panama, et de l'Atrato. Ce n'est qu'au moment où ces feuilles doivent paroître, que j'ai pu avoir communication d'une pièce officielle très-importante qui prouve que, « par ordre de la cour de Madrid, adressé au capitaine général de Guatimala, Don Matis de Galvez, l'ingénieur Don Manuel Galisteo a exécuté, en 1781, un nivellement, au moyen du niveau d'eau, depuis le golfe du

Papagayo, sur ces côtes de la Mer du Sud, jusqu'à la Laguna du Nicaragua; et que, par 336 stations de montée et 339 stations de descente (*ascensos* : 604^{pi},8^{po},8^{li}, mesure de Castille; *descensos* : 470^{pi},1^{po},7^{li}), on a trouvé la surface du lac de Nicaragua élevée, au-dessus de la Mer du Sud, de 134^{pi},7^{po},1^{li}. Or, le lac a 88^{pi},6^{po} de profondeur; de sorte que son fond est encore 46 *pies castellanos* plus haut que le niveau de la Mer du Sud. Le Rio Panaloya, par lequel le lac de Léon communique avec le lac de Nicaragua, offre un barrage (*salto*) de 25 à 30 *varas*. » (D'après M. Ciscar, 1 *vara castellana* = 3 *pies de Burgos* = 0^t,429). Ce document ne marque pas la direction et les points extrêmes de la ligne de nivellement. Le but de celui-ci ayant été la simple détermination de la hauteur du lac, il ne paroît pas prouvé jusqu'ici que l'arrête de partage ait partout la grande élévation de 85 toises, et qu'il n'existe pas, entre Realejo et Leon, entre le golfe du Papagayo ou celui de Nicoya et le lac de Nicaragua, quelque dépression du sol, ou quelque vallée transversale propre à recevoir les eaux d'un canal de grande navigation. Dans la reconnoissance faite par le commandant du château d'Omoa, Don Ignacio Maestre, et les ingénieurs Don Joaquim Ysasy et Don Jose Maria Alejandro, il fut constaté que le lac de Nicaragua n'a aucune communication naturelle avec la Mer du Sud : on observa en même temps « que le terrain montueux (*aspero y montuoso*), entre la villa de Granada et le port de la Culebra, rend, sur ce point, toute communication par des canaux très-difficile, sinon impossible. » D'après des témoignages recueillis par le capitaine Cochrane (*Journal of a residence and Travels in Colombia during the years* 1822 *and* 1824, Vol. II, p. 448), trois rangées de collines séparent la baie du Cupica et les rives du Naipi.

LIVRE X.

CHAPITRE XXVII.

Trajet des côtes de Venezuela à la Havane.— Aperçu général de la population des Antilles, comparée à la population du Nouveau-Continent, sous les rapports de la diversité des races, de la liberté personnelle, du langage et des cultes.

Depuis que le perfectionnement de l'art du navigateur et l'activité croissante des peuples commerçans ont rapproché les côtes des deux continens, depuis que la Havane, Rio Janeiro et le Sénégal nous paroissent à peine plus éloignés que Cadix, Smyrne et les ports de la Baltique, on hésite de fixer l'attention du lecteur sur un trajet des côtes de Caracas à l'île de Cuba. La Mer des Antilles est connue comme le bassin de la Méditerranée; et si je consigne ici quelques observations tirées de mon journal nautique, ce n'est que pour ne pas perdre le fil de la relation de mes voyages, et pour rappeler des faits qui ont rapport à la Météorologie et à la Géographie physique en général. Pour bien connoître les modifications de l'atmosphère, il faut les étudier sur la pente des montagnes et dans l'immensité des mers : il n'y a pas de trajet assez petit, pas de voyage aux Canaries et à Madère, qui ne puisse faire naître des aperçus nouveaux à des physiciens dont la sagacité a été exercée long-temps à interroger la nature du fond de leur cabinet.

Nous fîmes voile de la rade de Nueva Barcelona, le 24 novembre, à 9 heures du soir; nous doublâmes la petite île rocheuse de la Borachita. Entre cette île et la Gran Boracha, il y a une passe profonde. La nuit offroit cette fraîcheur qui caractérise les nuits des tropiques, et dont on ne peut concevoir l'effet agréable qu'en comparant la température nocturne de 23° à 24° cent. à la température moyenne du jour, qui, dans ces parages, même sur les côtes, est généralement de 28°

à 29°. Le lendemain, peu de temps après l'observation du midi, nous nous trouvâmes dans le méridien de l'île de la Tortuga; dépourvue de végétation, semblable aux îlots Coche et Cubagua, elle est remarquable par son peu d'élévation au-dessus du niveau des eaux. Comme on a jeté récemment quelques doutes sur la position astronomique de la Tortuga, je rappellerai ici que le garde-temps de Louis Berthoud me donna[1] le centre de l'île de 0° 49′ 40″ à l'ouest de Nueva Barcelona. Je pense que cette longitude est encore un peu trop occidentale.

26 novembre.—Calme plat d'autant plus inattendu, que, généralement sur ces côtes, la brise de l'est est très-fraîche depuis le commencement de novembre, tandis que, depuis le mois de mai jusqu'au mois d'octobre, les vents NO. et S. se font sentir de temps en temps. A l'époque du NO., on observe un courant[2] dirigé de l'ouest à l'est, qui favorise quelquefois pendant deux ou trois semaines la navigation directe de Carthagène à la Trinité. Le vent du

---

[1] *Obs. astr., Intr.*, p. 42; et Tom. II, p. 2.
[2] Tom. IV, p. 91.

sud est regardé comme très-malsain sur toutes les côtes de la Terre-Ferme, parce qu'il amène (comme dit le peuple) les émanations putrides des forêts de l'Orénoque. Vers les 9 heures du matin, un beau halo se forma autour du soleil, au moment où la température, dans les basses régions, baissoit subitement de trois degrés et demi. Cet abaissement étoit-il l'effet de quelque courant descendant? La zone qui formoit le halo, et qui avoit un degré de largeur, n'étoit pas blanche, mais elle offroit les plus belles couleurs de l'arc-en-ciel, tandis que l'intérieur du halo et toute la voûte du ciel étoient azurés, sans trace de vapeurs visibles.

Nous commençâmes à perdre de vue l'île de la Marguerite; je tâchai de vérifier la hauteur du groupe rocheux du Macanao. Il se présentoit sous un angle de 0° 16′ 35″; ce qui, par une distance estimée de 60 milles, donneroit au groupe de micaschiste du Macanao une hauteur d'environ 660 toises, résultat [1] qui, sous une zone où les réfractions terrestres sont si constantes, me fait

---

[1] Tom. II, p. 60; VI, p. 216.

croire que l'éloignement de l'île étoit moins grand que nous le supposâmes. Le dôme de la Silla de Caracas demeurant au S. 62° O, attira long-temps notre attention. On contemple avec plaisir le sommet d'une haute montagne, qu'on a gravi avec quelque danger, et qui s'abaisse peu à peu sous l'horizon. Lorsque la côte n'est pas chargée de vapeurs, la Silla doit être visible en mer, sans compter les effets de la réfraction, à 33 lieues de distance [1]. Dans cette journée et dans les trois suivantes, la mer étoit couverte d'une peau bleuâtre, qui, examinée sous un microscope composé, paroissoit formé d'une innombrable quantité de filamens. On trouve fréquemment ces filamens dans le *Gulf-Stream* et dans le Canal de Bahama, de même que dans les attérages de Buenos-Ayres. Quelques naturalistes les prennent pour des débris d'œufs de mollusques; ils me paroissoient plutôt des fragmens de fucus. Cependant la phosphorescence de l'eau de la mer semble augmentée par leur présence, surtout entre les 28° et 30° de latitude nord, ce qui indiqueroit une origine de nature animale.

[1] Tom. IV, p. 247 et suiv.

27 nov. — Nous nous rapprochâmes lentement de l'île d'Orchila ; comme toutes les petites îles qui sont voisines des côtes fertiles de la Terre-Ferme, elle est restée inhabitée. Je trouvai, pour la latitude du cap septentrional, 11° 51′ 44″, et, pour la longitude du cap oriental, 68° 26′ 5″ (en supposant Nueva Barcelona 67° 4′ 48″). C'est au cap occidental qu'est opposé un petit rocher contre lequel les vagues se brisent avec fracas. Quelques angles, pris avec le sextant, donnoient, pour la longueur de l'île de l'est à l'ouest, 8,4 milles (de 950 toises) ; pour la largeur, à peine trois milles. L'île d'Orchila, que je m'étois figurée, à cause de son nom, comme un rocher aride et couvert de lichens, offroit à cette époque l'aspect d'une belle verdure. Les collines de gneis étoient couvertes de graminées. Il paroît que la constitution géologique d'Orchila ressemble en petit à celle de la Marguerite ; elle est composée de deux groupes de rochers réunis par une langue de terre : c'est un

---

[1] *Obs. astr.*, Tom. II, p. 3. C'est à peu près la longitude de la carte de Purdy (1823) et la latitude de la carte du *Dep. de Madrid* (1809).

isthme couvert de sable, que l'on diroit sorti des flots par l'abaissement successif du niveau de la mer. Les rochers, comme tous ceux qui sont taillés à pic et isolés au milieu des mers, paroissoient beaucoup plus élevés qu'ils ne le sont effectivement : ils atteignent à peine 80 à 90 toises. Au nord-ouest, la *Punta rasa* s'alonge et se perd comme un bas-fond sous les eaux. C'est un danger pour les navigateurs, de même que le *Mogote*, qui, à deux milles de distance du cap occidental, est entouré de brisans. En examinant ces rochers de très-près, nous vîmes les strates de gneis inclinées vers le nord-ouest et traversées par d'épaisses couches de quarz. Ces couches, par leur destruction, ont donné lieu sans doute aux sables des plages environnantes. Quelques touffes d'arbres ombragent les vallons; les sommets des collines sont couronnés de palmiers à feuilles en éventail. C'est probablement la *Palma de Sombrero*[1] des Llanos (Corypha tectorum). Les pluies sont peu abondantes dans ces contrées; cependant il est

[1] *Voyez* nos *Nova Genera et Species æquin.*, Tom. I, p. 299.

probable qu'on trouveroit quelques sources à l'île d'Orchila, si on les cherchoit avec autant de soin que dans les rochers de micaschiste de Punta Araya. Lorsqu'on se rappelle combien d'îlots rocheux et arides sont habités et cultivés avec soin entre les 17° et 26° de latitude dans l'archipel des Petites-Antilles et des îles Bahames, on est surpris de trouver déserts ces îlots rapprochés des côtes de Cumana, de Barcelone et de Caracas. Ils ne le seroient plus depuis long-temps s'ils appartenoient à un autre gouvernement qu'à celui qui possède la Terre-Ferme. Rien ne peut engager les hommes à circonscrire les efforts de leur industrie dans les limites étroites d'une île, lorsqu'un continent voisin leur offre de plus grands avantages.

Au coucher du soleil, nous aperçûmes les deux pointes de la *Roca de afuera*, qui s'élèvent comme des tours au milieu de l'Océan. Des relèvemens faits à la boussole plaçoient la plus orientale des *Roques* 0°19′ à l'ouest du cap occidental d'Orchila. Les nuages restoient long-temps accumulés sur cette dernière île, et faisoient reconnoître sa position de loin. L'influence qu'exerce une petite masse de terre sur la condensation de vapeurs suspendues à 800 toises de hauteur, est un phénomène bien extraordinaire, quoique famillier[1] à tous les marins. C'est par cette accumulation des nuages que l'on reconnoît de très-loin la position des îles les plus basses.

29 *nov.* — Nous vîmes, au lever du soleil, encore très-distinctement le dôme de la Silla de Caracas rasant presque l'horizon de la mer. Nous nous crûmes à 39 ou 40 lieues de distance; ce qui indiqueroit, en regardant comme bien déterminées la hauteur de la montagne (1350 toises), sa position astronomique et celle du navire, une réfraction un peu forte pour cette latitude, entre $\frac{1}{6}$ et $\frac{1}{7}$. A midi, tout annonçoit un changement de temps vers le nord; l'atmosphère[2] se refroidissoit subitement jusqu'à 22° 8, tandis que la mer, à sa surface, conservoit une température de 25° 6. Aussi, au moment de l'observation du midi, les os-

---

[1] *Henry Stubb*, dans les *Phil. Trans.*, 1667, n° 27, p. 497 et 718. *Courejolles*, dans le *Journ. de Phys.*, Tom. LIV, p. 109.

[2] Chaque fois que le contraire n'est pas indiqué tout exprès, les températures sont évaluées d'après le thermomètre centésimal.

cillations de l'horizon, traversé par des stries ou bandes noires d'une largeur très-variable, produisoient des changemens de réfraction[1] de 3′ à 4′. Par un temps très-calme, la mer devint houleuse; tout annonçoit un gros temps entre les îlots du Cayman et le cap Saint-Antoine. En effet, le 30 novembre, le vent sauta subitement au NNE., et la lame s'élevoit à une hauteur extraordinaire. Du côté du nord, le ciel offroit une teinte bleu-noirâtre, et le roulis de notre petite embarcation étoit d'autant plus fort, que, dans le clapotis des vagues, on distinguoit deux mers qui se croissoient, une du N. et une autre du NNE. Des trombes se formèrent à un mille de distance et se dirigèrent avec rapidité du NNE. au NNO. Nous sentîmes fraîchir le vent avec force chaque fois que la trombe étoit le plus rapprochée de nous. Vers le soir, par l'inadvertance de notre cuisinier américain, le feu prit sur le tillac. On parvint facilement à l'éteindre; par un temps très-mauvais, accompagné de rafales, et avec un chargement de

---

[1] J'évaluai ces changemens par la quantité dont la hauteur du soleil augmentoit subitement de nouveau après le passage de l'astre par le méridien.

viande que la graisse rend singulièrement combustible, le feu auroit pu faire de rapides progrès. Dans la matinée du 1ᵉʳ décembre, la mer tomboit progressivement, à mesure que la brise se fixoit au NE. J'étois asssez certain, à cette époque, de la marche uniforme de mon chronomètre; mais le capitaine voulut se rassurer par le relèvement de quelques points de l'île de Saint-Domingue. En effet, le 2 décembre, nous eûmes connoissance du cap Beata, dans un endroit où nous avions vu long-temps les nuages amoncelés. D'après des hauteurs d'Achernar, que j'obtins dans la nuit, nous en étions éloignés de 64 milles. La nuit m'offrit un phénomène d'optique très-curieux, et dont je n'entreprendrai pas de donner l'explication. Il étoit plus de minuit et demi; le vent souffloit foiblement de l'est; le thermomètre s'élevoit à 23°,2, l'hygromètre à baleine à 57°. J'étois resté sur le tillac pour observer la culmination de quelques grandes étoiles. La pleine lune étoit très-élevée. Tout d'un coup il se forma, du côté de la lune, 45′ avant son passage au méridien, un grand arc coloré de toutes les couleurs du spectre, mais d'un aspect lugubre. L'arc, par sa hauteur, dépassoit la lune; la bande irisée avoit près de 2° de largeur, et son sommet sembloit élevé de près de 80° à 85° au dessus de l'horizon de la mer. Le ciel étoit d'une pureté extraordinaire; il n'y avoit aucune apparence de pluie; et ce qui me frappoit le plus, ce phénomène, qui ressembloit entièrement à un arc-en-ciel lunaire, ne se trouvoit pas opposé à la lune. L'arc restoit stationnaire, ou du moins paroissoit tel pendant huit ou dix minutes de temps; au moment où j'essayai s'il seroit possible de le voir par réflexion dans le miroir du sextant, il commença à se mouvoir et à baisser en traversant successivement la lune et Jupiter placé à peu de distance au-dessous de la lune. Il étoit 12^h 54′ (temps vrai) quand le sommet de l'arc se cachoit sous l'horizon. Ce mouvement d'un arc irisé remplissoit d'étonnement les matelots qui étoient de garde sur le tillac; ils prétendoient, comme à l'apparition de chaque météore extraordinaire, que « cela annonçoit du vent. » M. Arago a bien voulu examiner le dessin de cet arc, consigné dans mon journal de route : il pense que l'image réfléchie de la lune dans les eaux n'auroit pas donné un halo d'une si grande dimension. La rapidité du mouvement n'est pas un moindre obstacle à l'explication de ce phénomène qui mérite beaucoup d'attention.

3 décembre.—On étoit inquiet à cause de la proximité d'un petit bâtiment que l'on croyoit armé en course. Lorsqu'il se rapprochoit de nous, on le reconnut pour la *Balandra del Frayle* (La Goëlette du Moine). J'eus de la peine à concevoir le sens d'une dénomination si bizarre. C'étoit l'embarcation d'un missionnaire franciscain (*Frayle Observante*), curé très-riche d'un village indien dans les savanes (*Llanos*) de Barcelone, qui, depuis plusieurs années, faisoit un petit commerce de contrebande assez lucratif avec les îles danoises. Dans la nuit, M. Bonpland et plusieurs passagers virent, à un quart de mille de distance, sous le vent, une petite flamme à la surface de l'Océan; elle se dirigeoit vers le SO. et éclairoit l'atmosphère. On ne sentoit aucune secousse de tremblement de terre, aucun changement dans la direction des lames. Etoit-ce une lueur phosphorique produite par nn grand amas de mollusques en putréfaction, ou cette flamme sortoit-elle du fond de la mer, comme on dit l'avoir observée quelquefois dans des parages agités par des volcans? Cette dernière supposition me paroît dénuée de toute probabilité. Des jets de flammes volcaniques ne peuvent sortir du sein des flots que lorsque le fond rocheux de l'Océan est déjà soulevé, de sorte que les flammes et les scories incandescens s'échappent de la partie bombée et crevassée, et ne traversent pas les eaux mêmes.

4 décembre. — A 10$^{h\frac{1}{2}}$ du matin, nous nous trouvâmes dans le méridien du cap Bacco (*P^{ta} Abaccou*), que je trouvai par les 76° 7′ 50″ ou 9° 3′ 2″, à l'ouest de Nueva Barcelona. En temps de paix, d'après l'ancien usage des marins espagnols, les navires qui font le commerce des viandes sèches (*tasajo*), entre Cumana et Barcelone ou la Havane, débouquent par le canal de Portorico pour prendre le *vieux canal*, au nord de l'île de Cuba; quelquefois aussi ils passent entre le cap Tiburon et le cap Morant, et longent la côte septentrionale de la Jamaïque. En temps de guerre, ces différentes routes sont regardées comme également dangereuses, parce qu'on reste trop long-temps à la vue des terres. La crainte des corsaires nous fit préférer, dès que nous eûmes atteint le parallèle de 17°, la traversée directe du banc de la Vibora, plus connu sous le nom de *Pedro Shoals*. Ce banc occupe plus de 280 lieues marines carrées, et sa configuration frappe les yeux du géologue, à cause de sa ressemblance avec celle de la Jamaïque qui en est voisine. C'est comme un soulèvement du fond qui n'a pu atteindre la surface de la mer pour former une île presque aussi grande que Portorico. Depuis le 5 décembre, les pilotes crurent relever successivement de loin les îlots des Ranas (*Morant Kays*), le cap Portland et Pedro Kays. Il est probable qu'on s'est trompé dans plusieurs de ces relèvemens exécutés du haut des mâts : j'ai rapporté ces déterminations ailleurs[1], non pour les opposer au grand nombre de celles qui ont été faites par d'habiles navigateurs anglois dans des parages si fréquentés, mais simplement dans le but de lier, en un même système d'observations, les points que j'ai déterminés dans les forêts de l'Orénoque et dans l'archipel des Antilles. La couleur laiteuse des eaux nous avertissoit que nous étions sur la partie orientale du banc : le

---

[1] *Obs. astr.*, *Introd.*, Tom. I, p. XLIII; Tom. II, p. 7-10.

thermomètre centigrade, qui, à la surface de la mer, loin du banc, s'étoit soutenu, depuis plusieurs jours, à 27° et 27°,3 (l'air étant à 21°,2), se trouvoit refroidi subitement jusqu'à 25°,7. Le temps fut très-mauvais du 4 au 6 décembre ; il pleuvoit à verse, le tonnerre grondoit de loin, et les rafales du NNO. devinrent de plus en plus violentes. La nuit, nous nous trouvâmes, pour quelques momens, dans une position assez critique. On entendit devant la proue le bruit des brisans sur lesquels le navire étoit dirigé. La lueur phosphorique que reflétoit la mer écumeuse fit reconnoître la direction de ces récifs. Cela ressembloit assez au Raudal de Garzita et à d'autres rapides que nous avions vus dans le lit de l'Orénoque. Le capitaine accusoit moins la négligence du pilote que l'imperfection des cartes marines. On parvint à virer de bord, et en moins d'un quart d'heure nous fûmes libres de tout danger. La sonde indiquoit d'abord 9, puis 12, puis 15 brasses. Nous nous tînmes à la cape pendant le reste de la nuit : le vent du nord fit descendre le thermomètre à 19°,7 (15°,7 Réaum.). Le lendemain, des observations chronométriques, combinées avec les résultats de l'estime *cor-*

rigée de la veille, me firent reconnoître que ces brisans se trouvent à peu près par 16° 50′ de latitude et 80°43′49″ de long. L'écueil sur lequel le vaisseau espagnol *el Monarca* a manqué de se perdre en 1798, est par lat. 16° 44′ et long. 80° 23′, donc beaucoup plus à l'est. Pendant que nous traversâmes le banc de la Vibora, dans la direction de SSE. à NNO., j'essayai souvent de mesurer la température de l'eau de la mer à sa surface. Au milieu du banc, le refroidissement étoit moins sensible que sur les accores, ce que nous attribuâmes aux courans qui mêlent, dans ces parages, des eaux de différentes latitudes. Au sud de *Pedro Kays*, la surface de la mer offroit, sur 25 brasses de fond, 26°,4; sur 15 brasses de fond, 26°,2. A l'est du banc, la température de la mer avoit été 26°,8. Ces expériences ne peuvent donner des résultas précis, dans ces parages, que lorsqu'on les fait à une époque où le vent ne souffle pas du nord, et où les courans sont moins violens. Les vents du nord et les courans refroidissent peu à peu l'eau, même là où la mer est très-profonde. Au sud du cap Corientes, par lat. 20° 43′, je trouvai la mer à sa surface 24°,6, et l'air 19°,8 cent.

Quelques pilotes américains affirment qu'assis dans la grande chambre, ils devinent souvent, entre les îles Bahames, s'ils se trouvent sur des bas-fonds; ils prétendent que les lumières sont environnées de petits halos irisés, et que l'air expiré se condense d'une manière visible. Il est permis de douter au moins du dernier fait; au-dessous de 30° de latitude, le refroidissement produit par les eaux des bas-fonds n'est pas assez considérable pour produire ce phénomène. Pendant le temps que nous passâmes sur le banc de la Vibora, la constitution de l'air étoit toute différente de ce que nous la trouvâmes dès que nous l'eûmes quitté. La pluie étoit circonscrite par les limites du banc dont nous pûmes de loin distinguer la forme par la masse de vapeurs dont il étoit couvert.

9 *décembre*.—A mesure que nous avançâmes vers les îlots des Caymans[1], le vent du nord-est reprit toute sa force. J'obtins, malgré

[1] Christophe Colomb avoit nommé, en 1503, les îlots des Caymans, *Penascales de las Tortugas*, à cause des tortues de mer qu'il vit nager dans ces parages (*Herera, Decad. I*, p. 149).

le gros temps, quelques hauteurs du soleil au moment où nous nous crûmes, à 12 milles de distance, dans le méridien du centre du Grand-Cayman, qui est couvert de cocotiers. J'ai discuté, dans un autre endroit [1], la position du Grand-Cayman et des deux îlots qui en sont à l'est. Ces points depuis long-temps errent sur nos cartes hydrographiques, et je crains de n'avoir pas été plus heureux que d'autres observateurs qui se sont flattés d'en avoir fait connoître la véritable position. Les belles cartes du *Deposito de Madrid* ont assigné, à différentes époques, au cap oriental du Grand-Cayman (en 1799-1804), long. 82° 58'; (en 1809), 83° 40'; (en 1821), de nouveau 82° 59'. Cette dernière position, indiquée sur la carte de M. Barcaiztegui, est identique avec celle à laquelle je m'étois arrêté : mais il paroît certain aujourd'hui, d'après l'assertion d'un navigateur très-habile, le contre-amiral Roussin, auquel on doit un excellent travail sur les

[1] *Obs. astr., Int.*, p. XLIII, Tom. II, p. 114; *Espinosa, Memorias*, Tom. II, p. 66. La carte des Antilles, de Purdy, rectifiée par le capitaine Andrew Livingston (1823), donne au Cap SO. 83° 52'; au Cap. NE. 83° 24'.

côtes du Brésil, que le cap occidental du Grand-Cayman se trouve par long. 83° 45′.

Le temps resta très-mauvais et la mer extrêmement houleuse : le thermomètre se soutenoit entre 19°,2-20°3 (15°,4-16°,2 R.) A cette basse température, l'odeur de la viande sèche, dont le navire étoit chargé, devenoit encore plus insupportable. Le ciel offroit deux couches de nuages dont l'inférieure étoit très-épaisse et poussée avec une extrême rapidité vers le SE., la supérieure immobile et divisée, à égale distance, en forme de stries panachées. Le vent se calma enfin à l'attérage du cap Saint-Antoine. Je trouvai l'extrémité nord de ce cap par 87° 17′ 22″ ou 2° 34′ 14″ à l'est du Morro de la Havane. C'est la longitude que lui assignent encore aujourd'hui les meilleures cartes. Nous étions à 3 milles de distance de terre, et cependant la proximité de l'île de Cuba s'annonçoit par une délicieuse odeur aromatique. Les marins assurent que cette odeur ne se fait pas sentir lorsqu'on approche du cap Catoche, sur les côtes arides du Mexique. A mesure que le temps s'éclaircit, le thermomètre à l'ombre monta peu à peu à

27° : nous avançâmes rapidement vers le nord, poussés par un courant [1] du sud-sud-est dont la température s'élevoit, à la surface des eaux, à 26°,7; tandis que, hors de ce courant, j'avois trouvé 24°,6. Dans la crainte de tomber à l'est de la Havane, on voulut d'abord reconnoître les îlots des Tortues (*Dry Tortugas*), situés à l'extrémité sud-ouest de la péninsule de la Floride ; mais la confiance que l'attérage au cap Saint-Antoine nous avoit donnée pour le chronomètre de Louis Berthoud, rendoit cette précaution inutile. Nous mouillâmes dans le port de la Havane, le 19 décembre, après vingt-cinq jours de navigation par un temps constamment mauvais.

La surface entière de l'archipel des Antilles renferme près de 8300 lieues carrées (de 20 au degré), dont les quatre grandes îles, Cuba, Haïti, la Jamaïque et Portorico, occupent 7200 ou près de neuf dixièmes. L'*area* de

---

[1] Déjà Diego Colomb avoit des idées très-précises sur l'existence et la direction du Gulf-stream ; voyez *Petrus Martyr, Océan., Dec. III, Lib.* x, p. 326, 327, et *Herera, Dec. I, Lib.* ix, p. 251.

l'Amérique insulaire équinoxiale est par conséquent à peu près égale à celle de la monarchie prussienne et deux fois plus grande que l'*area* de l'état de Pensylvanie. Sa *population relative* diffère peu de celle de ce dernier état : elle est encore trois fois moindre que celle de l'Écosse [1]. Je me suis occupé, pendant plusieurs années, avec un soin extrême, à connoître le nombre des habitans de différentes castes et couleurs qu'un funeste développement de l'industrie coloniale a réunis dans les Antilles. Ce problème touche de si près aux malheurs de la race africaine et aux dangers que court la civilisation humaine par l'assemblage bizarre de tant d'élémens divers, que je n'ai pas voulu me borner à recueillir ce qui se trouve épars dans des ouvrages et des mémoires imprimés. J'ai consulté, par une correspondance active, les hommes respectables et éclairés qui ont bien voulu s'intéresser à mes recherches. et les faciliter en rectifiant les premiers résultats auxquels j'étois parvenu. Je me fais un plaisir de témoigner ici ma vive reconnoissance à Lord Holland,

---

[1] *Voyez* plus haut, p. 57 et 58.

M. Charles Ellis, M. Wilmot, sous-secrétaire d'état au département des colonies, M. Allen, le général Macaulay, Sir Charles Mac-Carthy, dernier gouverneur de Sierra Leone, le chevalier Mackintosh, M. Clarkson, M. David Hodgson et M. James Cropper de Liverpool.

CHAPITRE XXVII.
POPULATION DES ANTILLES (FIN DE 1823).

NOMS DES ILES.	POPULATION totale.	ESCLAVES.	OBSERVATIONS ET VARIANTES.
I. ANTILLES AN-GLOISES.........	776,500	626,800	En 1788, on évaluoit la population totale des Antilles angloises à 528,302, dont esclav. 454,161. Bryan Edwards, en 1791 : escl., 455,684; blancs, 65,505; libres de couleur, 20,000. Colquhoun, en 1812: total 732,176, dont escl. 634,096; libres de couleur, 33,081; blancs, 64,994. Melish : total 673,070, dont 70,430 blancs, et 607,640 escl. Individus appartenant, en 1823, à la congrégation des *Méthodistes*, dans les Antilles angloises : 23,127 noirs et gens de couleur, et 8476 blancs. (*Debate of* 15 *May* 1823, p. 180.)
a) JAMAÏQUE.....	402,000	342,000	En 1734, escl. 86,146; blancs, 7644; en 1746, escl. 112,428; blancs, 10,000; en 1768, escl. 176,914; blancs, 17,947; en 1775, escl. 190,914; blancs, 18,500; en 1787, escl. 250,000; blancs, 28,000; en 1791, blancs, 30,000; libres de coul., 10,000; escl. 250,000; en 1800, escl. 300,939; en 1810, escl. 320,000; en 1812, escl. 319,912; en 1815, escl. 313,814; en 1816, escl. 314,038; libres, 45,000; en 1817, escl. 345,252. (D'anciens rapports donnent, pour 1658, escl. 1400; blancs, 4500; pour 1670, escl. 8000; blancs, 7500; pour 1673, escl. 9504). On a importé à la Jamaïque, de 1770 à 1786 : nègres escl., 610,000,

Relat. hist., Tom. 11.

NOMS DES ILES.	POPULATION totale.	ESCLAVES.	OBSERVATIONS ET VARIANTES.
			dont on a réexporté en d'autres îles $\frac{1}{5}$; il est donc resté dans l'île 488,000 (*Bryan Edwards*, Tom. II, p. 64). De 1787 à 1808, on a importé de plus 188,785; donc, en tout, en 108 années, 676,785 nègres; et cependant il n'existe à la Jamaïque que la moitié de ce nombre, moins de 350,000. (*Hatchard, Review of Registry Laws*, p. 74. *Cropper, Letters to M. Wilberforce*, 1822, p. 19, 29, 40). D'autres évaluations font monter l'importation des Africains, à la Jamaïque, depuis la *conquête*, à 850,000. (*East and West India Sugar*, 1823, p. 34. *James Cropper, Relief for West Indian distress*, 1823, p. 13. *Wilberforce, Appeal to religion, justice and humanity*, 1823, p. 49). La population des libres de couleur est généralement évaluée trop bas. M. Stewart, qui a résidé vingt ans dans cette île (jusqu'en 1820), la suppose de 35,000, et le nombre des blancs de 25,000. D'après les *registres officiels* que je dois à l'obligeante communication de M. Wilmot, en 1817 : escl. 343,145; en 1820, escl. 341,812. Dans les dernières 14 années, sur une population esclave de 342,000, à peine 600 mariages (par an 257), ont été contractés légalement. (*Subst. of the debate of the house of Commons.*, 1823, p. 164.)
b) BARBADOS....	101,000	79,000	M. Morse évalua déjà en 1786 la population totale à 79,220;

CHAPITRE XXVII.   147

NOMS DES ILES.	POPULATION totale.	ESCLAVES.	OBSERVATIONS ET VARIANTES.
			en 1805, escl. 60,000; libres, 17,130; en 1811, d'après un recensement que l'on croyoit très-exact : escl. 79,132; libres de couleur, 2613; blancs, 15,794. En 1823, probablement blancs, 16,000; libres de couleur dont le nombre augmente beaucoup, 5000. Population totale, peut-être 100,000. D'après les *registres officiels*, en 1817, esclaves 77,493; en 1820, escl. 78,345.
c) Antigua........	40,000	31,000	En 1815, escl. 36,000; libres, 4000; en 1823, probablement, libres de couleur, 4000; blancs, 5000. D'après les *registres officiels* 1817, escl. 32,269; en 1820, escl. 31,053.
d) St.-Christophe ou St.-Kitts.	23,000	19,500	En 1791, escl. 20,435; blancs, 1900; en 1805, escl. 26,000; blancs, 1800; libres de couleur, peut-être 2500. D'après les *reg. off.*, escl. 20,137; en 1820, escl. 19,817.
e) Nevis.........	11,000	9,000	En 1809, total 9300, dont 8000 nègres (Chalmers); en 1812, total 10,430, dont 9326 escl. *Reg. off.* de 1817 : escl. 9603; de 1820, escl. 9261; libres de couleur, à peu près 1000; blancs, 450.
f) La Grenade...	29,000	25,000	En 1791, d'après Bryan Edwards : escl. 23,926; blancs, 1000; en 1815, escl. 29,381; libres, 1891. *Reg. off.* de 1817, escl. 28,024; de 1820, esclav. 25,677; libres de couleur, aujourd'hui près de 2800; blancs, 900.

10*

NOMS DES ILES.	POPULATION totale.	ESCLAVES.	OBSERVATIONS ET VARIANTES.
g) Saint-Vincent et Grenadines.	28,000	24,000	En 1791, escl. 11,853; blancs, 1450; en 1812, total 27,455, dont escl. 22,920; en 1815, total 23,493, parmi lesquels 2130 libres. *Reg. off.* de 1817, escl. 25,255; de 1820, esclav. 24,252.
h) La Dominique.	20,000	16,000	En 1791, escl. 14,967; blancs, 1236; en 1805, escl. 22,083; libres, 4416; en 1811, total 25,031, dont blancs 1325; libres de couleur, 2988; escl. 21,728. Le rapport entre les nègres ou mulâtres libres et les blancs est ici, comme partout, très-incertain; les premiers sont aujourd'hui peut-être le double des derniers. *Reg. off.* de 1817, escl. 17,959; de 1820, esclav. 16,554. De la Dominique et des îles Bahames on exporte souvent des esclaves à Demerary, où le climat cause une affreuse mortalité, même parmi les gens de couleur non acclimatés.
i) Montserrat...	8,000	6,500	En 1805, escl. 9500; libres, 1250; en 1812, escl. 6534; libres, 442. (En 1823, d'après des notions plus sûres: libres, 1500, dont à peine $\frac{1}{3}$ de blancs.) *Reg. off.* de 1817, escl. 6610; de 1820, escl. 6505. M. Morse évalue la population totale, en 1822, à 10,750; mais elle est moins forte.
k) Iles vierges angloises Anegada, Virgin Gorda et Tortola.	8,500	6,000	Beaucoup d'incertitude. Vraisemblablement en 1820, escl. 6000; libres de couleur, 1200-1500; blancs, 400. Cependant déjà, en 1788, on croyoit pou-

CHAPITRE XXVII.

NOMS DES ILES.	POPULATION totale.	ESCLAVES.	OBSERVATIONS ET VARIANTES.
l) Tabago.......	16,000	14,000	voir évaluer les esclaves à 9000. (Melish donnoit, en 1822, à Tortola, une population totale de 10,500; à Virgin Gorda, 8000!) En 1805, escl. 14,883; libres, 1600; en 1811, escl. 16.897; libr., 935; en 1815, total 18,000. *Reg. off.* de 1817, escl. 15,470; de 1820, escl. 14,581 (probablement aujourd'hui 2000 libr., dont 1200 de couleur). M. Morse (*Modern Geogr.*, p. 236) compte pour 1822, total 16,483, dont 15,583 esclaves et libres de couleur, et 900 blancs.
m) Anguilla et Barbuda.	2,500	1,800	Peu certain.
n) Trinidad.,...	41,500	25,000	En 1805, escl. 19,709; libres, 5536 (Maculbum). Dénombrement de 1811, que l'on croit très-exact : total 32,989, dont blancs 2617; libres de couleur, 7493; Indiens libres, 1736; escl. 21,143. *Reg. off.* de 1817, escl. 25,941; de 1820, escl. 23,537. On a l'habitude d'évaluer beaucoup trop bas la population toujours croissante de cette île. M. Morse, en 1822, total 28,477; cependant il n'est pas douteux qu'aujourd'hui on y trouve, libres de couleur pour le moins 14,000; blancs, 4000; esclav., près de 24,000.
o) Sainte-Lucie..	17,000	13,000	En 1788, on évalua le total à 20,968, dont 17,221 escl.; en 1810, total 17,485, dont escl. 14,397; libres de couleur, 1878; blancs, 1210. *Reg. off.* de 1817

NOMS DES ILES.	POPULATION totale.	ESCLAVES.	OBSERVATIONS ET VARIANTES.
p) Iles Bahames.	15,500	11,000	escl. 15,893; de 1820, esclaves 13,050. En partie déjà hors des limites de la zone torride. En 1810, total 16,718, dont escl. 11,146. (Aujourd'hui, probablement, escl. 11,000; libres de couleur, 2500-3000; blancs, 1500.)
q) Iles Bermudes.	14,500	5,000	Petit archipel situé sous la zone tempérée, et bien éloigné du reste de l'Amérique insulaire. En 1791, total 10,780, dont escl. 4919; en 1812, total 9900, dont escl. 4794.
II. HAITI françois et espagnol.	820,000		M. Necker admettoit, dans la *partie françoise*, en 1779, total 288,803; en 1788, total 520,000, dont blancs 40,000; affranchis, 28,000; escl. 452,000; en 1802, M. Page n'évaluoit la population totale qu'à 375,000, dont 290,000 laboureurs. En 1819, d'après l'observation du général Pamphile-Lacroix, on donnoit à la *partie françoise*: 501,000, dont 480,000 noirs, 20,000 mulâtres, et 1000 blancs; *partie espagnole*: 135,000, dont 110,000 noirs, 25,000 blancs. Le général Macaulay, dont les recherches portent toujours le caractère de la philanthropie et de l'amour de la vérité, pense que la population totale d'Haïti excède 750,000, parmi lesquels, dans la *partie françoise*, 600,000 nègres et mulâtres, et 4000 blancs; dans la *partie espagnole*, 120,000 nègres et mulâtres, et 26,000 créoles

CHAPITRE XXVII.

NOMS DES ILES.	POPULATION totale.	ESCLAVES.	OBSERVATIONS ET VARIANTES.
			blancs. Dans la *partie françoise*, on porte le nombre des sang-mêlés à 24,000. Le dernier *dénombrement officiel* donne 935,335, parmi lesquels, dans les seuls arrondissemens de Jacmel, 99,408; du Port-au-Prince, 89,164; des Cayes, 63,536; d'Aguni, 58,587; de Leogane, 55,662; de Mirabalais, 53,649; de Nepper, 44,478; du Cap Haïtien, 38,566; de Tiburon, 37,927; de Jeremie, 37,652; de Saint-Marc, 37,628; de la Grande Rivière, 35,372; de Gonaïves, 33,542; de Lembé, 33,475; de Marmelade, 32,852; de Santo Domingo, 20,076. (*New Monthly Mag.*, 1825, *fév.*, p. 69). On ne connoît point les précautions que le gouvernement haïtien a prises pour parvenir à un résultat exact. Comme je me suis prescrit, dans tous mes travaux d'économie politique, de publier des nombres qui péchent *en moins*, j'ai diminué le résultat du dénombrement officiel de $\frac{1}{9}$. Les nombres limites sont aujourd'hui 800,000 et 940,000. Des assertions très-exagérées, et dont le but se trouve lié à des vues politiques, ont fait porter la population d'Haïti à plus d'un million : il est sûr que cette population augmente avec une rapidité extrême, et que de sages institutions la favorisent.
III. ANTILLES ESPAGNOLES.	943,000	281,000	
a) Cuba.........	700,000	256,000	D'après un document officiel présenté aux Cortès de Madrid, en 1821, total 630,980, dont

NOMS DES ÎLES.	POPULATION totale.	ESCLAVES.	OBSERVATIONS ET VARIANTES.
			blancs 290,021; libres de couleur, 115,691; escl. 225,268. *Reclamacion hecha por los representantes de la Isla de Cuba, contra los aranceles*, p. 7. Le nombre des esclaves importés, de 1817-1819, a été de 15,000 à 26,000. *Letters from the Havana to John Wilson Croker, Esq.*, 1821, p. 18-36. Ces importations sont effrayantes; car Rio Janeiro même n'en reçoit pas un plus grand nombre dans ces derniers temps; savoir, 1821, escl. 20,852; en 1822, escl. 17,008; en 1823, escl. 20,610; *Offic. Correspond. with the Brit. Commiss.*, 1823, B., p. 109, 121. *Alexander Caldcleugh's Travels in South America*, 1825, Tom. II, p. 296. (M. Melish, dans sa Géographie américaine, ne donne encore, pour 1823, à l'île de Cuba, qu'une population de 435,000.)
b) Portorico....	225,000	25,000	En 1778, on évaluoit la population totale à 80,650; en 1794, à 136,000, dont 15,000 blancs, 103,500 libres de couleur, et 17,500 esclaves; mais le dénombrement officiel de 1822 donne, avec plus de sûreté, pour la population totale, 225,000, dont 25,000 esclaves. (Poinsett, *Notes on Mexico*; Philad., 1824, p. 5.) Si le nombre des blancs ne s'élevoit qu'à 22,000, ce dénombrement donneroit 178,000 pour des libres de couleur, évaluation qui me paroît exagérée en la compa-

CHAPITRE XXVII. 153

NOMS DES ILES.	POPULATION totale.	ESCLAVES.	OBSERVATIONS ET VARIANTES.
			rant aux libres de couleur de toute l'île de Cuba.
c) MARGUERITE...	18,000	400	M. de Ponce : 14,000, dont 2000 Indiens.
IV. ANTILLES FRANÇOISES.	219,000	178,000	Affranchis, probablement plus de 25,000.
a) GUADELOUPE ET SES DÉPENDANCES (LES SAINTES, MARIE-GALANTE, LA DÉSIRADE ET UNE PARTIE DE SAINT-MARTIN).	120,000	100,000	En 1788, total 101,971, dont 13,466 blancs; 3044 libres de couleur, 85,461 esclaves. D'après les renseignemens officiels que je dois aux obligeantes communications de M. Moreau de Jonnès, en 1822, tot. 120,000, dont blancs 13,000; libres de couleur, 7000; escl. 100,000. D'autres renseignemens officiels donnent, pour 1821, à la Guadeloupe, total 109,404, dont blancs 12,802; gens de couleur lib., 8604; escl. 87,998.
b) MARTINIQUE...	99,000	78,000	En 1815, on croyoit la population totale 94,413, dont 9206 blancs, 8630 gens de couleur, 76,577 noirs. D'après le dénombrement officiel de 1822, total 98,125, dont 9660 blancs, 10,175 libres de couleur, et 76,914 esclaves.
V. ANTILLES HOLLANDOISES, DANOISES ET SUÉDOISES.	84,500	61,300	
a) SAINT-EUSTACHE ET SABA.	18,000	12,000	Aucune île n'offre plus d'incertitude. M. Malte-Brun (*Géogr.*, Tom. V, p. 748) n'évalue encore, pour 1815, la population totale qu'à 6400, dont 5000 blancs, 600 libres de couleur,

NOMS DES ILES.	POPULATION totale.	ESCLAVES.	OBSERVATIONS ET VARIANTES.
			et 800 esclaves, mais ce nombre de blancs est bien peu probable. M. J. van den Bosch (*Nederlandsche Overzeesche Bezittingen* 1818, Tom. II, p. 232) s'arrête à 2400; tandis que la nouvelle Géographie de M. Morse, qui est généralement rédigée avec soin (*New System of modern Geog.*, 1822, p. 249), s'arrête à 20,000.
b) Saint-Martin.	6,000	4,000	Morse, *l. c.*, p. 248. Une partie est françoise, l'autre hollandoise.
c) Curaçao.....	11,000	6,500	Melish: 8500. Hassel: 14,000. Van den Bosch (Tom. II, p. 227), pour 1805, pop. tot. 12,840. Antilles hollandoises en général, 35,000, dont 22,500 esclaves.
d) Sainte-Croix.	32,000	27,000	En 1805: blancs, 2223; affranchis, 1664; esclaves, 25,452. Total: 29,339.
e) Saint-Thomas.	7,000	5,500	En 1815: blancs, 726; affranchis, 239; esclaves, 4769. Total: 5734.
f) Saint-Jean....	2,500	2,300	En 1815: total 2120, dont blancs, 102; esclaves, 1992. M. Hassel évalue la population totale des îles danoises, pour 1805, à 38,695; M. Colquhoun l'évalue, en 1812, à 42,787, dont 37,030 escl.
g) St Barthélemy.	8,000	4,000	*Morse*, p. 249.

CHAPITRE XXVII.

Les observations placées à côté des résultats qui sont aujourd'hui les plus probables, renferment quelques notions historiques sur l'accroissement progressif de la population. Ces notions, d'une précision très-inégale, ne sont cependant que des *variantes lectionum* : elles offrent l'expression des opinions qu'à telle ou telle époque on s'est formées, sur le nombre des habitans. Le plus souvent ce ne sont pas ces variantes mêmes, mais les *registres officiels* des dernières années qui ont servi de base à mes calculs. Quand les *registres* manquent, on ne peut se laisser guider que par des considérations générales sur la valeur des résultats statistiques. Dans des opinions qui sont débattues avec violence, et qui touchent aux plus grands intérêts de l'humanité, il faut se défier des exagérations des partis extrêmes; il faut prendre la moyenne entre les évaluations que fournissent les colons propriétaires et celles des associations formées dans le but de diminuer les malheurs de l'esclavage. La comparaison des registres de différentes époque n'offre pas toujours des idées exactes sur la mortalité des esclaves dans les colonies des différentes nations. Il y a des pays dans lesquels on donne aux esclaves introduits furtivement les noms de ceux qui sont décédés. Lorsqu'on ne peut obtenir des résultats certains, c'est beaucoup gagner que de trouver des *nombres limites*, de pouvoir dire : Il y a pour le moins 342,000 esclaves à la Jamaïque, 79,000 à la Barbade, 100,000 à la Guadeloupe. Les résultats fournis par le dénombrement ou enregistrement des esclaves (*slave registry returns*) ne présentent que ces *nombres limites*, des *minima* pour telle et telle époque. Les propriétaires ont de l'intérêt à soustraire à l'enregistrement une partie des esclaves qu'ils possèdent. Les effets de l'affranchissement [1] se confondent, sur les registres, avec ceux des décès : d'un autre côté, on cherche à cacher une partie des naissances. En général les *registres* tendent à prouver que, jusqu'ici (de 1817 à 1824), la population noire décroît, dans les colonies angloises des Antilles, beaucoup plus dans les petites îles qu'à la Jamaïque et partout où les colons exploitent, avec des capi-

---

[1] *Adam Hodgson, letter to M. Say*, 1823, p. 37. *Debate of the 15 May* 1823, p. 184, *Bridges on Manumission and Negro Slavery of the United States and Jamaica*, 1823, p. 51 et 85.

taux très-considérables, un sol qui produit abondamment des subtances alimentaires. Les registres officiels ont donné, pour 12 îles Antilles angloises, en 1817, escl. 617,799; pour 1820, escl. 604,444, d'où résulte en trois ans une perte de $\frac{1}{16}$. A la Jamaïque seule, elle n'a été que de $\frac{1}{257}$; dans les petites îles, elle oscille de $\frac{1}{10}$ à $\frac{1}{60}$. Je ne donne pas ces rapports comme les véritables, mais comme résultant des *registres*. La distinction des blancs et des hommes libres de couleur (*free coloured population*) offre des difficultés si grandes qu'à la fin de l'année 1823, le département des colonies (*Colonial Office*) même ne possédoit pas, sur ce point important, des renseignemens précis : mais le gouvernement anglois a employé récemment, et dans le but le plus louable, des moyens propres à résoudre un problême, qui se lie plus que tout autre à des idées de sécurité publique. A la Havane, les nègres libres forment $\frac{5}{13}$ ou 38 pour cent; mais, en général, on ne peut évaluer leur nombre qu'à $\frac{2}{5}$. L'évaluation des hommes libres n'est pas moins incertaine dans quelques colonies que celle des esclaves. Il y a des individus qui jouissent pleinement de la liberté, mais d'une liberté qui n'est pas légalement reconnue.

Dans les registres qui indiquent la population des îles, les mots *noirs* et *esclaves* sont pris généralement comme synonymes. Il existe cependant un petit nombre de mulâtres et autres races mixtes parmi les esclaves : je pense que leur nombre s'élève tout au plus à $\frac{1}{10}$; et c'est d'après cette supposition que j'ai calculé le nombre des nègres esclaves dans le tableau de la population noire de l'Amérique. Le dénombrement de l'île de Cuba présente un rapport plus considérable; dans la ville de la Havane, celui de $\frac{1}{10}$ à $\frac{1}{12}$. On y trouvoit, en 1810, sur une population servile de 28,700 : *pardos esclavos* 2300 ; *morenos esclavos*, 26,400. Les grandes villes, dans les Antilles espagnoles, sont caractérisées par cette accumulation d'esclaves mulâtres et de races mixtes.

Quant à la population de l'île Saint-Domingue (Haïti), je pense m'être arrêté à une évaluation assez basse. Nous possédons les données partielles du dénombrement officiel, arrondissement par arrondissement; et de simples considérations, fondées sur des calculs positifs, font concevoir que la population d'Haïti peut aujourd'hui atteindre 820,000. M. Page adoptoit encore, en 1802, après les malheurs de la colonie, pour les deux parties espagnole et françoise, 500,000. Or, en ne supposant r ou le taux de l'accroissement annuel que de 0,016, (ce qui fait un doublement de 44 ans), je trouve déjà, pour 1822, une population de 686,800. Si l'on admet un accroissement plus rapide, semblable à celui qu'éprouve la population esclave dans la partie méridionale des Etats-Unis ($r=0,026$, par conséquent un doublement en 27 ans), on obtiendra, pour 1822, une population de 835,500 : mais comment ne pas croire que M. Page a évalué trop bas la population de 1802? Necker admettoit, pour 1788, dans la partie françoise, 520,000; dans toute l'île de Saint-Domingue, 620,000. A cette époque ont succédé un grand nombre d'années de paix et de tranquillité, interrompues par quelques années de désordre et de carnage. On a vu augmenter même les nègres marrons de la Jamaïque, en faisant abstraction des esclaves fugitifs qui se réunissoient à eux de temps en temps. Il est plus naturel d'admettre que, dans un intervalle de 14 ans (de 1788 à 1802), la population se soit conservée, malgré les guerres civiles et les émigrations, à 600,000 ; et, en partant de cette donnée, on trouve, selon les deux hypothèses ($r = 0,016$ ou $r = 0,026$), 824,200, ou 1,002,500. Le dernier dénombrement officiel, publié par le gouvernement d'Haïti, donne 935,300 : dans le désir de choisir des nombres qui péchent en moins, je me suis arrêté à 820,000.

Population noire de l'Amérique continentale et insulaire.

1° *Nègres esclaves* :

Antilles, Amérique insulaire....	1,090,000
États-Unis...................	1,650,000
Brésil......................	1,800,000
Colonies espagnoles du continent..	307,000
Guyanes angloise, hollandoise et françoise....................	200,000
	5,047,000

2° *Nègres libres* :

Haïti et les autres Antilles.......	870,000
États-Unis...................	270,000
Brésil peut-être...............	160,000
Colonies espagnoles et du continent.	80,000
Guyanes angloise, hollandoise et françoise....................	6,000
	1,386,000

CHAPITRE XXVII.

RÉCAPITULATION.

Noirs sans mélange, par conséquent en excluant les mulâtres :

5,047,000 esclaves............	79 p. cent.
1,386,000 libres.............	21
6,433,000	

L'habitude de vivre dans des pays où les blancs sont aussi nombreux qu'aux Etats-Unis, a influé singulièrement sur les idées qu'on s'est formées de la prépondérance des races dans les diverses parties du Nouveau-Continent. On a diminué arbitrairement le nombre des nègres et des races mixtes qui s'élèvent ensemble, d'après mes tableaux, à plus de 12,861,000, ou à 37 pour cent; tandis que la population blanche n'excède pas $13\frac{1}{2}$ millions, ou 38 pour cent. M. Morse admettoit encore, en 1822, pour l'Amérique totale, $\frac{50}{100}$ de blancs, $\frac{33}{100}$ d'Indiens, $\frac{11}{100}$ de nègres, et $\frac{6}{100}$ de races mixtes. Dans l'archipel des îles Antilles, MM. Carry et Lea supposent une population de 2,050,000, dont 450,000 blancs et 1,600,000 noirs et mulâtres : cela indiqueroit 22 pour cent de blancs. Nous venons de voir que le rapport est un peu plus défavorable

Relat. hist., Tom. 11.

encore, et que, sur une population totale des Antilles, de 2,843,000, il y a 17 pour cent de blancs, et 83 pour cent d'hommes de couleur, esclaves et libres; c'est-à-dire, que les blancs sont aux hommes de couleur $= 1 : 5$.

DIVISIONS.	POPULATION totale.	ESCLAVES NOIRS et quelques mulâtres.	LIBRES DE COULEUR mulâtres et noirs.	BLANCS.
Antilles espagnoles.	943.000	281.400	319.500	342.100
Haïti................	820.000	......	790.000	30.000
Antilles angloises...	776.500	626.800	78.350	71.350
Antilles françoises...	219.000	178.000	18.000	23.000
Antilles holl., dan. et suédoises......	84.500	61.300	7.050	16.150
Total des Antilles..	2.843.000	1.147.500 (40 p. c.)	1.212.900 (43 p. c.)	482.600 (17 p. c.)

DISTRIBUTION DES RACES DANS L'AMÉRIQUE ESPAGNOLE.

1° *Indigènes*. (Indiens, hommes rouges; race cuivrée américaine ou primitive, sans mélange de blanc et de nègre).

Mexique..... 1.............	3,700,000
Guatimala..	880,000
Colombia.................	720,000
Pérou et Chili.............	1,030,000
Buenos-Ayres avec les provinces de la Sierra........	1,200,000
	7,530,000

CHAPITRE XXVII.

2° *Blancs*. (Européens et descendans d'Européens, sans mélange de nègres et d'Indiens, la prétendue race du Caucase).

Mexique..................	1,230,000
Guatimala................	280,000
Cuba et Portorico.........	339,000
Colombia.................	642,000
Pérou et Chili............	465,000
Buenos-Ayres.............	320,000
	3,276,000

3° *Nègres*. (Race africaine, sans mélange de blancs ou d'Indiens, noirs libres et esclaves).

Cuba et Portorico.........	389,000
Continent................	387,000
	776,000

4° *Races mélangées de noirs, blancs et Indiens*. (Mulâtres, Mestizos, Zambos, et mélange des mélanges).

Mexique..................	1,860,000
Guatimala................	420,000
Colombia.................	1,256,000
Pérou et Chili............	853,000
Buenos-Ayres.............	742,000
Cuba et Portorico.........	197,000
	5,328,000

11*

LIVRE X.

RÉCAPITULATION,

d'après la prépondérance des races.

Indiens............	7,530,000	ou 45 p. cent.
Races mélangées.....	5,328,000	32
Blancs.............	3,276,000	19
Noirs, race africaine..	776,000	4
	16,910,000	

DISTRIBUTION DES RACES DANS L'AMÉRIQUE CONTINENTALE ET INSULAIRE.

1° *Blancs*:

Amérique espagnole.........	3,276,000
Antilles, sans Cuba, Portorico et la Marguerite..........	140,000
Brésil..................	920,000
États-Unis................	8,575,000
Canada.................	550,000
Guyanes angloise, hollandoise, et françoise.............	10,000
	13,471,000

2° *Indiens*:

Amérique espagnole.........	7,530,000
Brésil (Indiens enclavés du Rio Negro, Rio Blanco et l'Amazone).................	260,000

CHAPITRE XXVII.

Indiens indépendans, à l'est et à l'ouest des Montagnes Rocheuses, sur la frontière du Nouveau-Mexique, des Mosquitos, etc.................. 400,000
Indiens indépendans de l'Amérique du Sud.............. 420,000
                                               ─────────
                                               8,610,000

3° *Nègres :*
Antilles avec Cuba et Portorico. 1,960,000
Amérique espagnole du continent.................. 387,000
Brésil........................ 1,960,000
Guyanes angloise, hollandoise et françoise............. 206,000
États-Unis................... 1,920,000
                                               ─────────
                                               6,433,000

4° *Races mélangées :*
Amérique espagnole........ 5,328,000
Antilles, sans Cuba, Portorico et la Marguerite........... 190,000
Brésil et États-Unis........... 890,000
Guyanes angl., holl. et franç... 20,000
                                               ─────────
                                               6,428,000

RÉCAPITULATION.

Blancs............... 13,471,000 ou 38 p. cent.
Indiens.............. 8,610,000 — 25
Nègres............... 6,433,000 — 19
Races mixtes......... 6,428,000 — 18
                      ──────────
                      34,942,000

Un calcul, fondé sur les dénombremens de 1810 et 1820, donne (le taux de l'accroissement=0,02611), pour la fin de 1822, dans les Etats-Unis, pour le moins, 1,623,000 esclaves (Tom. IX, p. 177 et 178, et *Sixteenth Report of the African Inst.*, p. 324); pour fin de 1824, au moins 1,708,300. Les libres de couleur étoient, en 1820, plus de 238,000. Dans les deux colonies de Demerary et Essequebo, on comptoit déjà, en 1811 : esclaves 71,180; libres de couleur, 2980; blancs, 2871; total : 77,031. A Berbice, pop. totale : 25,959, dont 550 blancs, 240 libres de couleur, et 25,169 nègres esclaves. Population totale de Demerary, Essequebo et Berbice, pour 1811 : au-delà 103,000, dont plus de 96,000 escl. D'après J. van den Bosch (vol. II, p. 114), il y avoit, en 1814 : esclaves à Demerary, 47,032; à Essequebo, 16,187; à Berbice, 22,223; total des esclaves : 85,442. Le général Macaulay croyoit, en 1823, la population de Demerary de 83,900; dont 77,400 esclaves, 3000 libres de couleur, 3500 blancs. Pour Berbice, il admettoit 25,430, dont 23,180 escl., 1500 libres de couleur, 750 blancs. Les *registres officiels*, communiqués par M. Wilmot, donnent à la colonie de Demerary, pour 1817, escl. 77,867; pour 1820, escl. 77,376; à la colonie de Berbice, pour 1817, escl. 23,725; pour 1820, escl. 23,180. Il paroît assez probable que les trois Guyanes, angloise, hollandoise et françoise renferment aujourd'hui plus de 236,000 esclaves. La Guyane françoise comptoit, en 1821, un total de 16,000, sans les Indiens; savoir : 12000 esclaves, 1000 blancs, et 3000 libres de couleur. D'après des documens officiels, il y avoit (le 1er janvier 1824) 1035 blancs, 1923 gens de couleur libres, 701 Indiens, et 13,656 esclaves; total : 17,315. Le nombre des noirs répandus sur le vaste continent de l'Amérique espagnole est si petit (au-dessous de 390,000) qu'heureusement il ne forme pas 2 ½ pour cent de la population continentale. Des changemens salutaires s'y préparent dans l'état des esclaves. D'après les lois qui gouvernent les nouveaux états indépendans, l'esclavage sera éteint peu à peu : c'est la république de Colombia qui a donné l'exemple d'un affranchissement progressif. Cette mesure humaine et prudente à la fois est due au désintéressement du Général Bolivar, dont le nom a été illustré non moins par les vertus du citoyen et la modération dans les succès que par l'éclat de la gloire militaire.

DISTRIBUTION DE LA POPULATION TOTALE DE L'AMÉRIQUE, D'APRÈS LA DIVERSITÉ DES CULTES.

I. *Catholiques romains*.................... 22,486,000
   a Amérique espagnole continentale.............. 15,985,000
     Blancs......... 2,937,000
     Indiens........ 7,530,000
     Races mixtes et nègres........ 5,518,000
                    15,985,000
   b Amérique portugaise..... 4,000,000
   c Etats-Unis, Bas-Canada et Guyane françoise........ 537,000
   d Haïti, Cuba, Portorico et Antilles françoises...... 1,964,000
                    22,486,000

II. *Protestans*....................... 11,636,000
   a États-Unis............ 10,295,000
   b Canada anglois, Nouvelle-Ecosse, Labrador....... 260,000
   c Guyanes angloise et hollandoise............. 220,000
   d Antilles angloises....... 777,000
   e Antilles hollandoise, danoise, etc............ 84,000
                    11,636,000

III. *Indiens independans non chrétiens*... 820,000
                    34,942,000

Ce tableau n'offre que les grandes divisions des communautés chrétiennes. Je crois posséder des matériaux [1] assez précis sur les rapports des catholiques romains et des protestans, mais je n'entrerai pas dans le détail des divisions de l'église protestante ou évangélique. Quelques évaluations partielles, par exemple le nombre des catholiques dans la Louisiane, dans le Maryland et dans le Bas-Canada anglois, sont peut-être un peu incertaines; mais ces incertitudes affectent des quantités qui n'ont qu'une foible influence sur le résultat définitif. Je pense que le nombre des protestans, dans toute l'Amérique continentale et insulaire, depuis l'extrémité méridionale du Chili jusqu'au Groenland, est à celui des catholiques romains comme 1 : 2. Il existe, sur la côte occidentale de l'Amérique du nord, quelques milliers d'individus qui suivent le culte grec. J'ignore le nombre des juifs répandus sur la surface des Etats-Unis et dans

---

[1] Un premier aperçu de ces matériaux a paru dans la *Revue protestante*, n° 3, p. 97. (Voyez ma lettre à M. Charles Coquerel). Des notions plus précises sur la population de Cuba, d'Haïti et de Portorico ont motivé quelques rectifications dans les données partielles.

plusieurs des îles Antilles. Leur nombre est peu considérable. Les Indiens indépendans, qui n'appartiennent à aucune communauté chrétienne, sont à la population chrétienne comme 1 : 42. Dans l'état actuel des choses, la population protestante augmente beaucoup plus rapidement dans le Nouveau-Monde que la population catholique ; et il est probable que, malgré l'état de prospérité à laquelle l'indépendance, les progrès de la raison et des institutions libres vont élever l'Amérique espagnole, le Brésil et l'île d'Haïti, le rapport de 1 à 2 se trouvera, en moins d'un demi-siècle, considérablement modifié en faveur des communautés protestantes. En Europe, on peut compter (en admettant une population totale de 198 millions) à peu près 103 millions de catholiques romains, 38 millions qui suivent le rite grec, 52 millions de protestans, et 5 millions de mahométans. Le rapport numérique des protestans aux membres des églises catholique, romaine et grecque est, par conséquent, approximativement, comme 1 : $2\frac{7}{10}$. Le rapport des protestans aux catholiques romains est le même en Europe et en Amérique. Les tableaux que nous réunissons

CHAPITRE XXVII.

à la fin de ce chapitre ont une liaison intime entre eux; car, sous toutes les zones, les différences de race et d'origine, l'individualité du langage et l'état de liberté domestique influent puissamment sur les dispositions des hommes pour telle ou telle forme de culte.

PRÉPONDÉRANCE DES LANGUES DANS LE NOUVEAU-CONTINENT.

1° *Langue angloise :*

États-Unis	10,525,000
Haut-Canada, Nouvelle-Écosse, Nouveau-Brunswick	260,000
Antilles et Guyane angloise	862,000
	11,647,000

2° *Langue espagnole :*

Amérique espagnole ;	
savoir : blancs	3,276,000
Indiens	1,000,000
races mixtes et nègres	6,104,000
Partie espagnole d'Haïti	124,000
	10,504,000

3° *Langues indiennes :*

Amérique espag. et portug., y compris les tribus indépendantes	7,593,000

4° *Langue portugaise :*
Brésil.................................... 3,740,000

5° *Langue françoise :*
Haïti..................................... 696,000
Antilles dépendantes de la France, Louisiane et Guyane françoise.......... 256,000
Bas-Canada et quelques tribus d'Indiens indépendans.................... 290,000
                                                    ⎯⎯⎯⎯⎯
                                                    1,242,000

6° *Langues hollandoise, danoise, suédoise et russe :*
Antilles.................................. 84,000
Guyane................................... 117,000
Russes de la côte NO...................... 15,000
                                                    ⎯⎯⎯⎯⎯
                                                    216,000

RÉCAPITULATION.

Langue angloise.......... 11,647,000
       espagnole........ 10,504,000
       indienne......... 7,593,000
       portugaise....... 3,740,000
       françoise........ 1,242,000
       holland., danoise
         et suédoise.... 216,000
                    ⎯⎯⎯⎯⎯
                    34,942,000

Langues de l'Europe latine...... 15,486,000 ⎱ langues
Langues du rameau germanique...... 11,863,000 ⎰ europ.: 27,349,000

                  langues indiennes. 7,593,000

CHAPITRE XXVII.

Je n'ai pas fait mention séparément de l'allemand, du gale (irlandois), et du basque, parce que les individus, d'ailleurs très-nombreux, qui conservent la connoissance de ces langues mères, savent en même temps l'anglois ou le castillan. Le nombre d'individus qui parlent usuellement les langues indiennes est, dans ce moment, au nombre d'individus qui se servent des langues de l'Europe $1 : 3\frac{2}{5}$. Par l'accroissement plus rapide de la population aux Etats-Unis, les langues du rameau germanique vont gagner insensiblement, dans le rapport numérique total, sur les langues de l'Europe latine; mais ces dernières se répandront en même temps, par l'effet de la civilisation croissante des peuples de races espagnole et portugaise, dans les villages indiens, dont à peine un vingtième de la population entend quelques mots de castillan ou de portugais. Je crois qu'il existe, en Amérique, encore plus de sept millions et demi d'indigènes, qui ont conservé l'usage de leur propre langue et qui ignorent presque entièrement les idiomes européens. Telle est aussi l'opinion de l'archevêque de Mexico et de plusieurs ecclésiastiques également respectables, qui ont habité pendant long-temps le Haut-Pérou, et que j'ai pu consulter sur cet objet. Le petit nombre d'Indiens (un million peut-être) qui ont entièrement oublié les langues indigènes, habite les grandes villes et les villages très-populeux qui entourent ces villes. Parmi les individus qui parlent françois dans le Nouveau-Continent, on trouve plus de 700,000 nègres de race africaine, circonstance qui, malgré les efforts très-louables du gouvernement haïtien pour l'instruction populaire, ne contribue pas à maintenir la pureté du langage. On peut admettre qu'en général, dans l'Amérique continentale et insulaire, il y a, sur 6,433,000 noirs, plus de $\frac{45}{100}$ qui parlent anglois, plus de $\frac{50}{100}$ qui parlent portugais, plus de $\frac{14}{100}$ et $\frac{19}{100}$ qui parlent françois et espagnol.

Ces tableaux de la population, considérés sous les rapports de la différence des races, des langues et des cultes, se composent d'élémens très-variables; ils représentent approximativement l'état de la société américaine. Dans un travail de ce genre, il ne s'agit que des masses; les évaluations partielles pourront, avec le temps, acquérir une précision plus rigoureuse. La langue des chiffres, seuls hiéroglyphes qui se soient conservés parmi les signes de la pensée, n'a pas besoin d'interprétation. Il y a quelque chose de grave et de prophétique dans ces inventaires du genre humain : tout l'avenir du Nouveau-Monde y semble inscrit.

CHAPITRE XXVIII.

Essai politique sur l'île de Cuba.—Havane.— Collines de Guanavacoa, considérées sous des rapports géognostiques.—Vallée de los Guines. —Batabano et port de la Trinidad.—Jardins du Roi et de la Reine.

L'IMPORTANCE politique de l'île de Cuba n'est pas seulement fondée sur l'étendue de sa surface, qui est de la moitié plus grande que celle d'Haïti, sur l'admirable fertilité de son sol, sur ses établissemens de marine militaire et sur la nature d'une population, composée, pour trois cinquièmes, d'hommes libres : elle s'agrandit encore par les avantages de la position géographique de la Havane. La partie septentrionale de la Mer des Antilles, connue sous le nom de golfe du Mexique, forme un bassin circulaire de plus de 250 lieues de diamètre, une *méditerranée à deux issues*, dont les côtes, depuis la pointe de la Floride jusqu'au cap Catoche du Yucatan, appartiennent aujourd'hui exclusivement aux Confédérations des Etats-Mexicains et de l'Amérique du Nord. L'île de Cuba, ou plutôt son littoral entre le cap Saint-Antoine et la ville de Matanzas, placée au débouquement du Vieux-Canal, ferme le golfe du Mexique, au sud-est, en ne laissant au courant océanique, désigné sous le nom de *Gulf-stream* [1], d'autres ouvertures que vers le sud, un détroit entre le cap Saint-Antoine et le cap Catoche; vers le nord, le Canal de Bahama, entre Bahia-Honda et les bas-fonds de la Floride. C'est près de l'issue septentrionale, là où se croisent, pour ainsi dire, plusieurs grandes routes du commerce des peuples, qu'est situé le beau port de la Havane, fortifié à la fois par la nature et par de nombreux ouvrages de l'art. Les flottes qui sortent de ce port et qui sont en partie construites avec le Cedrela et l'Acajou de l'île de Cuba, peuvent combattre à l'entrée de la Méditerranée mexicaine, et menacer les côtes opposées, comme les flottes qui sortent de Cadix peu-

---

[1] Tom. I, p. 122-141.

vent dominer l'Océan près des Colonnes d'Hercule. C'est dans le méridien de la Havane que le golfe du Mexique, le Vieux-Canal et le Canal de Bahama communiquent ensemble. La direction opposée des courans, et les agitations de l'atmosphère, très-violentes à l'entrée de l'hiver, donnent à ces parages, sur la limite extrême de la zone équinoxiale, un caractère particulier.

L'île de Cuba n'est pas seulement la plus grande des Antilles (sa surface différant peu de l'Angleterre proprement dite, sans le pays de Galles); elle offre aussi par sa forme étroite et alongée un tel développement de côtes, qu'elle est voisine à la fois d'Haïti et de la Jamaïque, de la province la plus méridionale des États-Unis (la Floride), et de la province la plus orientale de la Confédération mexicaine (le Yucatan). Cette circonstance mérite la plus sérieuse attention; car des pays qui communiquent par une navigation de 10 à 12 jours, la Jamaïque, Haïti, Cuba et les parties méridionales des États-Unis (depuis la Louisiane jusqu'en Virginie) renferment près de deux millions huit cent mille Africains. Depuis que Santo-Domingo, les Florides et la

CHAPITRE XXVIII. 179

Nouvelle-Espagne ont été séparées de la métropole, l'île de Cuba ne tient plus que par la communauté du culte, du langage et des mœurs aux pays qui l'avoisinent, pays qui, pendant des siècles, ont été soumis aux mêmes lois.

La Floride forme le dernier anneau de cette longue chaîne de républiques dont l'extrémité septentrionale touche au bassin du Saint-Laurent, et qui s'étend de la région des palmiers à celle des hivers les plus rigoureux. L'habitant de la Nouvelle-Angleterre regarde comme des dangers publics l'augmentation croissante de la population noire, la prépondérance des états à esclaves (*slave-states*), et la prédilection pour la culture des denrées coloniales; il fait des vœux pour que le détroit de la Floride, limite actuelle de la grande Confédération américaine, ne soit franchi que dans les vues d'un commerce libre, fondé sur l'égalité des droits. S'il craint des événemens qui fassent passer la Havane sous la domination d'une puissance européenne plus redoutable que l'Espagne, il n'en désire pas moins que les liens politiques, par lesquels la Louisiane, Pensacola et Saint-Augustin de la Floride ont été unis jadis à l'île de Cuba, restent à jamais rompus.

Une extrême stérilité du sol, le manque d'habitans et de culture ont rendu de tout temps le voisinage de la Floride d'une foible importance pour le commerce de la Havane; il n'en est pas de même des côtes du Mexique qui, prolongées en demi-cercle, depuis les ports très-fréquentés de Tampico, de Vera-Cruz et d'Alvarado jusqu'au cap Catoche, touchent presque, par la péninsule de Yucatan, à la partie occidentale de l'île de Cuba. Le mouvement commercial entre la Havane et le port de Campêche est très-actif; il augmente malgré le nouvel ordre de choses introduit au Mexique, parce que le commerce également illicite avec une côte plus éloignée, celle de Cacaras ou de Colombia, n'occupe qu'un petit nombre de bâtimens. Dans des temps si difficiles, les approvisionnemens de viandes salées (*tajaso*), nécessaires à la nourriture des esclaves [1], se tire avec moins de danger de Buenos-Ayres et des plaines de Merida que de celles de Cumana, de Barcelone et de Caracas.

[1] Tom. IV, p. 72; VI, p. 96-97.

On sait que, pendant des siècles, l'île de Cuba et l'archipel des Philippines ont puisé, dans les caisses de la Nouvelle-Espagne, les secours nécessaires pour l'administration intérieure, pour l'entretien des fortifications, des arsenaux et des chantiers (*situados de attencion maritima*). La Havane, comme je l'ai exposé dans un autre ouvrage [1], a été le port militaire de la Nouvelle-Espagne, et elle a reçu du trésor mexicain, jusqu'en 1808, annuellement, plus de 1,800,000 piastres. A Madrid même, on s'étoit habitué, pendant long-temps, à regarder l'île de Cuba et l'archipel des Philippines comme des dépendances du Mexique, situées, à des distances bien inégales, à l'est et à l'ouest de la Vera-Cruz et d'Acapulco, mais liées à la métropole mexicaine, alors colonie elle-même de l'Europe, par tous les liens du commerce, de l'assistance mutuelle et des plus anciennes affections. L'accroissement de la richesse intérieure a rendu inutiles peu à peu les secours pécuniaires que l'île de Cuba avoit coutume de puiser dans le trésor du Mexique. Cette île est, de toutes les posses-

---

[1] *Essai politique*, Tom. II, p. 824.

sions de l'Espagne, celle qui a le plus prospéré; le port de la Havane, depuis les troubles de Saint-Domingue, s'est élevé au rang des premières places du monde commerçant. Un concours heureux de circonstances politiques, la modération des officiers de la couronne, la conduite des habitans qui sont spirituels, prudens et très-occupés de leurs intérêts, ont conservé à la Havane la jouissance non interrompue de la liberté des échanges avec les nations étrangères. Le revenu des douanes a si prodigieusement augmenté, que l'île de Cuba peut suffire non seulement à ses propres besoins, mais que, pendant le cours de la lutte entre la métropole et les colonies espagnoles du continent, elle a fourni des sommes considérables aux débris de l'armée qui avoit combattu dans le Venezuela, à la garnison du château de San Juan d'Ulua et à des armemens maritimes très-dispendieux et le plus souvent inutiles.

J'ai fait deux séjours dans l'île, l'un de trois mois et l'autre d'un mois et demi : j'ai eu l'avantage de jouir de la confiance des personnes qui, par leurs talens et par leur position comme administrateurs, propriétaires ou négocians, étoient à même de me donner des renseignemens sur l'accroissement de la prospérité publique. La protection particulière dont j'ai été honoré par le ministère d'Espagne rendoit cette confiance très-légitime : j'ose me flatter aussi de l'avoir méritée par la modération de mes principes, par une conduite circonspecte et par la nature de mes paisibles travaux. Depuis trente ans, le gouvernement espagnol n'a point entravé, à la Havane même, la publication de documens statistiques les plus précieux sur l'état du commerce, de l'agriculture coloniale et des finances. J'ai compulsé ces documens, et les rapports que j'ai conservés avec l'Amérique depuis mon retour en Europe m'ont mis en état de compléter les matériaux que j'avois recueillis sur les lieux. Je n'ai parcouru, conjointement avec M. Bonpland, que les environs de la Havane, la belle vallée des Guines et la côte entre le Batabano et le port de la Trinidad. Après avoir décrit succinctement l'aspect des lieux et les modifications singulières d'un climat si différent de celui des autres Antilles, j'examinerai la population générale de l'île, son *area* calculée d'après le tracé le plus exact des côtes, les objets du commerce et l'état du revenu public.

L'aspect de la Havane, à l'entrée du port, est un des plus rians et des plus pittoresques dont on puisse jouir sur le littoral de l'Amérique éqninoxiale, au nord de l'équateur. Ce site, célébré par les voyageurs de toutes les nations, n'a pas le luxe de végétation qui orne les bords de la rivière de Guayaquil, ni la sauvage majesté des côtes rocheuses de Rio Janeiro, deux ports de l'hémisphère austral : mais la grâce qui, dans nos climats, embellit les scènes de la nature cultivée, se mêle ici à la majesté des formes végétales, à la vigueur organique qui caractérise la zone torride. Dans un mélange d'impressions si douces, l'Européen oublie le danger qui le menace au sein des cités populeuses des Antilles; il cherche à saisir les élémens divers d'un vaste paysage, à contempler ces châteaux forts qui couronnent les rochers à l'est du port, ce bassin intérieur, entouré de villages et de fermes, ces palmiers qui s'élèvent à une hauteur prodigieuse, cette ville à démi cachée par une forêt de mâts et la voilure des vaisseaux. En entrant dans le port de la Havane on passe entre la forteresse du Morro (*Castillo de los Santos Reyes*) et le fortin de *San Salvator de la Punta* : l'ouverture n'a que 170 à 200 toises de largeur : elle conserve cette largeur pendant $\frac{5}{5}$ de mille. Sorti du goulet, après avoir laissé au nord le beau château de *San Carlos de la Cabaña* et la *Casa blanca*, on parvient dans un bassin en forme de trèfle, dont le grand axe, dirigé du SSO. au NNE., a $2\frac{1}{5}$ de milles de long. Ce bassin communique à trois anses, celles de Regla, de Guanavacoa et d'Atarès, dont la dernière offre quelques sources d'eau douce. La ville de la Havane, entourée de murailles, forme un promontoire limité au sud par l'arsenal : au nord, par le fortin de la Punta. Au-delà des restes de quelques *vaisseaux coulés* et du bas-fond de la Luz on ne trouve plus 8 à 10, mais bien encore 5 à 6 brasses d'eau. Les châteaux de *Santo Domingo*, de *Atarès* et de *San Carlos del Principe* défendent la ville vers l'ouest ; ils sont éloignés du mur intérieur, du côté de la terre, l'un de 660, l'autre de 1240 toises. Le terrain intermédiaire est rempli par les faubourgs (*arrabales* ou *barrios extra muros*) de l'Horcon, de Jesus Maria, Guadalupe et Señor de la Salud qui, d'année en année, rétrécissent davantage le champ de Mars (*Campo de Marte*). Les grands édifices de la Havane, la cathédrale, la *Casa del Govierno*, la maison du commandant de la marine, l'arsenal, le *Correo* ou hôtel des postes, la factorerie du tabac, sont moins remarquables par leur beauté que par la solidité de leur construction : la plupart des rues sont étroites, et le plus grand nombre ne sont point encore pavées. Comme les pierres viennent de la Vera-Cruz, et que leur transport est extrêmement coûteux, on avoit eu, peu de temps avant mon voyage, l'idée bizarre d'y suppléer en réunissant de grands troncs d'arbres, comme on fait en Allemagne et en Russie lorsqu'on construit des digues à travers des endroits marécageux. Ce projet fut bientôt abandonné, et les voyageurs récemment arrivés voyoient avec surprise les plus beaux troncs de *Cahoba* (d'acajou) enfoncés dans les boues de la Havane. A l'époque de mon séjour, peu de villes de l'Amérique espagnole offroient, par le manque d'une bonne police, un aspect plus hideux. On marchoit dans la boue jusqu'aux genoux ; la multitude de calèches ou *volantes*, qui sont l'attelage caractéristique de la Havane, les charrettes chargées de caisses de sucre, les porteurs qui coudoyoient les passans, rendoient fâcheuse et humiliante la position d'un piéton. L'odeur du *tasajo* ou de la viande mal séchée empestoit souvent les maisons et les rues tortueuses. On assure que la police a remédié à ces inconvéniens, et qu'elle a fait, dans ces derniers temps, des améliorations très-sensibles dans la propreté des rues. Les maisons sont plus aérées, et la *Calle de los Mercadares* offre un bel aspect. Ici, comme dans nos villes d'Europe les plus anciennes, un plan de rues mal tracé ne peut se corriger qu'avec lenteur.

Il y a deux belles promenades, l'une (la *Alamada*) entre l'hospice de Paula et le théâtre dont l'intérieur a été décoré en 1803 avec beaucoup de goût par un artiste italien, M. Peruani; l'autre, entre le Castillo de la Punta et la *Puerta de la Muralla*. La dernière, appelée aussi le *passeo extra muros*, est d'une fraîcheur délicieuse : après le coucher du soleil, elle est fréquentée par des voitures. Elle a été commencée par le marquis de la Torre, celui de tous les gouverneurs de l'île qui ait donné la première et la plus heureuse impulsion à l'amélioration de la police et du régime municipal. Don Luis de las Casas, dont le nom est resté également cher aux habitans de la Havane, et le comte de Santa Clara, ont agrandi ces plantations. Près du *Campo de Marte* se trouve le jardin botanique, bien digne de fixer l'attention du gouvernement, et un autre objet, dont l'aspect afflige et révolte à la fois les baraques devant lesquelles sont exposés en vente les malheureux esclaves. C'est dans la *promenade extra muros* qu'on a placé, depuis mon retour en Europe, une statue en marbre du Roi Charles III. Ce lieu avoit d'abord été destiné à un monument de Christophe Colomb, dont on a porté les cendres, après la cession de la partie espagnole de Saint-Domingue, à l'île de Cuba. Les cendres de Fernand Cortez ayant été transférées, la même année, à Mexico, d'une église à une autre, on a vu donner de nouveau la sépulture, à une même époque, à la fin du dix-huitième siècle, aux deux plus grands hommes qui ont illustré la conquête de l'Amérique.

Un palmier des plus majestueux de cette tribu, la *Palma real*, donne au paysage, dans les environs de la Havane, un caractère particulier. C'est l'*Oreodoxa regia* de notre description des palmiers américains [1] : son tronc élancé, mais un peu renflé vers le milieu, s'élève à 60 ou 80 pieds de hauteur; sa partie supérieure, luisante, d'un vert tendre, et nouvellement formée par le rapprochement et la dilatation des pétioles, contraste avec le reste qui est blanchâtre et fendillé. C'est comme deux colonnes qui se surmontent. La *Palma real* de l'île de Cuba a des feuilles panachées qui montent droit vers le ciel, et ne sont recourbées que vers la pointe. Le port de ce végétal nous rappeloit le palmier *Vadgiai* qui couvre les rochers dans les cataractes de l'Orénoque, et balance ces longues flèches au-dessus d'un brouillard d'écume. Ici, comme partout où la population se concentre, la végétation diminue. Autour de la Havane, dans l'amphithéâtre de Regla, ces palmiers, qui faisoient mes délices, disparoissent d'année en année. Les endroits marécageux, que je voyois couverts de Bambousacées, se cultivent et se dessèchent. La civilisation avance; et l'on assure

---

[1] *Nova Genera et Spec. plant. æquin.*, Tom. I, p. 305.

qu'aujourd'hui la terre, plus dénuée de végétaux, offre à peine quelques traces de sa sauvage abondance. De la Punta à San Lazaro, de la Cabaña à Regla, et de Regla à Atarès, tout est couvert de maisons : celles qui entourent la baie sont d'une construction légère et élégante. On en trace le plan, et on les *commande* aux États-Unis, comme on commande un meuble. Tandis que la fièvre jaune règne à la Havane, on se retire dans ces maisons de campagne et sur les collines entre Regla et Guanavacoa, où l'on jouit d'un air plus pur. A la fraîcheur de la nuit, lorsque les bateaux traversent la baie et laissent derrière eux, par la phosphorescence de l'eau, de longues traînées de lumière, ces sites agrestes offrent, aux habitans qui fuient le tumulte d'une ville populeuse, de charmantes et paisibles retraites. Pour bien juger les progrès de la culture, les voyageurs doivent visiter les petites *chácaras* de maïs et d'autres plantes alimentaires, les *ananas* alignés dans les champs de la Cruz de Piedra, et le jardin de l'évêque (*Quinta del Obisbo*), qui est devenu, dans ces derniers temps, un endroit délicieux.

La ville de la Havane proprement dite, entourée de murailles, n'a que 900 toises de long et 500 toises de large, et cependant plus de 44,000 ames, dont 26,000 nègres et mulâtres, se trouvent entassées dans une enceinte si étroite. Une population presque également considérable s'est réfugiée dans les deux grands faubourgs de *Jesus Maria* et de la *Salud*. Ce dernier ne mérite pas tout-à-fait le beau nom qu'il porte : la température de l'air y est sans doute moins élevée que dans la cité, mais les rues auroient pu être plus larges et mieux tracées. Les ingénieurs espagnols, depuis 30 ans, font la guerre aux habitans des faubourgs ou *arrabales* : ils prouvent au gouvernement que les maisons sont trop rapprochées des fortifications, et que l'ennemi pourroit s'y loger impunément. On n'a pas le courage de démolir les faubourgs et de chasser une population de 28,000 habitans réunis dans la *Salud* seule. Depuis le grand incendie de 1802, ce dernier quartier a été considérablement agrandi : on construisit d'abord des baraques, et peu à peu ces baraques devinrent des maisons. Les habitans des *arrabales* ont présenté plusieurs projets au Roi, d'après lesquels on pourroit les comprendre dans la ligne des fortications de la Havane, et légaliser leur possession qui n'est fondée jusqu'ici que sur un consentement tacite. On voudroit conduire un large fossé de la Puente de Chaves, près du Matadero, à San Lazaro, et faire de la Havane une île. La distance est à peu près de 1200 toises, et déjà la baie se termine, entre l'arsenal et le Castillo de Atarès, dans un canal naturel, bordé de mangliers et de Cocolloba. Par ce moyen, la ville auroit, vers l'ouest, du côté de la terre, une triple rangée de fortifications; d'abord, extérieurement, les ouvrages d'Atarès et du Principe, placés sur des éminences, puis le fossé projeté, et enfin la muraille et l'ancien chemin couvert du comte de Santa Clara, qui a coûté 700,000 piastres. La défense de la Havane, vers l'ouest, est de la plus haute importance : aussi long-temps que l'on reste maître de la ville proprement dite et de la partie méridionale de la baie, le *Morro* et la *Cabaña*, dont l'un exige 800, l'autre 2000 défenseurs, sont imprenables, parce qu'on peut y porter les vivres de la Havane et compléter la garnison lorsqu'elle essuie des pertes considérables. Des ingénieurs françois, très-instruits, m'ont assuré que l'ennemi doit commencer par prendre la ville pour bombarder la *Cabaña*, qui est une belle forteresse, mais dans laquelle la garnison, enfermée dans les casemates, ne résisteroit pas longtemps à l'insalubrité du climat. Les Anglois ont pris le *Morro* sans être maîtres de la Havane, mais alors la *Cabaña* et le *Fort* n° 4 qui dominent le *Morro* n'existoient pas encore. Au sud et à l'occident (les *Castillos de Atarès y del Principe*) et la batterie de *Santa Clara* sont les ouvrages les plus importans.

DÉNOMBREMENT OFFICIEL (PADRON) DE LA HAVANE (LA CITÉ PROPREMENT DITE), SELON LES DIFFÉRENCES DES COULEURS, DE L'AGE ET DU SEXE, EN 1810.

COULEURS.	HOMMES			FEMMES			TOTAL des HOMMES et des FEMMES. *g.*
	a. d'un jour à 15 ans.	*b.* de 15 à 60 ans.	*c.* de 60 à 100 ans.	*d.* d'un jour à 15 ans.	*e.* de 15 à 60 ans.	*f.* de 60 à 100 ans.	
Blancs............	3.146	6.057	348	2.860	5.478	476	18.365
Pardos libres......	804	1.103	116	725	1.515	141	4.414
Noirs libres.......	833	1.149	133	819	2.308	284	5.886
Pardos esclaves,...	227	153	194	197	119	183	1.073
Noirs esclaves.....	1.781	4.699	78	1.561	5.224	94	13.437
TOTAL...........	6.791	13.161	869	6.162	14.644	1.178	43.175

CHAPITRE XXVIII.

Dénombrement officiel du faubourg (arrabal) de la Salud, en 1810.

COULEURS.	a.	b.	c.	d.	e.	f.	g.
Blancs............	3.261	1.312	874	3.687	1.812	744	11.690
Pardos libres......	460	779	40	190	1.000	8	2.477
Noirs libres.......	500	2.489	17	587	3.026	113	6.732
Pardos esclaves....	100	220	8	77	189	11	605
Noirs esclaves.....	448	3.552	15	558	2.500	42	6.915
Total.............	4.769	8.352	954	5.099	8.527	918	28.419

Dénombrement officiel de l'arrabal de Jesus Maria, en 1810.

COULEURS.	a.	b.	c.	d.	e.	f.	g.
Blancs............	658	720	274	480	974	257	3.363
Pardos libres......	326	399	169	268	551	174	1.887
Noirs.............	499	628	304	570	838	314	2.953
Pardos esclaves....	83	52	58	74	77	56	400
Noirs esclaves.....	508	719	241	347	976	231	3.022
Total.............	2.074	2.518	2.046	1.530	3.416	1.032	11.625

13*

DÉNOMBREMENT OFFICIEL DE L'ARRABAL DE L'HORCON, EN 1810.

COULEURS.	a.	b.	c.	d.	e.	f.	g.
Blancs............	132	329	49	218	287	31	1.046
Pardos libres......	72	62	17	64	91	18	324
Noirs libres.......	44	30	11	41	60	16	202
Pardos esclaves....	37	17	10	34	17	10	125
Noirs esclaves.....	56	344	16	71	96	10	593
TOTAL............	341	782	103	428	551	85	2.290

DÉNOMBREMENT OFFICIEL DE L'ARRABAL DU CERRO, EN 1810.

COULEURS	a.	b.	c.	d.	e.	f.	g.
Blancs............	259	302	8	258	252	4	1.083
Pardos libres.....	27	31	1	35	34	2	130
Noirs libres......	15	33	2	10	40	2	102
Pardos esclaves...	0	0	0	0	0	0	0
Noirs esclaves....	144	343	7	72	118	1	685
TOTAL............	445	709	18	375	444	9	2.000

CHAPITRE XXVIII.

Dénombrement officiel de l'Arrabal de San Lazaro, en 1810.

COULEURS.	a.	b.	c.	d.	e.	f.	g.
Blancs............	211	414	82	223	396	59	1.385
Pardos libres......	34	44	5	55	66	11	215
Noirs libres.......	22	34	18	26	63	18	181
Pardos esclaves....	22	27	1	23	19	2	94
Noirs esclaves.....	71	294	30	77	223	18	713
Total............	360	813	136	404	767	108	2.588

Dénombrement officiel de l'Arrabal de Jesus del Monte, en 1810.

COULEURS.	a.	b.	c.	d.	e.	f.	g.
Blancs............	868	390	187	565	486	223	2.719
Pardos libres......	22	16	24	32	21	11	126
Noirs libres.......	45	51	112	82	94	62	446
Pardos esclaves....	0	0	0	0	0	0	0
Noirs esclaves.....	181	204	60	52	111	90	698
Total............	1.116	661	383	731	712	386	3.989

DÉNOMBREMENT OFFICIEL DE REGLA, EN 1810.

COULEURS.	a.	b.	c.	d.	e.	f.	g.
Blancs............	353	430	22	331	415	25	1,576
Pardos libres......	20	45	0	41	64	0	170
Noirs libres.......	14	30	2	13	42	3	104
Pardos esclaves....	0	0	0	0	0	0	0
Noirs esclaves.....	37	105	5	132	86	3	368
TOTAL............	424	610	29	517	607	31	2,218

RÉSUMÉ GÉNÉRAL DE LA POPULATION DE LA HAVANE (la cité avec les faubourgs de la Salud ou Guadalupe, Jesus Maria, Horcon, Cerro, San Lazaro, Jesus del Monte et Regla) en 1810.

I. SELON LES COULEURS, L'AGE ET LE SEXE.

COULEURS.	HOMMES				FEMMES				TOTAL des HOMMES et des FEMMES.
	d'un jour à 15 ans.	de 15 à 60 ans.	de 60 à 100 ans.	total des hommes.	d'un jour à 15 ans.	de 15 à 60 ans.	de 60 à 100 ans.	total des femmes.	
Blancs....	8.888	9.914	1.844	20.646	8.624	11.100	1.819	21.543	41.189
Pardos libr.	1.775	2.479	380	4.626	1.410	3.342	365	5.117	9.743
Noirs libres.	2.032	4.744	599	7.375	1.948	6.471	810	9.229	16.604
Pardos escl.	469	469	271	1.209	405	421	262	1.088	2.297
Noirs escl.	3.226	10.260	452	13.938	2.870	9.134	489	12.493	26.471
TOTAL....	16.390	27.906	3.538	47.834	15.255	29.468	3.747	48.470	96.304

II. Selon les faubourgs.

NOMS DES ARRABALES.	BLANC.	PARDOS libres.	NOIRS libres.	PARDOS esclaves.	NOIRS esclaves.	TOTAL.
Havane..........	18.361	4.414	5.880	1.073	13.437	43.175
La Salud.........	11.690	2.477	6.732	605	6.915	28.419
Jesus Maria......	3.363	1.887	2.953	400	3.022	11.625
Horcon..........	1.046	324	202	125	593	2.290
Cerro...........	1.083	130	102	0	685	2.000
San Lazaro......	1.385	215	181	94	713	2.588
Jesus del Monte..	2.719	126	446	0	698	3.989
Regla...........	1.576	170	104	0	368	2.218
Total........	41.227	9.743	16.606	2.297	26.431	96.304

{ 26.349 } { 28.728 }

RÉCAPITULATION.

Blancs....................		41.227
Pardos libres...........	9.743 ⎫	26.349
Noirs libres.............	16.606 ⎭	
Pardos esclaves........	2.297 ⎫	28.728
Noirs esclaves..........	26.431 ⎭	
		96.304

On a désigné dans ces tableaux, sous le nom de *pardos* (gens de couleur), tous les hommes qui ne sont pas *morenos*, c'est-à-dire de race nègre pure. Les troupes de terre, les matelots et soldats de la marine royale, les moines, les religieuses et les étrangers non domiciliés (*transeuntes*) ne sont pas compris dans le dénombrement de 1810 dont, par erreur, les résultats ont été rapportés dans plusieurs ouvrages, d'ailleurs très-estimables et publiés récemment comme appartenant à l'année 1817. La garnison de la Havane s'élève assez généralement à 6000 hommes, le nombre des étrangers à 20,000; de sorte que la population totale de la Havane et des 7 arrabales dépasse aujourd'hui (en 1825), à n'en pas douter, 130,000. Le tableau suivant offre l'accroissement de la population de la Havane et de ses faubourgs, depuis le dénombrement fait en 1791, d'après les ordres du capitaine général Don Luis de las Casas, jusqu'en 1810.

ÉPOQUES des dénombremens.	BLANCS.	LIBRES de couleur.	ESCLAVES.	TOTAL.	PROPORTION entre les trois classes.
1791	23.737	9.751	10.849	44.337	53..22..25..
1810	41.227	26.349	28.720	96.296	43..27..30..
Accroissement.	17.490	16.598	17.871	51.967	

Accroissement des blancs................ 73
　　　　　　　des libres de couleur......... 171 ⎫
　　　　　　　des esclaves.................. 165 ⎬ pour cent.
　　　　　　　de toutes les classes......... 117 ⎭

Nous ajouterons l'augmentation de la population dans la moitié de cet intervalle, de 1800 à 1810, mais pour le seul *barrio extra muros de Guadalupe* :

ÉPOQUES.	Blancs.	LIBRES DE COULEUR.		TOTAL des libres de couleur.	ESCLAVES.		TOTAL des esclaves.	TOTAL.
		Pardos.	Noirs.		Pardos.	Noirs.		
1800	3.323	1.087	1.243	2.330	92	1.766	1.858	7.511
1810	11.690	2.477	6.732	9.209	605	6.915	7.520	28.419
Accroissement.	8.367	1.390	5.489	6.879	513	5.149	5.762	20.908

Accroissement des blancs................. 251 ⎫
            des affranchis.............. 295 ⎬ pour cent.
            des esclaves............... 310 ⎪
            des trois classes........... 278 ⎭

Nous venons de voir que la population a plus que doublé en vingt ans, de 1791 à 1810 : dans ce même intervalle de temps, la population de New-York, la cité la plus populeuse des Etats-Unis, s'est élevée de 33,200 à 96,400 : elle est aujourd'hui de 140,000 ; par conséquent un peu supérieure à celle de la Havane, et presque égale à la population de Lyon. La ville de Mexico, qui, en 1820, comptoit 170,000 habitans, me paroît conserver le premier rang entre les villes du Nouveau-Continent. C'est peut-être un bonheur pour les états libres de cette partie du monde que l'Amérique ne compte encore que six villes : Mexico, New-York, Philadelphie, la Havane, Rio-Janeiro et Bahia qui atteignent la population de 100,000 âmes. A Rio-Janeiro, il y a, sur 135,000 habitans, 105,000 noirs : à la Havane, les blancs forment $\frac{2}{5}$ de la population entière. On trouve dans cette dernière ville cette même prépondérance des femmes que l'on remarque dans les villes principales des Etats-Unis et du Mexique [1].

[1] Les dénombremens de Boston, New-York, Philadelphie, Baltimore, Charleston et New-Orléans donnent, pour le rapport des femmes aux hommes, 109 :

CHAPITRE XXVIII.

La grande accumulation d'étrangers non acclimatés dans une ville étroite et populeuse

100; à Mexico, on a trouvé 92,838 femmes et 76,008 hommes, ce qui donne un rapport plus étrange encore, celui de 122 : 100. J'ai déjà traité cet objet dans un autre endroit (*Essai politique*, Liv. II, Chap. VII, Tom. I, p. 141), où j'ai fait remarquer en même temps qu'en embrassant sous un même point de vue l'ensemble de population des villages et des cités, on trouve qu'au Mexique et aux États-Unis le nombre des hommes vivans excède celui des femmes, tandis que le rapport inverse a lieu dans toute l'Europe. Le nombre des hommes vivans aux États-Unis (dans le pays entier) est au nombre des femmes vivantes comme 100 : 97. Après avoir rectifié le census de 1820, publié officiellement, mais dans lequel les sommes partielles sont peu exactes, on trouve qu'il existoit dans le vaste territoire des États-Unis de la race des blancs 3,993,206 mâles et 3,864,017 femelles; total, 7,857,223. Au contraire, il y avoit, en 1821, dans la Grande-Bretagne, 7,137,014 mâles et 7,254,613 femelles; en 1801, en Portugal, 1,478,900 mâles et 1,512,030 femelles; en 1818, dans le royaume de Naples, 2,432,431 mâles et 2,574,452 femelles; en 1805, en Suède, 1,599,487 mâles et 1,721,160 femelles ; en 1815, à Java, 2,268,180 mâles et 2,347,090 femelles. En Suède, le rapport des femmes vivantes aux hommes paroît être 100 : 94; dans le royaume de Naples, 100 : 95; en augmente sans doute la mortalité ; cependant les effets de la fièvre jaune se font sentir beaucoup moins dans la balance totale entre les naissances et les décès qu'on le croit vulgairement. Lorsque le nombre des nègres importés n'est pas très-considérable et que l'activité du commerce n'attire pas à la fois beaucoup de marins non acclimatés, soit d'Europe, soit des États-Unis, les naissances égalent presque les décès[1]. Voici des tableaux de cinq années pour la cité de la Havane et les faubourgs (*barrios extramurales*) :

France, en Portugal et à Java, 100 : 97; en Angleterre et en Prusse, 100 : 99. Telle est l'influence des diverses occupations et des mœurs sur la mortalité des hommes !

[1] Voyez la *Guia de Forasteros de la Isla de Cuba para* 1815, p. 245; *para* 1825, p. 363, almanach statistique beaucoup mieux rédigé que la plupart de ceux qui paroissent en Europe. On a vacciné, en 1814, à la Havane, 5696 personnes; en 1824, près de 8100.

ANNÉES.	MARIAGES.	NAISSANCES.	DÉCÈS.
1813	386	3525	2948
1814	390	3470	3622
1820	525	4495	4833
1821	549	4326	4466
1824	397	3566	3697

Ce tableau, qui offre une fluctuation extrême à cause de l'accumulation très-inégale des étrangers, donne, terme moyen, en évaluant la population totale de la Havane et des faubourgs à 130,000, le rapport des naissances à la population de 1 : 33,5; le rapport des décès à la population de 1 : 33,2. D'après les derniers travaux très-exacts faits sur la population de la France, ces rapports sont, pour la France entière, comme $31\frac{2}{5}$: 1 et $39\frac{2}{5}$: 1; pour Paris, de 1819 à 1823, comme 1 : 28 et 1 : 31,6.

Les circonstances, qui modifient ces élémens numériques dans les grandes villes, sont si compliquées et d'une nature si variable, qu'on ne peut guère juger du nombre des habitans par celui des naissances et des décès. En 1806, époque à laquelle la population du Mexico étoit peu supérieure à 150,000, le nombre des décès et des naissances étoit, dans cette ville, de 5166 et de 6155, lorsqu'à la Havane, sur 130,000 habitans, ces nombres sont, terme moyen, de 3900 et de 3880. Dans cette dernière ville, il y a deux hôpitaux dans lesquels le nombre des malades est très-considérable, l'hôpital général (*de Caridad* ou de *San Felipe y Santiago* et l'hôpital militaire de *San Ambrosio*) [1].

[1] Sur la mortalité moyenne des hôpitaux à la Vera-Cruz et à Paris, voyez mon *Essai politique*, Tom. II, p. 777 et 784.

CHAPITRE XXVIII.

MOUVEMENT ANNUEL.	HÔPITAL MILITAIRE DE SAN AMBROSIO.			HÔPITAL GÉNÉRAL DE SAN FELIPE Y SANTIAGO.		
	1814.	1821.	1824.	1814.	1821.	1824.
Restés dans les lits depuis l'année antérieure..	226	307	264	153	251	127
Entrés dans le courant de l'année.........	4352	4829	4160	1484	2596	2196
Somme........	4578	5136	4424	1637	2847	2323
Décès............	164	225	194	283	743	533
Sortis guéris....	4208	4623	3966	1224	1948	1651
Restés malades dans les lits...........	206	283	264	130	156	139

Dans *l'hôpital général*, il a péri, année moyenne, plus de 24 pour cent; dans l'hôpital militaire, à peine 4 pour cent. Il seroit injuste d'attribuer cette énorme différence aux méthodes curatives qu'emploient les religieux de San Juan de Dios qui gouvernent le premier de ces établissemens. Il entre sans doute plus de malades attaqués de *vomito* ou de fièvre jaune dans l'hôpital de San Ambrosio, mais la majeure partie des infirmes ont des maladies peu graves, même insignifiantes. L'hôpital général, au contraire, reçoit les vieillards, les incurables, les nègres qui n'ont que peu de mois à vivre, et dont les planteurs ou maîtres (*los amos*) veulent se défaire pour n'avoir plus besoin de les soigner. On peut admettre en général que, par les améliorations de la police, on a amélioré aussi l'état sanitaire de la Havane : mais les effets de ces changemens ne peuvent se manifester avantageusement que parmi les natifs. Les étrangers qui viennent du nord de l'Europe et de l'Amérique souffrent de l'influence générale du climat; ils continueroient d'en souffrir, lors même que la propreté des rues seroit aussi soignée qu'on pourroit le désirer. L'influence du littoral est telle qu'on voit des habitans de l'île, vivant dans l'intérieur, loin des côtes, être attaqués du *vomito* dès qu'ils arrivent à la Havane. Les marchés de la ville sont bien approvisionnés. On a évalué avec soin, en 1819, le prix des denrées et des comestibles, que 2000 bêtes de charge portent journellement aux marchés de la Havane, et l'on a trouvé que la consommation en viandes, maïs, manioc, légumes, eaux-de-vie, lait, œufs, fourrage et tabac à fumer, s'élève par an à 4,480,000 piastres.

Nous employâmes les mois de décembre, de janvier et de février à faire des observations dans les environs de la Havane et dans les belles plaines des Guines. Nous trouvâmes, dans la famille de M. Cuesta, qui formoit alors avec M. Santa Maria une des plus grandes maisons de commerce de l'Amérique, et, dans la maison de M. le comte O-Reilly, les soins de la plus noble hospitalité. Nous logeâmes chez le premier, et nous plaçâmes nos collections et nos instrumens dans le vaste hôtel du comte O-Reilly, dont les terrasses favorisoient surtout les observations astronomiques. La longitude de la Havane étoit, à cette époque incertaine à plus de ⅓ de degré[1]. M. Espinosa, le savant directeur du *Deposito hydrographico* de Madrid, s'arrêtoit, dans un tableau de positions qu'il me communiquoit en partant de Madrid, à $5^h\ 38'\ 11''$: M. de Churruca faisoit le Morro $5^h\ 39'\ 1''$. J'eus le plaisir de rencontrer à la Havane un des plus habiles officiers de la marine espagnole, le capitaine de vaisseau Don Dionisio Galiano, qui avoit relevé les côtes du détroit de Magellan. Nous observâmes ensemble une série d'éclipses de Satellites de Jupiter, dont le résultat moyen donnoit $5^h\ 38'\ 50''$. M. Oltmanns déduisit, en 1805, de l'ensemble des observations, que je rapportai, pour le Morro, $5^h\ 38'\ 52'',5 = 84°\ 43'\ 7'',5$ à l'occident du méridien de Paris. Cette longitude a été confirmée par 15 occultations d'étoiles observées

---

[1] *Humboldt, Rec. d'Obs. astr.*, Tom. II, p. 53, 80. J'ai fixé aussi, par des observations directes, plusieurs positions dans l'intérieur de l'île. (Rio blanco, plantation du comte Jaruco y Mopox; l'Almirante, plantation de la comtesse de Buenavista; San Antonio de Beitia; le village de Managua; San Antonio de Bareto, et le Fondadero, près de la ville de San Antonio de los Baños). *L. c.*, p. 58-67.

CHAPITRE XXVIII.

de 1809 à 1811, et calculées par M. Ferrer [1] : cet excellent observateur donne, pour résultat définitif, $5^h\,38'\,50'',9$. Quant à l'inclinaison magnétique, je la trouvai, par la boussole de Borda (déc. 1800), 53° 22′ de l'ancienne division sexagésimale : vingt-deux ans plus tard, cette inclinaison n'étoit plus, d'après les observations très-précises du capitaine Sabine, faites dans son mémorable voyage aux côtes d'Afrique, d'Amérique et du Spitzbergen, que 51° 55′; elle a donc diminué de 1° 27′. Plus à l'est, mais aussi dans l'hémisphère boréal, à Paris [2], la diminution avoit été, en dix-neuf ans (de 1798 à 1817), de 1° 11′. Mon aiguille d'inclinaison avoit fait, dans le méridien magnétique, à Paris (octobre 1796), en dix minutes de temps, 245 oscillations; j'avois vu décroître le nombre des oscillations, à mesure que je m'approchois de

---

[1] *Conn. des Temps pour* 1817, p. 336.

[2] J'avois trouvé, à Paris, en 1798, conjointement avec le chevalier de Borda, en changeant plusieurs fois les pôles, 69° 51′: M. Gay-Lussac obtint, en 1806, incl. 69° 12′; M. Arago, en 1817, incl. 68° 40′: en 1824, incl. 68° 7′. Toutes ces expériences ont été faites avec des instrumens de la même construction.

l'équateur magnétique. A San Carlos del Rio Negro (lat. bor. 1° 53′ 42″), ce nombre [1] n'étoit plus que de 216. J'avois entrevu dès-lors la diminution de l'intensité des forces magnétiques du pôle à l'équateur. Ma surprise étoit d'autant plus grande, lorsque des observations souvent répétées me donnoient, pour la Havane, 246 oscillations, ce qui prouvoit que l'intensité des forces étoit plus grande dans l'hémisphère occidental par 23° 8′ de latitude, qu'à Paris par 48° 50′. J'ai déjà exposé ailleurs que les *lignes isodynamiques* ne peuvent aucunement se confondre avec les *lignes d'égale inclinaison magnétique*, et le capitaine Sabine [2] vient de confirmer, par des observa-

[1] *Relat. hist.*, Tom. VIII, p. 27, 28, 346 et 547. Ces résultats ont besoin d'une correction relative aux températures.

[2] Sabine, *Account of Exper. to determine the figure of the earth by Pendulum Experiments*, 1825, p. 483, 494. L'intensité des forces magnétiques est plus foible sous l'équateur magnétique, près des côtes occidentales d'Afrique, que près des côtes occidentales de l'Amérique méridionale. J'ai obtenu, pour le décroissement des forces, depuis l'équateur magnétique qui passe entre Micuipampa et Caxamarca (à peu près par lat. 7° 1′

CHAPITRE XXVIII.

tions sans doute plus précises que les miennes, l'accroissement rapide des forces dans l'Amérique équinoxiale. Cet habile physicien trouve l'intensité des forces, à la Havane et à Londres, dans le rapport de 1,72 : 1,62 (en nommant 1 la force sous l'équateur magnétique près de l'île Saint-Thomas, dans le golfe de Guinée). Telle est la position du pôle magnétique boréal (lat. 60°, long. 82° 20' ouest) que la distance polaire de la Havane est plus petite que les distances polaires de Londres et de Paris. J'ai trouvé (le 4 janvier 1801) la déclinaison magnétique à la Havane, de 6° 22' 15" à l'est. Harris la donna de 4° 40' pour 1732. Comment admettre qu'elle ne change

sud, long. 80° 40', haut. 1500 toises), jusqu'à Paris, le rapport de 1,0000 : 1,3482. M. Sabine trouve le décroissement, depuis un point de l'équateur magnétique, près Saint-Thomas (lat. 0° 5" nord, long. 4° 24' est, hauteur 3 t.), jusqu'à Londres, dans le rapport de 1,00 : 1,62. Déjà MM. Biot et Hansteen avoient remarqué, en comparant mes expériences d'oscillations à celles de M. de Rossel, que, dans le méridien de Surabaya, à l'île de Java, la force magnétique étoit moins grande qu'au Pérou. (*Untersuchungen über den Magnetismus der Erde*, Th. I, 70.)

pas à la Jamaïque si elle a subi tant de variations à l'île de Cuba?

Etendue, division territoriale, climat. — Comme l'île de Cuba est entourée de bas-fonds et de récifs, sur plus de deux tiers de sa longueur, et comme la navigation ne se fait qu'au-dehors de ces *dangers*, la véritable configuration de l'île est restée pendant long-temps inconnue. On a exagéré surtout sa largeur entre la Havane et le port de Batabano; et ce n'est que depuis l'époque où le *Deposito hidrografico de Madrid*, le plus bel établissement de ce genre qu'offre l'Europe, a publié les travaux du capitaine de frégate, Don José del Rio, et du lieutenant de vaisseau, Don Ventura de Barcaiztegui, qu'on a pu calculer avec quelque précision l'*area* de l'île de Cuba. La forme de l'île des Pinos et les côtes méridionales entre Puerto Casilda et Cabo Cruz (derrière les *Cayos de las doce leguas*) ont pris un aspect très-différent sur nos cartes. M. de Lindeneau [1] avoit trouvé, d'après les travaux que le *Deposito* avoit publiés jusqu'en 1807, la surface de l'île de Cuba, sans les îlots voisins,

---

[1] Zach, *Monatl Corresp.*, Dec. 1807, p. 312.

de 2255 lieues géographiques carrés (de 15 au degré); avec les îlots qui l'entourent, de 2318 lieues carrées géographiques. Ce dernier résultat équivaut à 4102 lieues marines carrées (de 20 au degré). M. Ferrer, d'après des matériaux un peu différens, s'arrêtoit à 3848 lieues carrées marines [1]. Pour présenter dans cet ouvrage le résultat le plus exact qu'on peut obtenir dans l'état actuel de nos connoissances astronomiques, j'ai engagé M. Bauza, qui m'honore de son amitié, et dont le nom est illustré par de grands et solides travaux, de calculer l'*area* d'après la carte de l'île de Cuba, en 4 feuilles, qu'il va bientôt terminer. Ce savant géographe a bien voulu céder à ma prière; *il a trouvé* (en juin 1825) *la surface de l'île de Cuba, sans l'île des Pinos, de* 3520 *lieues marines carrées*, avec cette île, de 3615. Il résulte de ce calcul, qui a été répété deux fois, que l'île de Cuba est de $\frac{1}{7}$ plus petite qu'on l'avoit cru jusqu'ici; qu'elle est de $\frac{55}{100}$ plus grande que Haïti ou Saint-Domingue; que sa surface atteint celle du Portugal, et, à $\frac{1}{8}$ près, celle de l'Angleterre, sans le pays de Galles;

---

[1] *Notes manuscrites.*

que, si tout l'archipel des Antilles présente une *area* grande comme la moitié de l'Espagne, l'île de Cuba seule égale presque en surface les autres Grandes et Petites Antilles. Sa plus grande longueur, depuis le cap Saint-Antoine jusqu'à la Pointe Maysi (dans une direction de OSO.-ENE. et puis ONO.-ESE.), est de 227 lieues [1]; sa plus grande largeur (dans la direction N-S.), de la Pointe Maternillo à l'embouchure de la Magdalena, près du Pic Tarquino, est de 37 lieues. La largeur moyenne de l'île, sur $\frac{4}{5}$ de sa longueur, entre la Havane et Puerto Principe, est de 15 lieues. Dans la partie la mieux cultivée, entre la Havane (lat. du centre de la ville 23° 8′ 35″) et le Batabano (lat. 22° 43′ 24″), l'isthme n'est que de 8 $\frac{1}{3}$ lieues marines. Nous verrons bientôt que cette proximité des côtes septentrionales et méridionales rend le port de Batabano très-important sous le rapport du commerce et de la défense militaire. Parmi toutes les grandes îles du globe, c'est celle de Java qui, par sa forme et son area (4170 lieues carrées) ressemble le plus à l'île de Cuba. Cette dernière offre un pourtour

[1] Toujours en lieues marines de 2854 toises ou 20 au degré, si le contraire n'est pas dit expressément.

de côtes de 520 lieues, dont 280 appartiennent au littoral du sud, entre le cap Saint-Antoine et la Pointe Maysi.

Dans le calcul de *l'area*, Don Felipe Bauza suppose la longitude du cap Saint-Antoine 87° 17′ 22″; le Morro de la Havane, 84° 42′ 20″; le Batabano, 84° 46′ 23″, et la Punta Maysi (en plaçant Porto-Rico, avec Don José Sanchez Cerquero, par 68° 28′ 29″), 76° 26′ 28″. Les deux premières de ces longitudes sont à 3″ ou 4″ en temps près conformes à mes observations (*Obs. astr.*, Tom. I, p. 9, et plus haut, p. 216 et 217). Les opérations géodésiques de Don Francisco Le Maur, habile ingénieur, qui a commandé récemment au château de San Juan d'Ulua, m'avoient donné, en les appuyant à la Havane (hôtel du comte d'O-Reilly) pour le Batabano, 84° 45′ 56″. M. Ferrer adopte, pour le cap Maysi, 76° 30′ 25″, quoiqu'il persiste aussi à placer Porto-Rico par 68° 28′ 3″ (*Con. des Temps*, 1817, p. 323). Je n'insisterai pas ici sur cette longitude de Porto-Rico qui a déjà fait naître de si vives discussions, et pour laquelle trois observations correspondantes de l'occultation d'Aldebaran (21 oct. 1793) ont donné, à

M. Oltmanns, 68° 35′ 43″,5, et l'ensemble des observations d'occultations, de distances et de transport du temps, 68° 33′ 30″ (*Obs. astr.*, Tom. II, p. 125 et 139). D'anciens calculs un peu vagues donnoient à l'île de Cuba soit 6764 *leguas planas ò legales españolas* (de 5000 varas ou de $26\frac{1}{6}$ au degré), égales à 906,458 *caballerias* (de 432 vares carrées ou 35 acres anglois) d'après le *Patriota Amer.*, 1812, Tom. II, p. 292, et les *Docum. sobre el trafico de Negros*, 1814, p. 136, soit 52,000 milles anglois carrés (à 640 *acres* ou $\frac{1}{11,97}$ lieues marines carrées). *Melish, Geogr.*, p. 444. *Morse, New-System of Mod. Geogr.*, p. 238. Pour faire mieux juger le rapport de la puissance territoriale de l'île de Cuba avec le reste de l'archipel des Antilles, j'offre le tableau suivant :

ILES.	SURFACE en lieues marines carrées.	POPULATION totale.	POPULATION par lieue carrée.
Cuba, d'après M. Bauza.	3615	715,000	197
Haïti, d'après M. de Lindenau.............	2450	820,000	334
Jamaïque............	460	402,000	874
Porto-Rico............	322	225,000	691
Grandes Antilles.........	6847	2,147,000	313
Petites Antilles...........	940	696,000	740
Archipel des Antilles.....	7787	2,843,000	365

L'île de Cuba, dans plus de $\frac{4}{5}$ de son étendue, n'offre que des terrains très-bas. C'est un sol couvert de formations secondaires et tertiaires, à travers lesquelles ont percé quelques roches de granite-gneis, de syénite et d'euphotide. On ne possède jusqu'à ce jour pas plus de notions exactes sur la configuration géognostique du pays que sur l'âge relatif et la nature des terrains qui le composent. On sait seulement que le groupe de montagnes le plus élevé se trouve à l'extrémité sud-est de l'île, entre Cabo-Cruz, Punta Maysi et

Holguin. Cette partie montagneuse, appelée la *Sierra* ou *las Montañas del Cobre*, située au nord-ouest de la ville de Santiago de Cuba, paroît avoir plus de 1200 toises [1] d'élévation absolue. D'après cette supposition, les sommets de la *Sierra* domineroient et ceux des Montagnes Bleues de la Jamaïque, et les pics de la Selle et de la Hotte de l'île Saint-Domingue. La *Sierra de Tarquino* [2], cinquante milles à l'ouest de la ville de Cuba, appartient au même groupe que les *Montagnes de Cuivre*. De l'ESE. à l'ONO., l'île est parcourue par une chaîne de collines qui s'approche entre les méridiens de la Ciudad de Puerto Principe et de Villa Clara, de la côte méridionale;

---

[1] Les *Montañas del Cobre* sont-elles visibles, comme le prétendent quelques pilotes, des côtes même de la Jamaïque, ou, ce qui est plus probable, seulement de la pente septentrionale des Montagnes Bleues? Dans le premier cas, leur hauteur excéderoit 1600 toises, en supposant une réfraction de $\frac{1}{12}$. Il est certain que les montagnes de la Jamaïque s'aperçoivent du sommet des *Cuchillas* ou *Lomas* de Tarquino. (*Patriota americano*, Tom. II, p. 282.)

[2] Latitude 19° 52′ 57″; long. 79° 11′ 45″, d'après M. Ferrer.

tandis que, plus à l'ouest, vers Alvarez et Matanzas, dans les *Sierras de Gavilan*, *Camarioca* et de *Maruques*, elles se dirigent vers les côtes septentrionales. En allant de l'embouchure du Rio Guaurabo à la Villa de la Trinidad, j'ai vu, au NO., les *Lomas de San Juan* [1] qui forment des aiguilles ou cornes de plus de 300 toises de hauteur [2], et dont les escarpemens sont assez régulièrement dirigés vers le sud. Ce groupe calcaire se présente encore d'une manière imposante lorsque l'on est à l'ancre près du Cayo de Piedras. Les côtes de Xagua et de Batabano sont très-basses, et je crois qu'en général il n'existe, à l'ouest du méridien de Matanzas, à l'exception du Pan de Guaixabon, aucune colline de plus de 200 toises de hauteur. Dans l'intérieur de l'île, le sol, doucement ondulé comme en Angleterre, n'est élevé que de 45 à 60 toises au-dessus de la surface de l'Océan [3]. Les objets les plus

[1] Lat. 21° 58'; long. 82° 40'.

[2] Cette évaluation se fonde sur des angles de hauteur que j'ai pris sur mer à des distances connues approximativement.

[1] Le village d'Ubajay, situé à 15 milles marines de

visibles de loin et les plus célèbres parmi les navigateurs sont le *Pan de Matanzas* [1], cône tronqué qui a la forme d'un petit monument; les *Arcos de Cañasi* qui se présentent entre Puerto Escondido et Jaruco comme de petits segmens de cercle, la *Mesa de Mariel* [2], les *Tetas de Managua* [3] et le *Pan de Guaixa-*

distance de la Havane, S. 25° O., à la hauteur absolue de 38 toises : la ligne de faîte du Bejucal à la Taverna del Reya, 48 toises.

[1] Haut. 197 toises. Lat. 23° 1' 55"; long. 84° 3' 36", en supposant le Morro de la Havane, avec M. Oltmanns, long. 84° 43' 8". J'ai trouvé, à la voile, les Arcos de Cañasi élevés de 115 toises.

[2] Milieu de Guanajay, dans la Mesa, lat. 22° 57' 24"; long. 85° 0' 20". Torreon del Mariel, 85° 3' 14".

[1] La position astronomique des deux collines calcaires appelées les Tetas de Managua et situées E.-O., est d'une grande importance pour l'attérage de la Havane. J'ai observé les latitudes, non au pied de la Teta orientale, mais au village de Managua et à San Antonio de Barreto, et j'ai lié la *Teta oriental* avec ces deux endroits. Je trouve la *Teta oriental de Managua*, lat. 22° 58' 48". M. Ferrer donne 22° 58' 19"; long. 84° 40' 19", tandis que le capitaine Don Jose del Rio s'arrête à 84° 37'. La longitude de M. Ferrer me paroît préférable; dans la copie françoise de la Carte de Rio,

bon [1]. Ce niveau décroissant des formations calcaires de l'île de Cuba vers le nord et vers l'ouest, indique les liaisons sous-marines des mêmes roches avec les terrains également bas des îles Bahame, de la Floride et du Yucatan.

La culture intellectuelle et l'instruction ayant été long-temps restreintes à la Havane et aux districts circonvoisins, il ne faut pas être surpris de l'ignorance profonde dans laquelle on se trouve sur la Géognosie des *Montañas del Cobre*. Un voyageur, élève de M. Proust et très-versé dans les sciences chimiques et minéralogiques, Don Francisco Ramirez, m'a dit que la partie ouest de l'île est granitique, et qu'il y a reconnu du gneis et du schiste primitif. C'est probablement de ces formations granitiques que sont venues les

---

on a placé les Tetas 84° 34′! Les opérations trigonométriques de Francisco Le Maur leur assignent 84° 39′ 52″. M. Silva trouve diff. de lat. entre le Mirador du Marquès del Real Socorro, à la Havane, et la Teta orientale de Managua, 8666,85 toises.

[1] Lat. 22° 47′ 31″; long. 85° 44′ 37″; haut. 390 toises. Plus à l'ouest se trouvent, sur la côte septentrionale, la Sierra de los Organos et du Rosaio; au sud, celle du Rio Puerco.

alluvions de *sables orifères* que l'on a exploités avec ardeur [1] au commencement de la con-

[1] A *Cubanacan*, c'est-à-dire dans l'intérieur de l'île, près de Jagua et de la Trinidad, où les sables orifères ont été transportés par les eaux jusque dans le terrain calcaire. (Manuscrits de Don Félix de Arrate, de 1750, et de Don Antonio Lopez, 1802.) Martyr d'Anghiera, le plus spirituel des auteurs de la *conquête*, dit (*Dec.* III, *Lib.* IX, p. 24 D. et p. 63 D., *éd.* 1533) : « Cuba est « plus riche en or que Hispaniola (Haïti); et, à l'heure « où j'écris, on a réuni à Cuba 180,000 castillanos de « oro. » Si cette évaluation n'étoit pas exagérée, comme je suis très-porté à le croire, elle prouveroit un produit d'exploitation et de vols faits aux natifs de 3600 marcs d'or. Herera évalue le *quinto del Rey*, dans l'île de Cuba, à 6000 pesos, ce qui indiqueroit un produit annuel de 2000 marcs d'or, à 22 carats, et par conséquent plus pur que l'or du Cibao de Saint-Domingue. (*Voyez*, sur la valeur des *castellanos de oro* et du *peso ensayado* du xvie siècle, mon *Essai pol.*, Tom. II, p. 648.) En 1804, toutes les mines du Mexique produisoit 7000 marcs d'or; celles du Pérou, 3400. Il est difficile de distinguer, dans ces calculs sur l'or envoyé en Espagne par les premiers *Conquistadores*, ce qui est dû au lavage et ce qui existoit accumulé depuis des siècles entre les mains des indigènes que l'on pilloit à volonté. En supposant dans les deux îles de Cuba et de Haïti (dans le Cubanacan et le Cibao) le

quête, au plus grand malheur des indigènes :
on en trouve encore des traces dans les rivières

produit du lavage de 3000 marcs d'or, on trouve une
quantité trois fois plus petite que l'or fourni annuellement (de 1790-1805) par la petite province du Choco.
Cette supposition d'une ancienne richesse n'a rien d'invraisemblable; et si l'on est surpris de la pauvreté des
lavages d'or tentés de nos jours à Cuba et à Saint-Domingue, là même où l'on retiroit jadis des quantités
considérables, il faut se rappeler qu'au Brésil aussi le
produit des lavages d'or est déchu, de 1760 à 1820,
de 6600 kilogrammes d'or à moins de 595. (*Relat. hist.*,
Tom. X, p. 317 et suiv.) Des pépites d'or d'un poids de
plusieurs livres, trouvés de nos jours dans la Floride et
dans les deux Carolines, prouvent la primitive richesse
de tout le bassin des Antilles, depuis l'île de Cuba jusqu'aux Monts Apallaches. Il est d'ailleurs tout naturel
qu'on voie diminuer avec une plus grande rapidité le
produit des lavages d'or que le produit d'une exploitation souterraine sur des filons. Sans doute les métaux
ne renaissent de nos jours pas plus dans les fentes des
filons (par sublimation) qu'ils s'accumulent, dans des
terrains d'alluvion, par le cours des rivières là où les
plateaux sont plus élevés que le niveau des eaux courantes circonvoisines. Mais, dans des roches à filons
métallifères, le mineur ne connoît pas à la fois tout le
champ à exploiter. Il a la chance d'*alonger* des travaux,
de les approfondir et de traverser d'autres *filons accompagnans*. Les terrains d'alluvion n'ont généralement

d'Holguin et d'Escambray, connues en général dans les environs de Villa-Clara, de Santo Espiritu, de Puerto del Principe, de Bayamo et de la Bahia de Nipe. Peut-être l'abondance de cuivre dont parlent les *Conquistadores* du XVIe siècle [1], à une époque où les Espagnols étoient plus attentifs aux productions naturelles de l'Amérique que dans les siècles postérieurs, est-elle due à des formations de

qu'une petite épaisseur dans laquelle ils sont orifères; ils reposent le plus souvent sur des roches entièrement stériles. Leur position superficielle et leur uniformité de composition facilitent la connoissance de leurs limités, et accélèrent, partout où l'on peut réunir beaucoup d'ouvriers, et où les eaux de lavage abondent, l'épuisement total du gîte orifère. Je pense que ces considérations, puisées dans l'histoire de la *conquête* et dans la science de l'art du mineur, peuvent jeter quelque jour sur le problème des richesses métalliques d'Haïti, que l'on agite aujourd'hui. Dans cette île, comme au Brésil, il sera plus profitable de tenter des exploitations souterraines (sur des filons), dans des terrains primitifs et intermédiaires, que de reprendre des lavages abandonnés dans des siècles de barbarie, de rapine et de carnage.

[1] *Hay buen cobre in Cuba* (dans la partie orientale que l'on visitoit alors.) *Gomara, Hist. de India, fol.* xxvii.

schiste amphibolique, à des thonschiefer de transition mêlés de diorite et à ces euphotides dont j'ai trouvé les analogues dans les montagnes de Guanabacoa?

La partie centrale et occidentale de l'île renferme deux *formations de calcaire compacte, une de grès argileux et une autre de gypse*. La première de ces formations offre (je ne dirai pas par son gisement ou sa superposition qui me sont inconnus, mais par son aspect et sa composition) quelque ressemblance avec la formation du Jura. Elle est blanche ou d'un jaune d'ocre clair, d'une cassure matte, tantôt conchoïde, tantôt unie; elle est divisée en couches assez minces, présentant quelques rognons souvent creux de silex pyromaque (Rio Canimar, deux lieues à l'est de Matanzas) et des pétrifications de pecten, de cardites, de térébatules et de madrépores [1], moins dispersées dans la masse que réunies dans des bancs particuliers. Je n'ai pas trouvé de couches oolitiques, mais bien des couches poreuses presque bulleuses entre le Potrero del Conde

[1] Je n'y ai vu ni les gryphites, ni les ammonites du calcaire jurassique, ni les nummulites et cérites du calcaire grossier.

de Mopox et le port de Batabano, semblables aux couches spongieuses, qu'offre le calcaire jurassique en Franconie, près de Dondorf, Pegnitz et Tumbach. Des strates caverneux jaunâtres ayant des cavités de 3-4 pouces de diamètre alternent avec des strates entièrement compactes [1] et plus pauvres en pétrifications. La chaîne de collines qui borde la plaine des Guines vers le nord, et qui se lie aux Lomas de Camoa et aux Tetas de Managua appartient à cette dernière variété, qui est blanc-rougeâtre et presque *lithographique*, comme le calcaire jurassique de Papenheim. Les couches compactes et caverneuses renferment des nids de fer brun ocracé : peut-être la *terre rouge* (*tierra colorada*), si recherchée par les *planteurs* (*haciendados*) de café, n'est-elle due qu'à la décomposition de quelques couches superficielles de fer oxidé, mêlé de silice et d'argile, ou à un grès marneux rougeâtre [2]

[1] Comme la partie occidentale de l'île manque de ravins profonds, on reconnoît cette alternance en voyageant de la Havane à Batabano, les couches les plus profondes (inclinées de 30° à 40° au NE.) venant au jour à mesure qu'on avance.

[2] Grès et sable ferrugineux; *Iron-sand?*

superposé au calcaire. Toute cette formation, que je désignerai sous le nom de *Calcaire des Guines*, pour la distinguer d'une autre beaucoup plus récente, forme, près de la Trinidad, dans les *Lomas de S. Juan*, des pics escarpés qui rappellent les montagnes du *Calcaire de Caripe* dans les environs de Cumana[1]. Elle renferme aussi de grandes cavernes, près de Matanzas et de Jaruco. Je n'ai pas appris qu'on y ait jamais trouvé des ossemens fossiles. Cette fréquence de cavernes dans lesquelles s'accumulent les eaux pluviales et disparoissent de petites rivières, cause quelquefois des éboulemens[2]. Je crois que le gypse de l'île de Cuba appartient, non au terrain tertiaire, mais au terrain secondaire : on l'exploite dans plusieurs endroits à l'est de Matanzas, à San Antonio de los Baños où il renferme du soufre, et dans les Cayos, vis-à-vis de San Juan de los Remedios. Il ne faut pas confondre avec ce *Calcaire* (jurassique?) *des Guines*, tantôt poreux, tantôt compactes,

---

[1] *Relat. hist.*, Tom. X, p. 286 et 287.

[2] Par exemple, la ruine des moulins à tabac de l'ancienne ferme royale.

une autre formation si récente qu'on peut croire qu'elle augmente encore de nos jours. Je veux parler de ces *aglomérats calcaires* que j'ai vus dans les *cayes* ou îlots qui bordent la côte entre le Batabano et la baie de Xagua, principalement au sud de la Cienega de Zapata, à Cayo buenito, Cayo Flamenco et Cayo de Piedras. La sonde prouve que ce sont des rochers qui s'élèvent brusquement sur un fond de 20 à 30 brasses. Les uns se trouvent à fleur d'eau, d'autres surmontent la surface de la mer de $\frac{1}{4}$ ou $\frac{1}{5}$ de toise. Des fragmens anguleux de madrépores et de cellulaires de 2-3 pouces cubes s'y trouvent cimentés par des grains de sables quarzeux. Toutes les inégalités de ces rochers sont recouvertes d'un terrain de rapport dans lequel, à la loupe, nous ne distinguâmes que le *détritus* de coquilles et de coraux. Cette formation tertiaire appartient sans doute à celles des côtes de Cumana, de Carthagène des Indes et de la Grande Terre de la Guadeloupe dont j'ai parlé dans mon Tableau géognostique de l'Amérique méridionale [1]. C'est la *formation des îles à coraux*

[1] *Voyez* Tom. X, p. 232 et suiv.) M. Moreau de Jonnès distingue aussi très-bien dans son *Histoire physique des*

CHAPITRE XXVIII. 233

de la Mer du Sud sur laquelle MM. de Chamisso et Guaimard ont répandu récemment beaucoup de jour. Lorsque, assis près de la Havane, au pied du Castillo de la Punta, sur des bancs de rochers caverneux [1], et tapissés

Antilles françoises (Tom. I, p. 136, 138 et 543) entre la *Roche à Ravets* de la Martinique et d'Haïti, qui est poreuse, remplie de térébratulites, d'anomies et autres débris de coquilles pélagiques assez analogues au *Calcaire des Guines* de l'île de Cuba et le sédiment calcaire pélagique qu'à la Guadeloupe on appelle *Platine* ou *Maçonne bon Dieu*. Dans les *Cayos* de l'île de Cuba ou *Jardinillos del Rey y de la Reyna*, toute la roche à coraux qui s'élève au-dessus de la surface de l'eau m'a paru fragmentaire, c'est-à-dire composée de blocs brisés. Il est probable cependant que, dans la profondeur, elle repose sur des masses de polypiers lithophytes encore vivans.

[1] La surface de ces bancs, noircie et excavée par les flots, offre des ramifications à choux-fleur, comme on les observe sur des courans de laves. Le changement de couleur produit par les eaux est-il dû au manganèse dont on reconnoît la présence par quelques dendrites? (Tom. VII, p. 24 et suiv.) La mer, en entrant dans les fentes du rocher et dans une caverne au pied du *Castillo del Morro*, y comprime l'air et le fait sortir avec un bruit extraordinaire. Ce bruit explique le phénomène des *baxos roncadores* (écueils ronfleurs), si connus

à la fois d'ulves verdoyantes et de polypiers en vie, l'on trouve enchâssés dans la texture de ces bancs d'énormes masses de madrépores et d'autres coraux lithophites, on est tenté d'abord d'admettre que toute cette roche calcaire, qui constitue la majeure partie de l'île de Cuba, est due à une opération non interrompue de la nature, à l'action de forces organiques productives et à des destructions partielles, à une action qui continue de nos jours dans le sein de l'Océan; mais cette apparence de la nouveauté des formations calcaires s'évanouit bientôt, lorsqu'on quitte le littoral ou que l'on se rappelle la série de *roches à coraux* que renferment les formations de différens âges, le muschelkalk, le calcaire du Jura et le calcaire grossier [1]. Ces mêmes rochers à coraux du Castillo de la Punta se retrou-

---

des navigateurs qui font la traversée de la Jamaïque à l'embouchure du Rio San Juan de Nicaragua ou à l'île de San Andrès.

[1] *Voyez*, sur les accumulations de coraux dans le calcaire grossier de Paris (calcaire à cérites et à nummulites), Brongniart, *Descr. géol. des env. de Paris*, p. 269. *Maraschini sulle format. del Vicentino*, p. 177.

vent dans les hautes montagnes de l'intérieur, accompagnées de pétrifications de coquilles bivalves très-différentes de celles qui habitent actuellement les côtes des Antilles. Sans vouloir assigner, avec certitude, dans le tableau des formations, une place déterminée au *Calcaire des Guines*, qui est celui du Castillo de la Punta, il ne me reste aucun doute sur l'ancienneté relative de cette roche par rapport à l'*aglomérat calcaire des Cayos*, situés au sud de Batabano et à l'est de l'île des Pinos. Le globe a subi de grandes révolutions entre les époques où ces deux *terrains* se sont formés, l'un renfermant les grandes cavernes de Matanzas, l'autre augmentant journellement par l'aglutination de fragmens de coraux et de sables quarzeux. Le dernier de ces terrains semble reposer au sud de l'île de Cuba, tantôt sur le calcaire (jurassique) des Guines, comme dans les Jardinillos, tantôt (vers le Cap Cruz) immédiatement sur des roches primitives [1]. Dans les Petites Antilles, les coraux ont même recouvert les produits volcaniques. Plusieurs

---

[1] J'ai déjà signalé cette *indifférence de superposition* au Tom. X, p. 301 et suiv.

des *Cayos* de l'île de Cuba renferment de l'eau douce; j'en ai trouvé de la très-bonne au milieu du *Cayo de Piedras* [1]. Lorsqu'on réfléchit sur l'extrême petitesse de ces îlots, on a de la peine à croire que les mares d'eau douce sont de l'eau de pluie non évaporée. Prouveroient-elles une communication sou-marine du calcaire de la côte avec le calcaire qui sert de base aux polypiers lithophites, et l'eau douce de Cuba seroit-elle soulevée par une pression hydrostatique à travers la roche à coraux des Cayos, comme elle l'est dans la baie de Xagua, où, au milieu de la mer, elle forme des sources fréquentées par les lamantins?

A l'est de la Havane, les formations secondaires sont percées d'une manière très-remarquable par des roches synéitiques et d'euphotide [2] réunies en groupe. Le fond méridional

---

[1] D'après mes observations: lat. 21° 56′ 40″; long. 83° 37′ 12″ (*Obs. astr.*, Tom. II, p. 111).

[2] On a publié, à la Havane (*Patriota Americano*, 1812, Tom. II, p. 29), une description succincte de ce groupe que j'avois rédigée en espagnol, en 1804, sous le titre de *Noticia mineralogica del Cerro de Guanabacoa communicada al Ex. Sr Marques de Someruelos, Capitan General de la Isla de Cuba.*

de la baie, de même que la partie septentrionale (les collines du Morro et de la Cabaña), sont de calcaire jurassique ; mais sur le bord oriental des deux Ensenadas de Regla et de Guanabacoa, tout le terrain est de *transition*. En allant du nord au sud, on y voit *au jour*, d'abord près de Marimelena, de la syénite composée de beaucoup d'amphibole, en partie décomposée, de peu de quarz et d'un feldspath blanc-rougeâtre rarement cristallisé. Cette belle syénite, dont les strates sont inclinés au nord-ouest, alternent deux fois avec de la serpentine. Les couches de serpentine intercalée ont trois toises d'épaisseur. Plus au sud, vers Regla et Guanabacoa, la syénite disparoît, et tout le sol est couvert de serpentine qui s'élève en collines de 30 à 40 toises de haut, dirigées de l'est à l'ouest. Cette roche est très-fendillée, extérieurement gris-bleuâtre, couverte de dendrites de manganèse, intérieurement vert de poireau et vert d'asperge, traversée par de petits filons d'asbeste. Elle renferme non du grenat ou de l'amphibole, mais du diallage métalloïde disséminé dans la masse. La serpentine a la cassure tantôt esquilleuse, tantôt conchoïde. C'étoit la première fois que je trouvai le diallage métalloïde sous les tropiques. Plusieurs blocs de serpentine ont des pôles magnétiques, d'autres sont d'une texture si homogène et d'un éclat si gras que de loin on seroit tenté de les prendre pour du *pechstein* (résinite). Il seroit à désirer qu'on employât ces belles masses dans les arts comme on fait en plusieurs parties de l'Allemagne. Lorsqu'on s'approche de Guanabacoa, on trouve la serpentine traversée de filons de 12-14 pouces d'épaisseur et remplis de quarz fibreux, d'améthyste et de superbes calcédoines mammelonnées et stalactiformes; peut-être y rencontrera-t-on aussi un jour de la chrysoprase. Au milieu de ces filons paroissent quelques pyrites cuivreuses qu'on dit accompagnées de cuivre gris argentifère. Je n'ai pas trouvé de trace de ce cuivre gris : il est probable que c'est le diallage métalloïde qui a donné aux Cerros de Guanabacoa la réputation de richesses en or et en argent qu'ils ont depuis des siècles. Le pétrole[1] suinte,

---

[1] Existe-t-il dans la baie de la Havane quelque autre source de pétrole que celle de Guanabacoa, ou doit-on admettre que la source de *betun liquido* qui servit à

dans quelques endroits, des fissures de la serpentine. Les sources d'eau y sont très-fréquentes, et contiennent un peu d'hydrogène Sébastien de Ocampo, en 1508, au calfatage de ses vaisseaux, soit tarie? C'est cependant cette source qui fixa l'attention d'Ocampo sur le port de la Havane lorsqu'il lui donna le nom de *Puerto de Carenas*. On assure qu'on trouva aussi, dans la partie orientale de l'île, des sources abondantes de pétrole (*mahantialis de betun y chapapote*) entre Holguin et Mayari et sur la côte de Santiago de Cuba. Récemment on a découvert, près de la Punta Icacos, un îlot (Siguapa) qui ne montre *au jour* que du bitume solide terreux. Cette masse rappelle l'asphalte de Valorbe dans le Calcaire du Jura. La formation de serpentine de Guanabacoa est-elle répétée près de Bahia Honda, dans le Cerro del Rubi? Les collines de Regla et de Guanabacoa offrent aux botanistes, au pied de quelques palmiers épars : Jatropha penduræfolia, J. integerrima Jacq., J. fragrans, Petiveria alliacea, Pisonia loranthoïdes, Lantana involucrata, Russelia sarmentosa, Ehretia havanensis, Cordia globosa, Convolvulus pinnatifidus, C. calycinus, Bignonia lepidota, Lagascea mollis Cav., Malpighia cubensis, Triopteris lucida, Zanthoxylum Pterota, Myrtus tuberculata, Mariscus havanensis, Andropogon avenaceus Schrad., Olyra latifolia, Chloris cruciata et un grand nombre de Banisteria, dont les fleurs dorées embellissent le paysage. (*Voyez* notre *Florula Cubæ Insulæ* dans les *Nov. Genera et Spec.*, Tom. VII, p. 467.)

sulfuré : elles déposent de l'oxide de fer. Les Baños de Bareto sont très-agréables, mais d'une température qui diffère peu de celle de l'atmosphère. La constitution géognostique de ce groupe de roches serpentineuses mérite, par son isolement même, par ses filons, par ses liaisons avec la syénite et son *soulèvement* à travers des formations coquillères, une attention particulière. Un feldspath à base de soude (feldspath compacte) forme, avec le diallage, l'euphotide et la serpentine; avec l'hyperstène, l'hypersténite; avec l'amphibole, la diorite; avec le pyroxène, la dolérite et le basalte; avec le grenat, l'éclogite [1]. Ces cinq roches, dispersées sur le globe entier, chargées de fer oxidulé et titané, ont probablement une origine semblable. Dans les euphotides, il est aisé de distinguer deux formations, l'une est dépourvue d'amphibole, même lorsqu'elle alterne avec des roches amphiboliques (Joria en Piémont, Regla dans l'île de Cuba), très-riche en serpentine pure, en diallage métalloïde, et quelquefois en jaspe (Toscane, Saxe); l'autre, fortement chargée

---

[1] Reuthberg, près Dôlau (Bareuth); Saualpe (Styrie).

d'amphibole, faisant souvent passage à la diorite [1], n'offre pas de jaspe en couches et renferme quelquefois de riches filons de cuivre (Silésie, Mussinet dans le Piémont, Pyrénées, Parapara dans le Venezuela, Copper-Mountains de l'Amérique septentrionale). C'est cette dernière formation d'euphotide qui, par son mélange avec la diorite, se lie elle-même à l'hypersthénite, dans laquelle, en Écosse et en Norwège, se développent parfois de véritables couches de serpentine. On n'a pas découvert jusqu'ici, dans l'île de Cuba, des roches volcaniques d'une époque plus récente, par exemple des trachytes, des dolérites et des basaltes. J'ignore même si on les trouve dans le reste des Grandes-Antilles, dont la constitution géognostique diffère essentiellement de celle de la série d'îles calcaires et volcaniques, qui se prolonge de la Trinité

---

[1] Sur une serpentine qui suit, comme une pénombre, des filons de grünstein (diorite), près du Lac Clunie, dans le Pertshire. *Voyez* Mac Culloch, dans *Edinb. Journ. of Science*, 1824, *July*, p. 3-16. Sur un filon de serpentine et les altérations qu'il produit, sur les rives du Carity, près West-Balloch en Forfarshire, *voyez* Charles Lyell, *l. c.*, Vol. III, p. 43.

aux îles Vierges. Les tremblemens de terre, moins funestes en général à Cuba qu'à Portorico et Haïti, se font le plus sentir dans la partie orientale, entre le cap Maysi, Santiago de Cuba et la Ciudad de Puerto Principe. C'est peut-être vers ces régions que s'étend latéralement l'action d'une crevasse que l'on croit traverser la langue de terre granitique entre le Port-au-Prince et le cap Tiburon, et sur laquelle, en 1770, des montagnes entières se sont écroulées [1].

La texture caverneuse des formations calcaires (*soboruco*) que nous venons de décrire, la grande inclinaison de leurs bancs, le peu de largeur de l'île, la fréquence et le *déboisement* des plaines, la proximité des montagnes, là où elles forment une chaîne élevée sur la côte méridionale, peuvent être considérés comme les causes principales du manque de rivières, et de la sécheresse qu'éprouve surtout la partie occidentale de Cuba. Sous ce rapport, Haïti, la Jamaïque et plusieurs

[1] Dupuget, dans le *Journal des mines*, VI, p. 58, et Léopold de Buch, **Phys. Beschr.**, *der Canar. Inseln*, 1825, p. 403.

des Petites-Antilles qui renferment des pitons volcaniques couverts de forêts, sont plus favorisés par la nature [1]. Les terrains les plus célèbres par leur fertilité sont ceux des districts de Xagua, de Trinidad, de Matanzas et du Mariel. La vallée des Guines ne doit sa réputation qu'à des arrosemens artificiels (*zanjas de riego*). Malgré cette absence de grandes rivières et l'inégale fécondité du sol, l'île de Cuba, par sa surface ondulée, sa verdure toujours renaissante et la distribution des formes végétales, offre, à chaque pas, le paysage le plus varié et le plus agréable. Deux arbres à grandes feuilles coriaces et lustrées, le Mammea et le Calophyllum Calaba, cinq espèces de palmiers (la *Palma real* ou Oreodoxa regia, le Cocotier commun, le Cocos crispa, le Corypha Miraguama et le C. maritima), et de petits arbustes constamment chargés de fleurs ornent les collines et les savanes. Le Cecropia peltata marque les endroits humides. On seroit tenté de croire que toute l'île a été dans l'origine une forêt de palmiers, de

---

[1] *Hist. phys. des Antilles*, Tom. I, p. 44, 118, 287, 295, 300.

citronniers et d'orangers sauvages. Ces derniers, à très-petits fruits, sont probablement antérieurs à l'arrivée des Européens [1] qui ont porté les *agrumi* des jardins; ils excèdent rarement 10 à 15 pieds de hauteur. Le plus souvent, le citronnier et l'oranger ne sont pas mêlés; et, en défrichant le sol par le moyen du feu, les nouveaux colons distinguent la qualité des terrains selon qu'ils sont couverts de l'un ou de l'autre de ces agroupemens de *plantes sociales;* ils préfèrent le sol du *naranjal* à celui qui produit le petit citronnier (*limon*). Dans un pays où les ateliers de sucre ne sont pas encore assez généralement perfectionnés pour n'employer aucun autre comestible que

---

[1] *Voyez* mon *Essai polit.*, Tom. II, p. 415. Les habitans les plus éclairés de l'île rappellent avec raison que les orangers cultivés venus d'Asie conservent la grandeur et toutes les propriétés de leurs fruits lorsqu'ils deviennent sauvages. (C'est aussi l'opinion de M. Gallesio, *Traité du Citrus*, p. 32.) Les Brésiliens ne doutent pas que la *petite orange amère*, qui porte le nom de *laranja do terra*, et que l'on trouve sauvage, loin des habitations de l'homme, ne soit d'origine américaine (Caldcleugh, *Travels in South Amer.*, Tom. I, p. 25).

la *bagasse* (canne à sucre sèche), cette destruction progressive (*desmonte*) des petits bois est une véritable calamité. L'aridité du sol augmente à mesure qu'on le dépouille des arbres qui lui servoient d'abri contre les ardeurs du soleil, et dont les feuilles rayonnant le calorique contre un ciel toujours serein, causent, dans l'air refroidi, une précipitation de la vapeur aqueuse.

Parmi le très-petit nombre de rivières dignes d'attention, on peut citer le Rio de Guines, qu'en 1798 on voulut unir au *canal de petite navigation*, qui devoit traverser l'île dans le méridien de Batabano; le Rio Armendaris ou Chorrera, dont les eaux sont conduites à la Havane par le *Zanja de Antoneli*; Rio Cauto, au nord de la ville de Bayamo; le Rio Maximo qui naît à l'est de Puerto Principe; le Rio Sagua Grande, près de Villa Clara; le Rio de las Palmas, qui débouche vis-à-vis Cayo Galindo; les petites rivières de Jaruco et de Santa-Cruz, entre Guanabo et Matanzas, navigables à quelques milles de leurs embouchures et favorisant l'embarquement des caisses de sucre; le Rio San Antonio qui, comme plusieurs autres, s'engouffre dans des cavernes de la roche calcaire; le Rio Guaurabo, à l'ouest du port de Trinidad, et le Rio de Galafre, dans le district fertile de Filipinas, qui se jette dans la Laguna de Cortez. Les sources les plus abondantes naissent sur la côte méridionale, où, depuis Xagua jusqu'à Punta de Sabina, sur une longueur de 46 lieues, le terrain est extrêmement marécageux. L'abondance des eaux qui s'infiltrent par les fentes de la roche stratifiée est telle que, par l'effet d'une pression hydrostatique, l'eau douce, loin des côtes, sourdit au milieu des eaux salées. La juridiction de la Havane n'est pas des plus fertiles, et le peu de plantations de sucre qui avoisinoient la capitale ont fait place à des fermes à bétail (*potreros*) et à des champs de maïs et de fourrages dont les profils sont très-considérables, à cause de la consommation de la capitale. Les agriculteurs de l'île de Cuba distinguent deux sortes de terres souvent mêlées comme les cases d'un damier, la terre noire (*negra ou prieta*) qui est argileuse et chargée de humus, et la terre rouge (*bermeja*), plus siliceuse et mêlée d'oxide de fer. Quoique généralement on préfère la *tierra negra* comme conservant mieux l'humidité, pour la culture de la canne à sucre, et la *tierra bermeja* à la culture du cafier, beaucoup de plantations de sucre sont cependant établies sur le sol rouge.

Le *climat de la Havane* est celui qui correspond à la limite extrême de la zone torride : c'est un climat-tropical dans lequel une distribution plus inégale de la chaleur entre les différentes parties de l'année, annonce déjà le passage aux climats de la zone tempérée. Calcutta (lat. 22° 34′ N.), Canton (lat. 23° 8′ N.), Macao (lat. 22° 12′ N.), la Havane (lat. 23° 9′ N.), et Rio Janeiro (lat. 22° 54′ S.) sont des endroits auxquels leur position, au niveau de l'Océan et près des tropiques du Cancer et du Capricorne, par conséquent à égale distance de l'équateur, donne une grande importance pour l'étude de la météorologie. Cette étude ne peut avancer que par la détermination de certains *élémens numériques* qui sont la base indispensable des lois que l'on cherche à découvrir. Comme l'aspect de la végétation est identique vers les bords de la zone torride et sous l'équateur, on s'accoutume à confondre vaguement les climats des deux zones comprises entre 0° et 10°, et entre 15° et 25° de latitude. La région des palmiers, des bananes et des graminées arborescentes s'étend même bien au-delà des deux tropiques : mais il seroit dangereux (comme on l'a fait récemment lors de la mort du docteur Oudney, en discutant l'élévation du sol à laquelle la glace a pu se former dans le royaume de Bornou) d'appliquer ce que l'on a observé à l'extrémité de la zone tropicale à ce qui peut avoir lieu dans les plaines voisines de l'équateur. C'est pour rectifier ces erreurs qu'il est important de bien faire connoître les températures moyennes de l'année et des mois, comme les oscillations thermométriques en différentes saisons, sous le parallèle de la Havane, et de prouver par une comparaison exacte avec d'autres points également éloignés de l'équateur, par exemple avec Rio Janeiro et Macao, que les grands abaissemens de température observés à l'île de Cuba sont dus à l'irruption et au déversement des couches d'air froid qui se portent des zones tempérées vers les tropiques du Cancer et du Capricorne. La température moyenne de la Havane est, d'après quatre années de bonnes observations, 25°,7 (20°,6 R.), seulement de 2° cent. supérieure à celle des régions de l'Amérique les plus rapprochées de l'équateur ¹. La proximité de la mer élève sur les côtes la température moyenne de l'année; mais dans l'intérieur de l'île, là où les vents du nord pénètrent avec la même force, et où le sol s'élève à la petite hauteur de 40 toises ², la température moyenne n'atteint que 23° (18°,4 R.), et ne surpasse pas celles du Caire et de toute la Basse-Egypte. Les différences entre la température moyenne du mois le plus chaud et le mois le plus froid s'élèvent, dans l'intérieur de l'île, à 12°; à la Havane, sur les côtes, à 8°; à Cumana, à peine à 3°. Les mois les plus chauds, juillet et août, atteignent, à l'île de Cuba, 28°,8, peut-être même 29°,5 de température moyenne, comme sous l'équateur. Les mois les plus froids sont décembre et janvier; leur température moyenne est, dans l'intérieur de l'île, 17°; à

---

¹ Temp. moy. de Cumana (lat. 10° 27′) 27°,2 cent. On assure que même, dans les Petites-Antilles, par 15° et 16° de latitude, on trouve pour la Guadeloupe 27°,5; pour la Martinique, 27°,2; pour la Barbade, 26°,3. *Hist. phys. des Antilles*, Tom. I, p. 186.

² A peine 6 toises de plus que la hauteur de Paris (premier étage de l'Observatoire royal) au-dessus du niveau de la mer.

la Havane, 21°, c'est-à-dire 5° à 8° au-dessous des mêmes mois, sous l'équateur, mais encore 3° au-dessus du mois le plus chaud à Paris. Quant aux températures extrêmes [1] qu'atteint le thermomètre centigrade, à l'ombre, on observe, vers la limite de la zone torride, ce qui caractérise les régions les plus rapprochées de l'équateur (entre 0° et 10° de lat. bor. et austr.); le thermomètre qui a été vu, à Paris, à 38°,4 (30°,7 R.), ne monte, à Cumana, qu'à 33°; à la Vera-Cruz, il n'a été, en treize ans, qu'une seule fois à 32° (25°,6 R.): à la Havane, M. Ferrer ne l'a vu osciller, en trois ans (1810-1812), qu'entre 16° et 30°. M. Robredo, dans les notes manuscrites que je possède, cite comme une chose remarquable que la température, en 1801, s'est élevée à 34°,4 (27°,5 R.); tandis qu'à Paris, d'après les recherches curieuses de M. Arago, les extrêmes de température, entre 36°,7 et 38° (29°,4 et

---

[1] M. Lachenaie assure avoir vu monter en 1800 le thermomètre centésimal, à l'ombre (à Sainte-Rose, dans l'île de la Guadeloupe), à 39°,3'; mais on ignore si son instrument étoit exact et libre des effets du rayonnement. A la Martinique, les extrêmes sont 20° et 35°.

30°,7 R.), ont été atteints quatre fois en dix ans (de 1793 à 1803). Le grand rapprochement des deux époques où le soleil passe par le zénith des lieux situés vers l'extrémité de la zone torride, rend souvent très-intenses les chaleurs du littoral de Cuba et de tous les endroits compris entre les parallèles de 20° et 23°½, moins pour des mois entiers que pour un groupe de quelques jours. Année commune, le thermomètre ne monte pas, en août, au-delà de 28° à 30° : j'ai vu qu'on se plaignoit d'une excessive chaleur, lorsqu'il s'élevoit à 31° (24°,8 R.). L'abaissement de la température hivernale à 10° ou 12° est déjà assez rare ; mais lorsque le vent du nord souffle pendant plusieurs semaines et qu'il amène l'air froid du Canada, on voit quelquefois, dans l'intérieur de l'île, dans la plaine et à très-peu de distance de la Havane, se former de la glace pendant la nuit [1]. D'après les observations de MM. Wells et Wilson, on peut admettre que le rayonnement du calorique pro-

---

[1] Ce froid accidentel avoit déjà frappé les premiers voyageurs. « En Cuba, dit Gomara, algo se siente el frio. » *Hist. de Ind.*, *fol. XXVII.*

duit cet effet, lorsque le thermomètre se soutient encore à 5° et même à 9° au-dessus du point de la congélation ; mais M. Robredo m'a assuré avoir vu le thermomètre à zéro même. Cette formation d'une glace épaisse, presque au niveau de la mer, dans un lieu qui appartient à la zone torride, frappe d'autant plus le physicien, qu'à Caracas (lat. 10° 31′), et à 477 toises de hauteur, l'atmosphère ne se refroidit pas au-dessous de 11°; et que, plus près de l'équateur, il faut monter à 1400 toises de hauteur pour voir se former de la glace [1]. Il y a plus encore : entre la Havane et Saint-Domingue, entre le Batabano et la Jamaïque, il n'y a qu'une différence de 4° ou 5° de latitude ; et à Saint-Domingue, à la Jamaïque, à la Martinique et à la Guadeloupe, les *minima* de température dans les plaines [2] sont de 18°,5 à 20°,5.

[1] On n'en voit pas même encore à Quito (1490 t.), situé dans une vallée étroite, où un ciel souvent brumeux diminue la force du rayonnement.

[2] L'observation de 18°,5 est de M. Hapel Lachenaie. M. Le Dru assure aussi n'avoir vu le thermomètre descendre à Portorico qu'à 18°,7 ; mais il croit qu'il tombe de la neige sur les montagnes de Loquillo dans la même île !

Il sera intéressant de comparer le climat de la Havane avec celui de Macao et de Rio Janeiro, deux endroits dont l'un est également placé près des bords de la zone torride *boréale*, mais sur la côte *orientale* de l'Asie, et l'autre sur une côte *orientale* d'Amérique, vers l'extrémité de la zone torride *australe*. Les températures moyennes de Rio Janeiro sont déduites de 3500 observations faites par M. Benito Sanchez Dorta ; celles de Macao, de 1200 observations que M. l'abbé Richenet a bien voulu me communiquer [1].

	HAVANE.	MACAO.	RIO JANEIRO.
	latitude 23° 9′ N.	latitude 22°12′N.	latitude 22° 54′S.
Temp. moyenne de l'année............	25°,7	23°,3	23°,5
du mois le plus chaud.	28°,8	28°,4	27°,2
du mois le plus froid.	21°,1	16°,6	20°,0

Le climat de la Havane, malgré la fréquence des vents du nord et du nord-ouest, est plus

[1] Lorsque j'aurai comparé tous les registres de cet ecclésiastique respectable et laborieux, les résultats partiels de Macao pourront subir quelques légers changemens. *Voyez* plus haut, Tom. X, p. 152.

chaud que celui de Macao et de Rio Janeiro. Le premier de ces deux endroits participe au froid qu'à cause de la fréquence des vents ouest on éprouve en hiver sur toutes les côtes orientales d'un grand continent. La proximité de terres d'une extrême largeur, couvertes de montagnes et de plateaux, rend la distribution de la chaleur, entre les différens mois de l'année, plus inégale à Macao et à Canton que dans une île côtoyée vers l'ouest et vers le nord des eaux chaudes du *Gulfstream*. Aussi, à Canton et à Macao, les hivers sont beaucoup plus froids qu'à la Havane. Les températures moyennes de décembre, janvier, février et mars ont été, à Canton, en 1801, entre 15° et 17°,3 cent.; à Macao, entre 16°,6 et 20°, lorsqu'à la Havane elles sont généralement entre 21° et 24°,3 : cependant la latitude de Macao est de 1° plus australe que celle de la Havane, et cette dernière ville et Canton sont, à une minute près, sur le même parallèle. Or, quoique les lignes isothermes ou d'égale chaleur ont un sommet *concave* vers le pôle dans le *système des climats de l'Asie orientale* comme dans le *système des climats de l'Amérique orientale*, le refroidissement, sur le même parallèle géographique, est pourtant plus considérable encore du côté de l'Asie[1]. Pendant neuf ans (1806-1814), l'abbé Richenet, qui se servoit de l'excellent thermomètre à *maxima* et à *minima* de Six, a vu descendre cet instrument jusqu'à 3°,3 et 5° (38° et 41° Fahr.). A Canton, le thermomètre atteint presque quelquefois le point zéro; et, par l'effet du rayonnement, on y trouve de la glace sur les terrasses des maisons. Quoique ce grand froid ne dure jamais plus d'un seul jour, les négocians anglois qui résident à Canton aiment à faire du feu de cheminée, de novembre à janvier; tandis qu'à la Havane on ne sent pas même la nécessité de se chauffer au *brazero*. La grêle est fréquente et extrêmement grosse sous les climats asiatiques de Canton et de Macao, tandis qu'on l'observe à

[1] Telle est la différence du *climat* des côtes orientales et occidentales de l'Ancien-Continent, qu'à Canton (lat. 23° 8') la température moyenne de l'année est 22°,9, lorsqu'à Sainte-Croix de Ténériffe (lat. 28° 28') elle est, d'après MM. de Buch et Escolar, de 23°,8. Canton, situé sur une côte orientale, participe du *climat continental*; Ténériffe est une île rapprochée des côtes occidentales de l'Afrique.

peine tous les quinze ans à la Havane. Dans les trois endroits, le thermomètre se soutient quelquefois pour plusieurs heures entre 0° et 4° cent., et cependant (ce qui me paroît bien remarquable) on n'y a jamais vu tomber de la neige; et, malgré les grands abaissemens de la température, le bananier et les palmiers offrent, autour de Canton, de Macao et de la Havane, une végétation tout aussi belle que dans les plaines les plus rapprochées de l'équateur.

Il est heureux pour l'étude approfondie de la Météorologie que, dans l'état actuel de la civilisation, on puisse déjà réunir tant d'élémens numériques sur le climat des lieux qui sont placés presque immédiatement sous les deux tropiques. Cinq des plus grandes villes du monde commerçant, Canton, Macao, Calcutta, la Havane et Rio Janeiro, se trouvent dans cette position. De plus, dans l'hémisphère boréal, Mascate, Syène, Nuevo Santander, Durango et les plus septentrionales des îles Sandwich; dans l'hémisphère australe, Bourbon, Île-de-France et le port de Cobija, entre Copiapo et Arica, sont des lieux fréquentés par les Européens, et offrent aux physiciens les mêmes avantages de position que Rio Janeiro et la Havane. La Climatologie avance lentement, parce que l'on accumule au hasard des résultats obtenus dans des points du globe où commence à se développer la civilisation humaine. Ces points forment de petits groupes séparés les uns des autres par d'immenses espaces de *terres inconnues* aux météorologistes. Pour reconnoître les lois de la nature dans la distribution de la chaleur sur le globe, il faut donner aux observations une direction conforme aux besoins d'une science naissante et savoir quelles données numériques sont les plus importantes. Nuevo Santander, sur les côtes orientales du golfe du Mexique, a probablement une température moyenne inférieure à celle de l'île de Cuba. L'atmosphère doit y participer au froid hivernal d'un grand continent qui s'élargit vers le nord-ouest. Au contraire, si nous quittons le *système des climats de l'Amérique orientale*, si nous franchissons le bassin ou plutôt la vallée submergée de l'Atlantique pour fixer nos regards sur les côtes d'Afrique, nous trouvons, dans le *système de climats cisatlantiques*, sur le littoral *occidental* de l'ancien continent, les lignes isothermes relevées, convexes vers le pôle. Le tropique du Cancer y passe entre le cap Bojador et le cap Blanc, près de Rio do Ouro, sur les bords inhospitaliers du désert de Sahara, et la température moyenne de ces lieux doit être bien au-dessus de celle de la Havane, par la double raison de leur position sur une *côte orientale*, et par la proximité du désert qui rayonne la chaleur et répand des molécules de sable dans l'atmosphère.

Nous avons vu que les grands abaissemens de température dans l'île de Cuba sont de si peu de durée, que ni les bananiers, ni la canne à sucre, ni d'autres productions de la zone torride n'en souffrent habituellement. On sait combien les plantes qui jouissent d'une grande vigueur d'organisation résistent facilement à un froid passager, et que les orangers et bigaradiers de la rivière de Gênes survivent à la chute des neiges et à un froid qui ne dépasse pas 6° ou 7° au-dessous du point de la congélation [1]. Comme la végétation de l'île de Cuba offre tous les caractères de la végétation des régions

[1] *Gallesio*, p. 55.

les plus rapprochées de l'équateur, on est surpris d'y trouver, dans les plaines mêmes, une forme végétale des climats tempérés et des montagnes de la partie équatoriale du Mexique. J'ai souvent fixé, dans d'autres ouvrages, l'attention des botanistes sur ce phénomène extraordinaire de la Géographie des plantes. Les pins (Pinus occidentalis) ne se trouvent pas dans les Petites-Antilles; selon M. Robert Brown, pas même à la Jamaïque (entre $15°\frac{3}{4}$ et $18°\frac{1}{2}$ de latitude), malgré l'élévation du sol de cette île dans les Montagnes Bleues. On ne commence à les voir que plus au nord, dans les montagnes de Saint-Domingue et dans toute l'île de Cuba [1], qui s'étend entre les pa-

---

[1] M. Barataro, le savant élève du professeur Balbis, que j'ai consulté sur les stations du Pinus occidentalis de Saint-Domingue, m'a assuré que, près du Cap Samana (lat. 19° 18'), il a vu cet arbre dans la plaine, au milieu des autres végétaux de la région chaude, et qu'en général à Saint-Domingue et à Porto-Rico on ne le trouve que sur des montagnes de moyenne hauteur, et non sur les plus élevées. Les Pins de Cuba et de l'île des Pinos, au sud du Batabano, sont, au rapport de tous les voyageurs, de véritables pins à cônes imbriqués semblables au Pinus occidentalis Swartz, et non

rallèles de 20° et 25°. Ils y acquièrent 60 à 70 pieds de haut ; et, ce qui est bien remar- (comme je l'avois soupçonné pendant quelque temps) des Podocarpus. D'ailleurs, les premiers Espagnols qui visitèrent les Antilles ont quelquefois confondu les Pins et les Podocarpus, et un passage d'Herera (Decad. I, p. 52) prouve indubitablement que les *Pinos del Cibao*, dont parloit Christophe Colomb après son second voyage, étoient des Conifères à fruit monocarpe, de vrais Podocarpus. « *Estos Pinos muy altos*, dit l'amiral, *que no llevan piñas* (des cônes de pin), *son por tal orden compuestos por naturaleza que parecian aceitunas del Axarafe de Sevilla.* » J'ai déjà fait remarquer, en offrant la première description du Bertholletia, d'après Laet (Tom. VIII, p. 178 et suiv.), combien étoient naïves et caractéristiques les descriptions des anciens voyageurs qui n'avoient pas la manie d'employer des termes techniques dont ils ignoroient la valeur. Les pins des îles de Guanaja et de Rattan (par les 16° ½ de latitude), qui servent à faire des mâts, sont-ils des Podocarpus ou du genre *Pinus?* (Herera, Dec. I, p. 131; Laet, *Orb. nov.*, p. 341; Juarros, *Hist. de Guatemala*, Tom. II, p. 169; *Tuckey, Maritime Geography*, Tom. IV, p. 294). Nous ignorons si le nom de l'île de Pinos, situé par 8° 57′ de latitude à l'est de Portobelo, se fonde sur une erreur des premiers navigateurs. Dans l'Amérique équinoxiale, entre les parallèles de 0° et 10°, je n'ai même pas vu les Podocarpus descendre au-dessous de 1100 toises de hauteur.

quable, le *Cahoba*[1] (acajou) et les Pins végètent à l'île des Pinos, dans la même plaine. Vers le sud-est de l'île de Cuba, on trouve aussi des pins sur la pente des Montagnes de Cuivre là où le sol est aride et sablonneux. Le plateau intérieur du Mexique est couvert de cette même espèce de Conifère; du moins les échantillons que nous avons rapportés, M. Bonpland et moi, d'Acaguisotla, du Nevado de Toluca et du Cofre de Perote, ne paroissent pas différer spécifiquement du Pinus occidentalis des Antilles décrit par Swartz. Or, ces pins que nous voyons au niveau de l'Océan, dans l'île de Cuba, par 20° et 22° de latitude, et qui appartiennent seulement à la partie méridionale de cette île, ne descendent pas sur le continent mexicain entre les parallèles de 17°$\frac{1}{2}$ et 19°$\frac{1}{2}$ au-dessous de 500 toises de hauteur. J'ai même observé que, dans le chemin de Perote à Xalapa, dans les montagnes orientales opposées à l'île de Cuba, la limite des pins est 935 toises; tandis que dans les montagnes occidentales, entre Chilpanzingo et Acapulco, près de Quasiniquilapa, deux de-

---

[1] Swieteny Mahagony L.

grés plus au sud, elle est de 580 t., et peut-être sur quelques points, même de 450 t. Ces anomalies de stations sont très-rares sous la zone torride, et tiennent vraisemblablement moins à la température [1] qu'à la nature du sol. Dans le système des migrations des plantes, il faut supposer que le Pinus occidentalis de Cuba soit venu du Yucatan avant l'ouverture du canal entre le cap Catoche et le cap Saint-Antoine, et non des États-Unis, si riches d'ailleurs en Conifères ; car, dans la Floride, l'espèce dont nous traçons ici la géographie botanique n'a pas été découverte.

[1] *Voyez* un tableau qui offre les stations des Conifères et des Amentacées, avec l'indication des températures qu'elles requièrent dans les *Nov. Gen. et Spec.*, Tom. II, p. 26. On ne trouve point encore de pins autour des Xalapa sur la pente orientale du plateau mexicain, à 700 toises de hauteur, quoique le thermomètre y descende au-dessous de 12° cent.

CHAPITRE XXVIII.

Je consignerai ici le détail des observations de température faites à l'île de Cuba :

Observations d'Ubajay.

MOIS.	1796. F.	1797. F.	1798. F.	1799. F.	MOYENNES en degrés cent.
Janvier.....	65°	64°	68°	61°	18°
Février.....	72	66	69	63	19,5
Mars........	71	64	68½	64	19,3
Avril.......	74	68	70	68	21,1
Mai.........	78½	77	73	76	24,7
Juin........	80	81	83	85	27,8
Juillet.....	82½	80	85	87	28,6
Août........	83	84	82	84	28,4
Septembre..	81	81½	80	76	26,4
Octobre....	78	75½	79½	73	24,5
Novembre..	75	70	71	61	20,6
Décembre..	63	67½	60	59	16,7
Moyenne de l'année..	75°,2	73°,2	74°,2	71°,4	23°,0

Le village d'Ubajay est situé, comme il a été dit plus haut, à 5 lieues marines de distance de la Havane, sur un plateau qui a 38 toises de hauteur au-dessus du niveau de la mer. La moyenne partielle de décembre 1795 a été 18°,8 cent. ; celles de janvier et de février 1800 se sont élevées de 13°,8 à 18°,9 (Thermomètre de la construction de Nairne.)

Obs. de la Havane.

MOIS.	1800. Th. cent.	MOYENNE de 1810-1812.
Janvier....	...	21°.1
Février.....	...	22.2
Mars........	21.1	24.3
Avril.......	22.7	26.1
Mai.........	25.5	28.1
Juin........	30.0	28.4
Juillet.....	30.3	28.5
Août........	28.3	28.8
Septembre..	26.1	27.8
Octobre....	26.6	26.4
Novembre..	22.2	24.2
Décembre..	23.8	22.1
Moyenne...	25.7	25.7

	Ubajay, intérieur de l'île de Cuba	Havane, côtes.	Cumana, lat. 10° 27'
Déc.-Fév.....	18°.0 cent.	21°.8	26°.9
Mars-Mai.....	21.7	26.2	28.7
Juin-Août....	28.2	28.5	27.8
Sept.-Nov....	23.8	26.1	26.8
Temp. moy...	22.9	25.7	27.6
Mois le plus froid	16.7	21.1	26.2
chaud	28.6	28.8	29.1

Rome, lat. 41° 53′ t. moy. 15°,8. Mois le plus chaud 25°,0
froid 5°,7

Ce sont de véritables moyennes déduites des *maxima* et *minima* de chaque jour; cependant les résultats de Don Antonio Robredo, faits au village d'Ubajay et à la Havane (1800), sont peut-être de quelques dixièmes trop forts, trois observations diurnes (de 7^h du matin, de midi et de 10^h du soir) ayant été simultanément employées. Les moyennes de M. Ferrer, auquel nous devons les observations des trois années 1810, 1811 et 1812 (Tom. X, pag. 449), sont ce que nous avons de plus plus précis sur le climat de la Havane, les instrumens de cette habile navigateur ayant été mieux exposés que les instrumens de M. Robredo pendant les dix mois de 1800. Ce dernier observateur remarque lui-même « que, dans son appartement à la Havane, le courant d'air n'étoit pas assez libre (*pieza no muy ventilada*), tandis que l'exposition à Ubajay étoit telle qu'on pouvoit la désirer, *un lugar abierto á todos vientos, pero cubierto contra el sol y la lluvia.* Dans la dernière moitié du mois de décembre 1800, j'ai vu le thermomètre centigrade presque toujours entre les 10° et 15°. En janvier, il baissa, à la Hacienda del Rio Blanco, jusqu'à 7°,5. L'eau a été trouvée quelquefois gelée à quelques lignes d'épaisseur dans la campagne, près de la Havane, à une hauteur de 50 toises au-dessus du niveau de l'Océan.

Cette observation m'a été communiquée en 1801 par un excellent observateur, M. Robredo; elle a été répétée au mois de décembre 1812, après que d'impétueux vents du nord avoient soufflé presque pendant un mois. Comme en Europe il tombe de la neige lorsque dans les plaines la température est de quelques degrés au-dessus du point de la congélation, on doit être doublement surpris que, nulle part dans l'île, pas même sur les Lomas de San Juan, ou sur les hautes montagnes de la Trinidad, on ait vu tomber de la neige. On ne connoît, sur le sommet de ces montagnes et de celles *del Cobre*, que la gelée blanche (*escarcha*). On diroit qu'il faut d'autres conditions que celles d'un abaissement rapide de la température dans les hautes régions de l'air pour produire des chutes de neige et de grêlons. Nous avons déjà indiqué plus haut que ces derniers ne se voient (T. VI, p. 349 et suiv., Tom. X, p. 334 et suiv.) jamais à Cumana, et si rarement à la Havane, qu'on ne les observe, pendant des explosions électriques et avec des coups de vent du SSO., que tous les quinze à vingt ans. Sur les côtes de la

Jamaïque, à Kingston, on cite comme un phénomène extraordinaire[1] d'avoir vu baisser le thermomètre, au lever du soleil, à 20°,5 (69° F.). Dans cette île, il faut s'élever, sur les Montagnes Bleues, à 1150 toises, pour le voir (en août) à 8°,3 : aussi à Cumana, par les 10° de latitude, je n'ai pas vu le thermomètre au-dessous de 20°,8 (*Voyez* ci-dessus, p. 10 et suiv.). Les changemens de température sont assez brusques à la Havane : en avril 1804, les variations étoient, en trois heures, à l'ombre, de 32°,2 à 23°,4, par conséquent de 9° cent., ce qui est très-considérable pour la zone torride, et le double changement qu'on éprouve plus au sud, sur la côte de Colombia. A la Havane (lat. 22° 8'), on se plaint du froid, lorsque la température descend rapidement à 21°; à Cumana (lat. 10° 28'), lorsqu'elle descend à 23° (*Voy.* ci-dessus, p. 10 et suiv.). L'eau qui avoit été exposée à une forte évaporation, et que l'on regardoit comme très-fraîche à la Havane, en avril 1804, étoit à 24°,4 (19°,5 R.), tandis que la température moyenne du jour s'élevoit à 29°,3 (*Voyez* ci-dessus,

[1] *Edwards, Hist. of the Brit. Colonies;* 1793, Vol. I, p. 183.

p. 18). Pendant les trois années d'observations de M. Ferrer (1810-1812), le thermomètre n'a jamais été au-dessous de 16°,4 (le 20 février 1812), ni au-dessus de 30° (le 4 août de la même année). Je l'ai vu déjà, en avril (1801), à 31°,2; mais une longue suite d'années se passent sans que la température de l'atmosphère s'élève une seule fois à 34° (27°,2 R.), extrême que, dans la zone tempérée, elle dépasse encore de 4° centésimaux (*Voyez* ci-dessus, p. 10 et suiv.). Il seroit très-intéressant de réunir de bonnes observations sur la chaleur de l'intérieur de la terre, à l'extrémité de la zone tropicale. Je l'ai touvée dans des cavernes de roche calcaire, près de San Antonio de Beitia et aux sources du Rio de la Chorera, entre 22° et 23° (*Rec. d'Obs. astr.*, Tom. I, p. 288 et 289); M. Ferrer l'a trouvée, dans un puits de 100 pieds de profondeur, de 24°,4. Ces observations, qui peut-être n'ont pas été faites dans des circonstances assez favorables, indiqueroient une température de la terre au-dessous de la température moyenne de l'air qui, à la Havane, sur les côtes, paroît de 25°,7; dans l'intérieur de l'île, à 40 toises d'elévation, de 23°. Ce résultat est peu conforme à ce que l'on observe partout sous les zones tempérée et glaciale. Les courans qui, à de grandes profondeurs, portent l'eau des pôles vers les régions équatoriales, diminuent-ils la température de l'intérieur de la terre dans des îles de peu de largeur? Nous avons déjà traité cette question délicate en rapportant les expériences faites dans la caverne du Guacharo, près de Caripe. (*Rel. hist.*, Tom III, p. 144, 145, 194 et 195.) Cependant, dans les puits de Kingston et de la Basse-Terre de la Guadeloupe, on assure avoir vu le thermomètre à 27°,7; 28°,6 et 27°,2, par conséquent à une température au moins égale à la température moyenne de l'air dans ces mêmes lieux.

Les grands abaissemens de température, auxquels sont exposés les pays situés à l'extrémité de la zone torride, sont liés à des oscillations du mercure dans le baromètre que l'on n'observe pas dans les régions plus rapprochées de l'équateur. A la Havane, comme à la Vera-Cruz, la régularité des variations qu'éprouve, à certaines heures, la pression de l'atmosphère, est interrompue pendant que les vents du nord soufflent avec violence. J'ai observé en général que, lorsque le baromètre, à l'île de Cuba, se soutenoit, pendant la brise, à 0^m,765, il baissoit avec le vent sud à 0^m,756, et même au-dessous. Nous avons déjà fait remarquer ailleurs que les moyennes barométriques des mois où le baromètre est le plus haut (décembre et janvier) diffèrent des moyennes des mois où le baromètre est le plus bas (août et septembre), de 7 à 8 millimètres, c'est-à-dire presque autant qu'à Paris, et 5 à 6 fois plus qu'entre l'équateur et les 10° de latitudes boréale et australe.

Moyennes de décembre. 0^m,76656 par 22°,1 cent. de T.
    janvier... 0.76809 21.2
    juillet.... 0.76453 28.5
    août..... 0.76123 28.8

Pendant le cours des trois années (1810-1812) dans lesquelles M. Ferrer a pris ces moyennes [1], les différences extrêmes des jours où le mercure s'est élevé ou abaissé de plus dans le baromètre ont excédé 30 millimètres. Pour faire entrevoir la marche des oscillations

---

[1] Tom. IX, p. 300.

CHAPITRE XXVIII. 271

accidentelles dans chaque mois, j'ajouterai ici, d'après les notes manuscrites de Don Antonio Robredo, le tableau [1] des observations

	MAXIMA.	MINIMA.	MOYENNES.	TEMP. MOY.
Janvier.	30^{po},35	29^{po},96	30^{po},24	14^{po},5 R.
Février..	30.38	30.01	30.26	15.6
Mars....	30.41	30.20	30.32	15.5
Avril....	30.39	30.32	30.35	17.2
Mai......	30.44	30.38	30.39	19.4
Juin....	30.36	30.33	30.34	22.2
Juillet...	30.38	29.52	30.22	22.4
Août....	30.26	30.12	30.16	22.8
Septemb.	30.18	29.82	30.12	21.0
Octobre.	30.16	30.04	30.08	18.6
Novemb.	30.18	30.09	30.12	16.5
Décemb.	30.26	30.02	30.08	12.1

[1]. Dans ce tableau, les *moyennes* des mois sont les véritables moyennes tirées des *maxima* et *minima* de chaque jour. Les *extrêmes* du mois indiquent les hauteurs barométriques de deux jours où le baromètre a été le plus haut ou le plus bas. Les hauteurs ne sont pas réduites à zéro de température, et le niveau de la cuvette n'a pas été rectifié; le tableau ne devant offrir que les différences des extrêmes dans chaque mois, et non des hauteurs moyennes absolues.

de 1801 exprimées en centièmes de pouces anglois.

Les ouragans sont beaucoup plus rares dans l'île de Cuba qu'à Saint-Domingue, à la Jamaïque et dans les Petites-Antilles, situés à l'est et au sud-est du Cabo-Cruz : car il ne faut pas confondre les coups de vent du nord très-violens (*los nortes*) avec les *uracanes* qui sont le plus souvent du sud-sud-est et sud-sud-ouest. A l'époque où je visitai l'île de Cuba, il n'y avoit pas eu, depuis le mois d'août 1794, d'ouragan proprement dit, car celui du 2 novembre 1796 étoit assez foible. La saison de ces mouvemens subits et effrayans de l'atmosphère pendant lesquels le vent souffle de tous les points de la boussole, et qui sont accompagnés souvent d'éclairs et de grêle, est, à Cuba, la fin du mois d'août, le mois de septembre, et surtout le mois d'octobre. A Saint-Domingue et dans les îles Caraïbes, ce sont les mois de juillet, d'août, de septembre et la mi-octobre qui sont redoutés par les navigateurs. La plus grande fréquence des ouragans y est au mois d'août, de sorte que le phénomène se montre plus tard, à mesure qu'on avance vers l'ouest. En mars, il y a aussi quelquefois à la Havane des coups de vents très-impétueux du sud-est. On ne croit plus dans les Antilles à la périodicité régulière des ouragans [1]; de 1770 à 1795, il y en a eu, dans les îles Caraïbes, 17; tandis que, de 1788 à 1804, il n'y en a pas eu un seul à la Martinique. La même île en comptoit 3 pendant le courant de l'année 1642. Il est digne d'être noté qu'aux deux extrémités de la longue chaîne des Antilles (aux extrémités SE. et NO.), les ouragans sont plus rares. Les îles de Tabago et de la Trinité ont l'avantage de n'en jamais éprouver les effets; et à Cuba, les violentes ruptures de l'équilibre atmosphérique sont très-rares. Lorsqu'elles ont lieu, elles exercent leurs ravages plus sur mer qu'en dévastant les habitations, plus sur la côte sud et sud-est que vers le nord et nord-ouest [2]. Déjà, en 1527, la fameuse expédition de Pamfilo

[1] *Voyez* la discussion de ce phénomène important dans l'*Hist. phys. des Antilles*, Tom. I, p. 325, 350, 355, 376, 387.

[2] Cette différence entre les deux côtes s'observe aussi à la Jamaïque.

Narvaez fut en partie détruite dans le port de la Trinidad de Cuba.

Je vais consigner ici, d'après les notes manuscrites de M. le capitaine de vaisseau Don Tomas de Ugarte, la marche du baromètre pendant l'ouragan du 27 et du 28 août 1794 qui causa la perte de beaucoup de navires dans la baie de la Havane.

25 août.......	16ʰ...	30po,04	28 août	13ʰ½..	29po,57
	20....	03		14....	56
	midi...	02		14½...	54
Temp. moyenne	4....	02		15....	52
(85°,8 Fahr.)	8....	01		15½...	50
	minuit.	01		16....	51
26 août........	16ʰ....	30.00		18....	52
	20....	00	(Temp. moy. 83°)	18½...	54
(Temp. moy. 88°)	midi..	00		19....	59
	4....	29.99		19½...	63
	minuit.	98		20....	67
27 août........	16ʰ....	29.95		20½...	70
	18....	94		21....	72
	20....	90		21½...	74
(Temp. moy. 81°)	22....	89		22....	75
	midi..	86		22½...	76
	2....	84		midi..	78
	4....	82		2....	79
	6....	80		2½...	82
	7....	80		3½...	83
	8....	79		6....	84
	10....	77		7....	87
	10½...	76		8....	89
	11....	73		9....	90
	11½...	69		10....	93
	minuit.	63		11....	96
28 août.......	12ʰ½..	29.59		minuit.	30.01
	13....	58			

L'ouragan a commencé le 27 au matin; sa

force a augmenté à mesure que l'on voyoit baisser le baromètre : il a fini le 28 dans la soirée. Nous avons déjà rapporté plus haut que M. Ferrer a vu, le 25 octobre 1810, par un vent furieux du SSO., baisser son baromètre (qui donnoit par 26° cent. de température pour la hauteur moyenne de l'année 763^{mm},71) jusqu'à 744^{mm},72 par 24° cent.

J'aurois pu citer, parmi les causes de l'abaissement de la température pendant les mois d'hiver, le grand nombre de bas-fonds dont l'île de Cuba est entourée, et sur lesquels la chaleur est diminuée de plusieurs degrés de température centésimale, soit par les molécules d'eau localement refroidies qui vont au fond, soit par les courans polaires qui se portent vers les abîmes de l'Océan tropical, soit par le mélange des eaux du fond et de la surface aux *accores* des bancs [1] : mais cet abaissement de température est en partie compensé par le fleuve d'eau chaude (*gulf-stream*) qui longe les côtes du nord-ouest, et dont la vitesse diminue souvent par les vents du nord et

[1] *Voyez* Tom. I, p. 100; II, p. 72, 73 et 74; V, p. 190 et 191.

du nord-est. La chaîne de bas-fonds qui accompagne les contours de l'île, et qui paroît sur nos cartes comme une pénombre, se trouve heureusement interrompue sur plusieurs points, et ce sont ces interruptions qui offrent au commerce un libre accès vers la côte. En général, les parties de l'île les plus exemptes de *dangers* (récifs, bancs de sable, écueils) sont, au sud-est, entre le Cabo-Cruz et la Punta Maysi (72 lieues marines), et, au nord-ouest, entre Matanzas et Cabañas (28 l.). Dans la partie sud-est, la proximité des hautes montagnes primitives rend la côte plus *accore :* c'est là que se trouvent les ports de Santiago, de Cuba, de Guantanamo, de Baitiqueri et (en tournant la Punta Maysi) de Baracoa. Ce dernier port est l'endroit le plus anciennement peuplé par les Européens. L'entrée du Vieux-Canal, depuis Punta de Mulas, à l'ONO. de Baracoa, jusqu'au nouvel établissement qui a pris le nom de Puerto de las Nuevitas del Principe, est également libre de bancs et de brisans. Les navigateurs y trouvent d'excellens mouillages un peu à l'est de la Punta de Mulas, dans les trois anses de Tanamo, de Cabonico et de Nipe; à l'ouest de la

Punta de Mulas, dans les ports de Sama, du Naranjo, del Padre et de Nuevas Grandes. Près de ce dernier port, et, ce qui est assez remarquable, à peu près dans le même méridien où commencent, sur la côte méridionale de l'île, les bas-fonds de *Buena Esperanza* et de *las doce leguas*, prolongés jusqu'à l'île des Pinos, commence la série non interrompue des Cayes du Vieux-Canal : elle s'étend, sur une longueur de 94 lieues, de Nuevitas à la Punta Icacos. Vis-à-vis de Cayo Cruz et de Cayo Romano, le Vieux-Canal est le plus étroit; sa largeur est à peine de 5 à 6 lieues. C'est sur ce point aussi que le Grand Banc de Bahama prend le plus de développement. Les Cayes les plus rapprochées de l'île de Cuba et les parties du Banc qui ne sont pas couvertes d'eau (Long Island, Eleuthera) ont, comme Cuba même, une forme très-alongée. Une île plus grande qu'Haïti se présenteroit à la surface de l'Océan, si celle-ci s'abaissoit seulement de 20 à 30 pieds. La chaîne de récifs et de cayes qui borde, vers le sud, la partie navigable du Vieux-Canal, laisse, entre elle et la côte de l'île de Cuba, de petits bassins sans brisans qui communiquent avec plusieurs ports à bon mouillage, comme ceux de Guanaja, Moron et Remedios.

Après avoir débouqué par le Vieux-Canal, ou plutôt par le Canal de Saint-Nicolas, entre la Cruz del Padre et le banc des Cayes de Sel, dont les plus basses offrent des sources d'eau douce [1], on trouve de nouveau, depuis la Punta de Icacos jusqu'à Cabañas, les côtes libres de *dangers*. Elles offrent, dans cet intervalle, les mouillages de Matanzas, de Puerto Escondido, de la Havane et du Mariel. Plus loin, à l'ouest de Bahia Honda, dont la possession pourroit tenter quelque puissance maritime ennemie de l'Espagne, recommence de nouveau une chaîne de bas-fonds (*bajos de Santa Isabel y de los Colorados*) qui s'étend sans interruption jusqu'au Cap Saint-Antoine.

[1] Cayos del Agua (lat. 23° 58', long. 82° 36'), sur la Placer de los Roques ou del Cayo de Sal. Je place le Cayo del Agua un peu plus à l'ouest que fait le capitaine Steetz, dans les cartes intéressantes qui accompagnent l'*Instruction nautique sur les Passages à l'île de Cuba*, 1825, p. 55, où l'on fait le Morro de la Havane 84° 39' et le Pan de Matanzas 83° 58'; tandis que M. Ferrer les trouve, par des moyens qui méritent toute confiance, 84° 42' 44" et 84° 3' 12".

De ce Cap jusqu'à Punta de Piedras et la Bahia de Cortez, la côte est presque *accore*, et ne porte pas la sonde au large; mais entre Punta de Piedras et le Cabo Cruz, presque toute la partie méridionale de Cuba est entourée de bas-fonds dont l'île de Pinos n'est qu'une portion non recouverte d'eau, et qui sont connus à l'ouest sous le nom de *Jardins* (*Jardines y Jardinillos*); à l'est, sous celui de *Cayo Breton, Cayos de las doce leguas* et *Bancos de Buena Esperanza*. Dans tout ce contour méridional, la côte n'est exempte de *dangers* que depuis l'Anse des Cochinos jusqu'à l'embouchure du Rio Guaurabo. Ces parages offrent une navigation assez difficile : j'ai eu occasion d'y déterminer la position de plusieurs points en latitude et en longitude, pendant la traversée du Batabano à Trinidad de Cuba et à Carthagène des Indes. On diroit que la résistance qu'offrent aux courans les hautes terres de l'île des Pins et le prolongement extraordinaire du Cap Cruz ont favorisé à la fois l'accumulation des sables et le travail des coraux saxigènes qui prospèrent dans les eaux tranquilles et peu profondes. Dans ce développement de côtes méridionales de 145 lieues de long, il n'y a que $\frac{1}{7}$ dont l'accès soit entièrement libre entre Cayo de Piedras et Cayo Blanco, un peu à l'est de Puerto Casilda. C'est là que se trouvent des mouillages souvent fréquentés par de petites embarcations, tels que le Surgidero del Batabano, la Bahia de Xagua et Puerto Casilda ou Trinidad de Cuba. Au-delà de ce dernier port, vers l'embouchure du Rio Cauto et le Cabo Cruz (derrière les *Cayos de doce leguas*), la côte remplie de lagons est peu accessible et presque entièrement déserte.

Voici les notions les plus précises que j'ai pu réunir sur la position des ports de l'île de Cuba :

A l'est de Cabo Cruz (lat. 19° 47′ 16″, long. 80° 4′ 15″): Santiago de Cuba (lat. 19° 57′ 29″, long. 78° 18′); Bahia de Guantanamo (latitude 19° 54′), long. 77° 36′); Puerto Escondido (lat. 19° 54′ 55″), long. 77′ 24″); Baitiqueri (lat. 20° 2′, long. 77° 12′). *Au nord-ouest du cap Maysi* (lat. 20° 16′ 40″, long. 76° 30′ 25″): Puerto de Mata (lat. 20° 17′ 10″, long. 76° 43′); Baracoa (lat. 20° 20′ 50″, long. 76° 50′); Maravi (lat. 20° 24′ 11″, long. 77° 17′); Puerto de Navas (lat. 20° 29′ 44″, long. 77° 20′);

CHAPITRE XXVIII. 281

Cayaguaneque (lat. 20° 30′, long. 76° 56′); Taco (lat. 20° 31′ 17″, long. 77° 0′); Jaragua (lat. 20° 32′ 44″, long. 77° 3′); Puerto de Cayo Moa (lat. 20° 42′ 18″, long. 77° 14′); Yaguaneque (lat. 20° 42′, long. 77° 22′); Cananova (lat. 20° 41′ 30″, long. 77° 24′); Cebollas (lat. 20° 41′ 52″, long. 77° 28′); Tanamo (latitude 20° 42′ 41″, long. 77° 37′); Puertos de Cabonica y Livisa (lat. 20° 42′ 11″, long. 77° 46′); Nipe (lat. 20° 44′ 40″, long. 77° 51′); Banes (lat. 20° 52′ 50″, long. 78° 1′). *Au nord-ouest de Punta de Mulas* (lat. 21° 5′, long. 77° 57′): Sama (lat. 21° 5′ 50″, long. 78° 11′). *Dans le Vieux-Canal de Bahama :* Naranjo (latitude 21° 5′ 23″, long. 78° 19′); Vita (lat. 21° 6″, long. 78° 25′); Bariai (lat. 21° 4′ 9″, long. 78° 27′); Jururu (lat. 21° 3′ 39″, long. 78° 28′); Gibara (lat. 21° 6′ 12″, long. 78° 33′); Puerto del Padre (lat. 21° 15′ 40″, long. 78° 49′); Puerto del Malagueta (lat. 21° 16′, long. 78° 58′); Puerto del Manati (lat. 21° 23′ 44″, long. 79° 7′); Puerto de Nuevas Grandes (lat. 21° 26′ 50″, long. 79° 13′); Puerto de las Nuevitas del Principe (lat. 21° 38′ 40″, long. 79° 2′); Guanaja (lat. 21° 42′, long. 80° 11′); Embarcadero del Principe (l. 21° 44′, long. 80° 23′); entre Rio

Jiguey et Punta Curiana au NNE. du Hato de Guanamacar; Moron (lat. 22°4′, long. 80°56′); Puerto de Remedios (lat. 22°32′, longitude 81°56′); Puerto de Sierra Morena (lat. 23°3′, long. 82°54′). *A l'ouest et au sud-ouest de Punta Icacos* (lat. 23°10′, long. 83°32′); Matanzas (lat. 23°3′, long. 83°54′); Puerto Escondido (lat. 23°8′, long. 84°12′); embouchure du Rio Santa Cruz (lat. 23°7′, long. 84°18′); Jaruco (lat. 23°9′, long. 84°25′); Havane (lat. 23°9′, long. 84°43′); Mariel (lat. 23°5′58″, longitude 85°2′); Puerto de Cavañas (lat. 23°3′, long. 85°13′); Bahia Honda (le bord le plus méridional de la baie près de Potrero de Madrazo, lat. 20°56′7″, long. 85°32′10″). *A l'est du Cabo San Antonio* (lat. 21°50′, long. 87°17′22″): Surgidero del Batabano (lat. 22°43′19″, long. 84°45′56″); Bahia de Xagua (lat. 22°4′, long. 82°54′); les deux ports de la ville de Trinidad de Cuba, savoir : Puerto Casilda (latitude 21°45′26″, long. 82°21′7″), et embouchure du Rio Guaurabo (lat. 21°45′46″, longitude 82°23′37″). On trouve beaucoup de *lagons* (Vertientes, Santa Maria, Gurajaya, Yaguabo, Junco, etc.); mais pas de ports, proprement dits, depuis Trinidad de Cuba jusqu'à Cabo Cruz.

CHAPITRE XXVIII.

Les positions de 50 ports et mouillages de Cuba sont les résultats d'un travail, d'après lequel (en 1826) j'ai corrigé la carte de l'île, publiée en 1820. Les latitudes sont, en grande partie, celles du *Portulano de la América septentr., constr. en el Dep. hidrografico de Madrid* 1818, mais les longitudes en diffèrent considérablement. Le *Portulano* place le Morro de la Havane à 84° 37′ 45″ ou 5′ en arc trop à l'est. (Consultez *Bauza, Derotero de las Islas Antillas,* 1820, p. 487, et *Purdy Colomb., Nav.,* p. 175.) J'ai préféré les positions que M. Ferrer assigne aux Caps Cruz et Maysi, et à la Punta de Mulas, et c'est à ces mêmes caps que j'ai réduit plusieurs points déterminés par Don José del Rio et Don Ventura Barcaiztegui. Je me fonde sur mes propres observations, en m'éloignant du premier de ces habiles marins, dans la position qu'il assigne à Puerto Casilda. M. Bauza, qui adopte les positions du Batabano et de Punta Matahambre de ma carte, préfère cependant pour Punta Maysi long. 76° 26′ 28″, parce qu'il place Porto-Rico avec Don José Sanchez Cerquero par 68° 28′ 29. La réunion d'observations assez hétérogènes donne même à M. Cerquero 68° 26′ 30″, tandis que M. de

Zach regarde 68° 31′ 0″ comme un résultat plus probable (*Corresp. astr.*, Vol. XIII, p. 125, 128). M. Oltmanns avoit trouvé, d'après la discussion de tous les élémens, la moyenne de 68° 33′ 30″ (*Voyez* mon *Rec. d'Observ. astron.*, Vol. II, p. 139).

A l'île de Cuba, comme jadis dans toutes les possessions de l'Espagne en Amérique, il faut distinguer entre les divisions *ecclésiastiques*, *politico-militaires* et *financières*. Nous n'ajoutons pas celles de la hiérarchie *judiciaire* qui ont fait naître tant de confusion parmi les géographes[1] modernes, l'île n'ayant qu'une seule *Audiencia* qui réside, depuis l'année 1797, à Puerto Principe, et qui étend sa juridiction depuis Baracoa jusqu'au Cap Saint-Antoine. La division en deux évêchés date de l'année 1788, dans laquelle le pape Pie VI nomma le premier évêque de la Havane. L'île de Cuba, dépendant jadis, avec la Louisiane et la Floride, de l'archevêque de Santo Domingo, n'avoit eu, depuis l'époque de sa découverte, qu'un seul évêché fondé, en 1518, dans la

---

[1] Tom. IV, p. 70 et 71.

partie la plus occidentale, à Baracoa, par le pape Léon X. La translation de cet évêché à Santiago de Cuba eut lieu quatre années plus tard; mais le premier évêque, Fray Juan de Ubite, n'arriva qu'en 1528. Au commencement du xixe siècle (en 1804), Santiago de Cuba a été érigé en archevêché. La limite ecclésiastique entre les diocèses de la Havane et de Cuba passe dans le méridien de Cayo Romano, à peu près par les 80° $\frac{3}{4}$ de longitude occidentale de Paris, entre la *Villa de Santi Espiritus* et la *Ciudad de Puerto Principe*. Sous les rapports du gouvernement politique et militaire, l'île est divisée en deux *gobiernos* dépendant d'un même capitaine général. Le *gobierno de la Havane* comprend, outre la capitale, le district des *Quatro Villas* (Trinidad, aujourd'hui *Ciudad*; Santo Espiritu, Villa Clara et San Juan de los Remedios), et le district de Puerto Principe. Le *Capitan general y Gobernador* de la Havane nomme dans ce dernier endroit un lieutenant, (*Teniente Gobernador*), de même qu'à Trinidad et à Nueva Filipina. La juridiction territoriale du capitaine général s'étend, comme juridiction de *corregidor*, à 8 *pueblos de Ayuntamiento* (les *ciudades* de Mátanzas, Jaruco, San Felipe y Santiago, Santa Maria del Rosario; les *villas* de Guanabacoa, Santiago de las Vegas, Guines et San Antonio de los Baños). Le *gobierno de Cuba* comprend Santiago de Cuba, Baracoa, Holguin et Bayamo. Les limites actuelles des *gobiernos* ne sont donc pas les mêmes que celles des évêchés. Le district de Puerto Principe avec ses 7 paroisses dépendoit, par exemple, jusqu'en 1814, à la fois du *gobierno* de la Havane et de l'archevêché de Cuba [1]. Dans les dénombremens de 1817 et 1820, on trouve Puerto Principe réuni avec Baracoa et Bayamo, sous la *Jurisdiccion de Cuba*. Il me reste à parler d'une troisième division entièrement financière. Par la *cédule* du 23 mars 1812, l'île a été répartie en trois *Intendencias* ou *Provincias*, celles de la Havane, de Puerto Principe et de Santiago de Cuba, dont les longueurs respectives de l'est à l'ouest sont à peu près de 90, 70 et 65 lieues marines. L'intendant de la Havane conserve les prérogatives d'un *Superintende general subdelegado de Real Hacienda de la Isla*

---

[1] *Documentos sobre el trafico de los Negros*, 1814, p. 127, 130.

de Ca. D'après cette division la *Provincia de Cuba* embrasse Santiago de Cuba, Baracoa, Holguin, Bayamo, Gibara, Manzanillo, Jiguani, Cobre et Tiguaros; la *Provincia de Puerto Principe*, la ville de ce nom, Nuevitas, Jagua, Santo Espiritu, San Juan de los Remedios, Villa de Santa-Clara et Trinidad. L'intendance la plus occidentale, ou *Provincia de la Havana*, occupe tout ce qui est situé à l'ouest des *Quatro Villas* dont l'intendant de la capitale a perdu l'administration financière. Lorsqu'un jour la culture des terres sera plus uniformément avancée, la division de l'île en 5 départemens, de la *vuelta de abajo* (du cap Saint-Antoine au beau village de Guanajay et au Mariel), de la *Havane* (du Mariel à Alvarez), des *Quatro Villas* (d'Alvarez à Moron), de *Puerto Principe* (de Moron à Rio Cauto) et de *Cuba* (de Rio Cauto à Punta Maysi), paroîtra peut-être la plus convenable et la plus liée aux souvenirs historiques des premiers temps de la *conquête*.

Ma carte de l'île de Cuba, quelque imparfaite qu'elle soit pour l'intérieur, est encore la seule sur laquelle on puisse trouver les 13 *ciudades* et 7 *villas* qui font l'objet des divisions que je viens de faire connoître. Là limite entre les deux évêchés (*linea divisoria de los dos obispados de la Havana y de Santiago de Cuba*) se dirige de l'embouchure de la petite rivière de Santa Maria (long. 80° 49′), sur la côte méridionale, par la paroisse de San Eugenio de la Palma, par les *haciendas* de S. Ana, dos Hermanos, Copey et Cienega, vers la Punta de Judas (long. 80° 46′), sur la côte septentrionale, vis-à-vis le Cayo Romano. Pendant le régime des Cortès d'Espagne, on étoit convenu que cette limite ecclésiastique seroit aussi celle des deux *Deputaciones provinciales* de la Havane et de Santiago. (*Guia Constitucional de la Isla de Cuba*, 1822, p. 79.) Le diocèse de la Havane embrasse 40, celui de Cuba 22 paroisses. Etablies dans un temps où la majeure partie de l'île étoit occupée par des fermes à bétail (*haciendas de ganado*), ces *paroquias* ont une étendue trop vaste et peu adoptées aux besoins de la civilisation actuelle. L'évêché de Santiago de Cuba renferme les 5 *ciudades* de Baracoa, Cuba, Holguin, Guiza, et Puerto Principe, et la Villa de Bayamo. Dans l'évêché de San Cristobal de la Havana on compte les 8 *ciu-*

dades de la Havane, Santa Maria del Rosario, San Antonio Abad ou de los Baños, San Felipe y Santiago del Bejucal, Matanzas, Jaruco, La Paz et Trinidad, et les 6 Villas de Guanabacoa, Santiago de las Vegas ou de Compostela, Santa Clara, San Juan de los Remedios, Santo Espiritu et S. Julian de los Guines. La division territoriale la plus usitée et la plus populaire, parmi les habitans de la Havane, est celle de *vuelta de arriba* et *de abajo* à l'est et à l'ouest du méridien de la Havane. Le premier gouverneur de l'île qui prit le titre de *Capitaine général* (1601), fut Don Pedro Valdes. Avant lui, on comptoit 16 autres gouverneurs dont la série commence par le fameux *Poblador* et *Conquistador*, Diego Valasquez, natif de Cuellar, que l'amiral Colomb avoit désigné en 1511.

POPULATION. — Nous venons d'examiner l'étendue, le climat et la constitution géologique d'un pays qui ouvre un vaste champ à la civilisation humaine. Pour apprécier le poids que, sous l'influence d'une nature si puissante, la plus riche des Antilles pourra mettre un jour dans la balance politique de l'Amérique insulaire, nous allons comparer sa population actuelle avec celle que peut nourrir un sol de 3600 lieues carrées marines, en grande partie vierge, et fécondé par les pluies tropicales. Trois dénombremens successifs, d'une exactitude très-inégale, ont donné en

 1775 une population de.... 170,862
 1791...................... 272,140
 1817...................... 630,980

D'après la dernière évaluation, dont les détails seront exposés plus bas, il y avoit 290,021 blancs, 115,691 libres de couleur et 225,268 esclaves. Ces résultats se trouvent assez conformes au travail intéressant que la Municipalité de la Havane avoit soumis, en 1811, aux Cortès d'Espagne, et dans lequel on s'arrêtoit approximativement à 600,000, dont 274,000 blancs, 114,000 affranchis et 212,000 esclaves. En réfléchissant sur les omissions diverses du dernier dénombrement de 1817, sur l'introduction des esclaves (la douane de la Havane en a enregistré, dans les seules trois années 1818, 1819 et 1820, plus de 41,000); et, sur l'accroissement des libres de couleur et des blancs que donne la comparaison des dénombremens de 1810 et 1817 dans la partie orientale de l'île, on trouve qu'il y avoit dans l'île de Cuba, à la fin de 1825, probablement déjà :

Libres................		455,000
blancs.........	325,000	
libres de couleur.	130,000	
Esclaves.,..............		260,000
Total.........		715,000

La population de l'île de Cuba est par conséquent aujourd'hui très-peu différente de celle de toutes les Antilles Angloises, et elle est presque double de celle de la Jamaïque. Le rapport des diverses classes d'habitans groupés d'après leur origine et l'état de leur liberté civile, offre les contrastes les plus frappans dans les pays dans lesquels l'esclavage a jeté des racines très-profondes. Le tableau qui indique ces rapports peut faire naître les plus graves réflexions.

ANTILLES, COMPARÉES ENTRE ELLES et AUX ÉTATS DU CONTINENT.	POPULATION TOTALE.	BLANCS.	LIBRES de couleur, mulâtres et noirs.	ESCLAVES.	DISTRIBUTION des CLASSES.	
Ile de Cuba............	715,000	325,000	130,000	260,000	Blancs......... 0,46 Libres de coul. 0,18 Esclaves....... 0,36	1,00
Jamaïque..............	402,000	25,000	35,000	342,000	Blancs......... 0,06 Libres de coul. 0,09 Esclaves....... 0,85	1,00
Toutes les Antilles anglaises.............	776,500	71,350	78,350	626,800	Blancs......... 0,09 Libres de coul. 0,10 Esclaves....... 0,81	1,00

CHAPITRE XXVIII.

ANTILLES. COMPARÉES ENTRE ELLES et AUX ÉTATS DU CONTINENT.	POPULATION TOTALE.	BLANCS.	LIBRES de couleur, mulâtres et noirs.	ESCLAVES.	DISTRIBUTION des CLASSES.	
Tout l'archipel des Antilles............	2,843,000	482,600	1,212,900	1,147,500	Blancs........ 0,17 Libres de coul. 0,43 Esclaves....... 0,40	1,00
États-Unis de l'Amérique du Nord....	10,525,000	8,575,000	285,000	1,665,000	Blancs........ 0,81 Libres de coul. 0,03 Esclaves....... 0,16	1,00
Brésil.............	4,000,000	920,000	1,020,000	2,060,000	Blancs........ 0,23 Libres de coul. 0,26 Esclaves....... 0,51	1,00

On voit par ce tableau [1] que, dans l'île de Cuba, les hommes libres sont $\frac{64}{100}$ de la population entière [2]; dans les Antilles Angloises, à peine $\frac{19}{100}$. Dans tout l'archipel des Antilles, les hommes de couleur (nègres et mulâtres, libres et esclaves) forment une masse de 2,360,000 ou de $\frac{83}{100}$ de la population totale. Si la législation des Antilles et l'état des gens de couleur n'éprouvent pas bientôt des changemens salutaires, si l'on continue à discuter sans agir, la prépondérance politique passera entre les mains de ceux qui ont la force du travail, la volonté de s'affranchir et le courage d'endurer de longues privations. Cette catastrophe sanglante aura lieu comme une suite nécessaire des circonstances, et sans que

[1] Ce tableau se rapporte à la fin de l'année 1823, il n'y a que la population de Cuba qui est de l'année 1825. Si l'on admet pour Haïti 936,000 (*Voyez* plus haut, p. 158 et 159), au lieu de 820,000, on aura, pour tout l'archipel des Antilles, 2,959,000 dont 1,329,000, ou $\frac{45}{100}$ au lieu de $\frac{45}{100}$ hommes de couleur libres.

[2] En 1788, les hommes libres formoient, dans la partie françoise de Saint-Domingue, 0,13 (savoir, les blancs, 0,08; les libres de couleur, 0,05), et les esclaves, 0,87.

les noirs libres d'Haïti s'en mêlent aucunement, sans qu'ils abandonnent le système d'isolement qu'ils ont suivi jusqu'ici. Qui oseroit prédire l'influence qu'exerceroit une *Confédération africaine des États libres des Antilles*, placée entre Colombia, l'Amérique du Nord et Guatimala, sur la politique du Nouveau-Monde? La crainte de cet événement agit sans doute plus puissamment sur les esprits que les principes d'humanité et de justice; mais, dans chaque île, les blancs croient leur pouvoir inébranlable. Toute simultanéité d'action de la part des noirs leur paroît impossible; tout changement, toute concession accordée à la population servile, un signe de lâcheté. Rien ne presse : l'horrible catastrophe de Saint-Domingue n'a été que l'effet de l'inhabileté des gouvernans. Telles sont les illusions qui règnent parmi la grande masse des colons aux Antilles, et qui s'opposent également aux améliorations de l'état des noirs en Géorgie et dans les Carolines. L'île de Cuba, plus que toute autre des Antilles, peut échapper au naufrage commun. Cette île compte 455,000 hommes libres et 260,000 esclaves : par des mesures humaines et prudentes à la fois, elle pourra préparer l'abolition graduelle de l'esclavage. N'oublions pas que, depuis l'affranchissement d'Haïti, il y a déjà dans l'archipel entier des Antilles plus d'hommes libres nègres et mulâtres que d'esclaves. Les blancs, et surtout les affranchis, dont il est facile de lier la cause à celle des blancs, prennent, à l'île de Cuba, un accroissement numérique très-rapide. Les esclaves diminueroient, depuis 1820, avec beaucoup de rapidité, sans la continuation frauduleuse de la traite. Si, par les progrès de la civilisation humaine et la volonté ferme des nouveaux états de l'Amérique libre, ce commerce infâme cesse tout-à-fait, la diminution de la population servile deviendra plus considérable pendant quelque temps, à cause de la disproportion qui existe entre les deux sexes, et de l'affranchissement qui continue; elle ne cessera que lorsque le rapport entre les décès et les naissances des esclaves sera tel que même les effets de l'affranchissement se trouveront compensés. Les blancs et les affranchis forment déjà près de deux tiers de la population totale de l'île, et leur accroissement marque aujourd'hui, dans cette population totale, du moins en partie, la diminution des esclaves. Parmi ces derniers, les femmes sont aux hommes, en excluant les esclaves mulâtres, dans les plantations de cannes à sucre, à peine dans le rapport de 1 : 4; dans toute l'île, comme 1 : 1,7; dans les villes et les fermes où les nègres esclaves servent de domestiques ou travaillent à la journée pour leur compte et pour celui du maître à la fois, comme 1 : 1,4; même (par exemple à la Havane [1]) comme 1 : 1,2. Les développemens qui suivent feront voir que ces rapports se fondent sur des données numériques que l'on peut regarder comme des *nombres limites du maximum*.

Les pronostics auxquels on se livre trop légèrement sur la diminution de la population totale de l'île, à l'époque où la traite sera

---

[1] Il me paroît assez probable qu'à la fin de 1825, il existoit, de la population totale de gens de couleur (mulâtres et nègres, libres et esclaves), à peu près 160,000 dans les villes, et 230,000 dans les champs. En 1811, le *Consulado*, dans un écrit présenté aux Cortès d'Espagne, supposoit, dans les villes, 141,000 gens de couleur; dans les champs, 185,000. *Documentos sobre los Negros*, p. 121. Cette grande accumulation de mulâtres et de nègres libres et esclaves, dans les villes, est un trait caractéristique de l'île de Cuba.

abolie en réalité et non seulement d'après les lois, comme depuis 1820; sur l'impossibilité de continuer en grand la culture du sucre; sur l'époque prochaine où l'industrie agricole de Cuba sera restreinte aux plantations de café et de tabac et à l'éducation des bestiaux, se fondent sur des argumens dont la justesse ne me paroît pas suffisamment avérée. On oublie que les sucreries, dont plusieurs manquent de bras, et affoiblissent les nègres par de fréquens *travaux de nuit*, ne renferment que $\frac{1}{5}$ de la totalité des esclaves, et que le problème du *quotient* de l'accroissement total de la population dans l'île de Cuba, à l'époque où l'introduction des noirs d'Afrique cessera entièrement, repose sur des élémens tellement compliqués, sur des *compensations* d'un effet si varié parmi les blancs, les affranchis et les esclaves cultivateurs, dans les plantations de canne à sucre, de café ou de tabac, parmi les esclaves attachés aux fermes à bétail et les esclaves domestiques ou artisans et journaliers dans les villes, qu'on ne doit pas hâter de si tristes présages, mais attendre que le gouvernement se soit procuré des données statistiques positives. L'esprit dans lequel ont été faits même les dénombremens les plus anciens, par exemple celui de 1775, par distinction d'âge, de sexe, de race et d'état de liberté civile, mérite les plus grands éloges. Il n'y a que les moyens d'exécution qui ont manqué : on a senti que le repos des habitans est vivement intéressé à connoître partiellement les occupations des noirs, leur distribution numérique dans les sucreries, les fermes et les villes. Pour remédier au mal, pour éviter les dangers publics, pour consoler l'infortune dans une race qui souffre et qu'on craint plus qu'on ne l'avoue, il faut sonder la plaie; car il y a dans le corps social, dirigé avec intelligence, comme dans les corps organiques, des forces réparatrices qu'on peut opposer aux maux les plus invétérés.

Pour l'année 1811 (époque à laquelle la Municipalité et le Tribunal de Commerce de la Havane supposoient la population totale de l'île de Cuba de 600,000 et celle de 326,000 hommes de couleur libres ou esclaves, mulâtres ou noirs), la répartition de cette masse dans les différentes parties de l'île, dans les villes et les campagnes, donna les résultats suivans, en s'arrêtant non aux quantités absolues, mais aux seuls rapports de chaque nombre partiel avec le nombre total des gens de couleur considéré comme unité.

DIVISIONS TERRITORIALES de L'ILE DE CUBA.	LIBRES de couleur.	ESCLAVES.	GENS de couleur, libres et esclaves.
I. Partie occidentale (Juridiction de la Havane).			
dans les Villes...	0,11	0,11½	0,22½
dans les Champs.	0,01½	0,34	0,35½
II. Partie orientale (Quatro Villas, Puerto-Principe, Cuba).			
dans les Villes...	0,11	0,09½	0,20½
dans les Champs.	0,11	0,10½	0,21½
Total......	0,34½	0,65½	1,00

Il résulte de ce tableau, bien susceptible d'être perfectionné par des recherches ultérieures, qu'en 1811, presque $\frac{3}{5}$ des gens de couleur résidoient dans la Juridiction de la Havane, depuis le cap Saint-Antoine jusqu'à

Alvarez; que, dans cette partie, les villes renfermoient autant de mulâtres et nègres libres que d'esclaves, mais que la *population de couleur* des villes étoit à celle des champs comme 2 : 3. Au contraire, dans la partie orientale de l'île, d'Alvarez à Santiago de Cuba et au cap Maysi, les gens de couleur, habitans des villes, égaloient presque en nombre ceux qui étoient répartis dans les fermes. Nous verrons bientôt que, depuis 1811 jusqu'à la fin de 1825, l'île de Cuba a reçu, dans toute l'étendue de ses côtes, par des moyens licites et illicites, 185,000 nègres africains, dont la seule douane de la Havane a enregistré, de 1811 à 1820, près de 116,000. Cette masse nouvellement introduite a porté sans doute plus sur les campagnes que sur les villes : elle aura altéré les rapports que les hommes les plus instruits des localités ont cru pouvoir établir, en 1811, entre la partie orientale et la partie occidentale de l'île, entre les villes et les champs. Les nègres esclaves ont beaucoup augmenté dans les plantations de l'est; mais l'affreuse certitude que, malgré l'importation de 185,000 *negros bozales*, la masse des gens de couleur libres et esclaves, mulâtres ou nègres n'a pas augmenté, de 1811 à 1825, de plus de 64,000 ou de $\frac{1}{5}$, fait voir que les changemens qu'éprouvent les *rapports de distribution partielle*, sont restreints entre des limites plus étroites qu'on ne seroit tenté de l'admettre d'abord.

Nous avons vu plus haut qu'en supposant 715,000 habitans (ce que je crois le *nombre limite du minimum*), la *population relative* de l'île de Cuba est, à la fin de l'année 1825, de 197 individus par lieue carrée marine; par conséquent presque deux fois plus petite que la population de Saint-Domingue, quatre fois plus petite que celle de la Jamaïque. Si Cuba étoit aussi bien cultivé que cette dernière île, ou, pour mieux dire, si la *densité* de la population étoit la même, Cuba auroit 3615×874 ou 3,159,000 habitans [1], c'est-à-dire plus que l'on

[1] En supposant la population de Haïti de 820,000, on trouve 334 habitans par lieue carrée marine. En supposant 936,000, la population relative est de 382. Les auteurs nationaux pensent que l'île de Cuba peut nourrir $7\frac{1}{2}$ millions d'habitans. (Voyez *Récl. de los repr. de Cuba contra la ley de aranceles* 1821, p. 9). Même dans cette hypothèse, la population relative n'égaleroit point encore celle de l'Irlande. Quelques géographes anglois donnent à la Jamaïque 4,090,000 acres, ou 534 l. c. marines.

en compte aujourd'hui dans toute la république de Colombia ou dans tout l'archipel des Antilles. Cependant la Jamaïque a encore 1,914,000 *acres* non cultivés.

Les plus anciens dénombremens officiels (*padrones y censos*) dont j'ai pu avoir connoissance pendant mon séjour à la Havane, sont ceux qui ont été faits par ordre du márquis de la Torre (en 1774 et 1775), et de Don Luis de las Casas [1] (en 1791). On sait que dans l'un et

---

[1] Ce gouverneur a fondé la *Société patriotique*, la *Junta de agricultura y comercio*, une bibliothèque publique, le *Consulado*, la Maison des pauvres filles (*Casa de beneficiencia de ninas indigentes*), le Jardin botanique, une chaire de mathématiques et des écoles primaires gratuites (*escuelas de primeras letras*). Il essaya d'adoucir les formes barbares de la justice criminelle, et créa le noble emploi d'un *defensor de pobres*. L'embellissement de la Havane, l'ouverture du chemin des Guines, les constructions de ports et de digues, et, ce qui est bien plus important, la protection accordée à des écrits périodiques propres à vivifier l'esprit public, datent de la même époque. Don Luis de las Casas y Aragorri, capitaine général de l'île de Cuba (1790-1796), naquit dans l'aldea de Sopuerta, en Biscaye. Il combattit avec la plus grande distinction

dans l'autre on a procédé avec une négligence extrême, et qu'une grande partie de la population a pu se soustraire au recensement. Le *Padron* de 1775, dont l'abbé Raynal a déjà eu connoissance, donna pour résultat :

Hommes blancs...............	54,555
mulâtres libres........	10,021
noirs libres...........	5,959
mulâtres esclaves.......	3,518
noirs esclaves..........	25,256
	99,309
Femmes blanches.............	40,864
mulâtresses libres......	9,006
négresses libres.........	5,629
mulâtresses esclaves....	2,206
négresses esclaves......	13,356
	71,061

Total, 170,370 dont la seule Juridiction de la Havane renfermoit 75,617. Je n'ai pas eu

en Portugal, à Pensacola, en Crimée, devant Alger, à Mahon et à Gibraltar. Il mourut, âgé de 55 ans, au Puerto Santa Maria, en juillet 1800. *Voyez* les précis de sa vie par Fray Juan Gonzales (del Orden de Predicadores) et Don Tomas Romay.

occasion de vérifier ces chiffres sur des pièces officielles. Le *Padron* de 1791 donna, et ce nombre est conforme aux registres, 272,141 habitans, dont 137,800 dans la Juridiction de la Havane, savoir : 44,337 dans la capitale, 27,715 dans les autres *ciudades* et *villas* de la Juridiction et 65,748 dans la campagne (*partidos del campo*). Les réflexions les plus simples font reconnoître ce qu'il y a de contradictoire dans les résultats [1] de ce travail. La masse de 137,800 habitans de la Juridiction de la Havane y paroît composée de 73,000 blancs, 27,600 libres de couleur, et 37,200 esclaves; de sorte que les blancs seroient aux esclaves dans le rapport de 1 : 0,5 au lieu des rapports de 1 : 0,83 que l'on observe depuis long-temps dans la ville et dans les champs. En 1804, j'ai discuté, conjointement avec des personnes qui possédoient une grande connoissance des localités, le dénombrement de Don Luys de las Casas. En recherchant par des comparaisons partielles la valeur des quantités omises, il nous a paru que la population de l'île n'a pas dû être, en 1791, au-

---

[1] *Andreas Cavo de vita Jos. Jul. Pareni Havanensis* (*Romæ*, 1792), p. 10. Quelques copies portent 151,150 au lieu de 137,800.

dessous de 562,700. Cette population a été augmentée de 1791 à 1804 du nombre de nègres (*bozales*) qui s'élevoit, d'après les registres de la douane, pendant cette période, à 60,393; des émigrations d'Europe et de Saint-Domingue (5000); enfin de l'excès des naissances sur les décès assez petit dans un pays où $\frac{1}{4}$ ou $\frac{1}{5}$ de la population entière est condamné à vivre dans le célibat. L'effet de ces trois causes d'augmentation, en ne comptant qu'une perte annuelle de sept pour cent sur les *negros bozales*, fut évalué à 60,000; d'où il résultoit, approximativement pour 1804, un *minimum* [1] de 432,080. Le dénombrement

[1] Dans ce nombre de 432,000, je comptois, pour 1804: blancs, 234,000; libres de couleur, 90,000; esclaves, 108,000. (Le dénombrement de 1817 a donné 290,000 blancs, 115,000 libres de couleur et 225,000 esclaves). J'avois évalué la population noire esclave, en comptant une production de 80 à 100 arrobes de sucre par tête de nègre dans les sucreries et 82 esclaves pour la population moyenne d'un *yngenio*. Il y avoit alors plus de 350 sucreries; et, dans les sept paroisses de Guanajay, Managua, Batabaño, Guines, Cano, Bejucal et Guanabacoa, on avoit trouvé, par un dénombrement exact, dans 183 *yngenios*, 15,130 esclaves. (*Expediente*, p. 134. *Represent. del Consulado de la*

de 1817 offre une population de 572,363, et
ne doit aussi être considéré que comme un

Habana del 10 Julio 1799, manuscrit.) Le rapport de
la production du sucre au nombre des nègres employés
dans les sucreries est très-difficile à constater : il y a
des habitations où 300 nègres produisent à peine
30,000 arrobes de sucre ; dans d'autres, 150 nègres fabriquent par an près de 27,000 arrobes. Le nombre des
blancs peut être contrôlé par celui des *milicias* dont
il y avoit, en 1804, de *disciplinadas* 2680, de *rurales*
21,831, malgré l'extrême facilité de se soustraire au
service et les exemptions sans nombre accordées aux
*Abogados, Escribanos, Medicos, Boticarios, Nota-
rios, Sacristanes y Servientes de Iglesia, Ministros
de Escuela, Mayorales, Mercadores* et tout ce qui se
dit *noble*. Comparez *Reflexiones de un Habanero sobre
la independencia de esta isla*, 1823, p. 17. En 1817,
on comptoit d'hommes capables de porter les armes, entre 15 et 60 ans ; 1° dans la classe libre, 71,047 blancs ;
17,862 mulâtres libres ; 17,246 nègres libres (total
d'hommes libres 106,155) ; 2° dans la classe des esclaves,
10,506 mulâtres et 75,393 noirs (total des esclaves
85,899 ; total des libres et des esclaves, entre 15 et
60 ans, 192,054). En prenant pour base les rapports
des levées militaires à la population en France (*Peu-
chet, Stat.*, p. 243, 247), on trouve que cette évaluation de 192,054 supposeroit une population plus petite
que 600,000. Les *contingens* des trois classes de blancs,

nombre limite au *minimum*; il justifie le résultat auquel je me suis arrêté en 1804, et qui a été répandu depuis dans beaucoup d'ouvrages de statistique. D'après les seuls registres des douanes, il a été introduit, de 1804 à 1816, plus de 78,500 nègres.

Les documens les plus importans que nous possédons jusqu'ici sur la population de l'île, ont été publiés à l'occasion d'une proposition célèbre faite dans l'assemblée des Cortès, le 26 mars 1811, par MM. Alcocer et Arguelles contre la traite en général et contre la perpétuité de l'esclavage parmi les noirs nés dans les colonies. Ces documens précieux accompagnent, comme pièces justificatives, les représentations[1] que Don Francisco de Arango,

d'affranchis et d'esclaves sont comme les nombres 0,37; 0,18; 0,45; tandis que les populations de ces classes sont vraisemblablement comme 0,46; 0,18; 0,36.

[1] *Representacion del 16 de Agosto 1811, que por encargo del Ayuntamiento, Consulado y Sociedad patriotica de la Habana, hizo el Alferez mayor de aquella ciudad, y se elevó á las Cortes por los espressados cuerpos.* Cette pièce se trouve imprimée parmi les *Documentos sobre el trafico y esclavitud de negros*, 1814, p. 1-86, que j'ai eu occasion de citer plus haut. Quel-

un des hommes d'état les plus éclairés et les plus profondément instruits de la position de sa patrie, fit aux Cortès, au nom de la Municipalité, du *Consulado* et de la Société patriotique de la Havane. On y rappelle « qu'il n'existe d'autre recensement général que celui qui fut tenté, en 1791, sous la sage administration de Don Luys de las Casas, et que depuis cette époque on s'est borné à des dénombremens partiels dans quelques districts les plus peuplés. » Les résultats, publiés en 1811, ne se fondent donc que sur ces données incomplètes et sur les évaluations approximatives de l'augmentation de 1791 à 1811. On a adopté dans le tableau suivant la division de l'île en 4 districts, savoir : 1° la *Juridiction de la Havane*, ou *Partie occidentale*, entre le Cap Saint-Antoine et Alvarez; 2° la *Juridiction des Quatro Villas*, avec ses 8 paroisses, situées à l'est d'Alvarez; 3° la *Juridiccion de Puerto Principe*, avec 7 paroisses; 4° la *Juridiccion de Santiago de Cuba* avec 15 paroisses. Les trois derniers districts comprennent la partie orientale de l'île.

ques résultats généraux du travail de M. d'Arango avoient déjà été publiés, en 1812, dans le *Patriota de la Habana*, Tom. II, p. 291.

Population en 1811.

Divisions territoriales.	Blancs.	Libres de couleur.	Esclaves.	Total.
I. Partie orientale........	113,000	72,000	65,000	250,000
Jur. de Cuba.........	40,000	38,000	32,000	110,000
Jur. de Puerto Principe.	38,000	14,000	18,000	70,000
Jur. des Quatro Villas..	35,000	20,000	15,000	70,000
II. Partie occidentale......	161,000	42,000	147,000	350,000
Havane et faubourgs....	43,000	27,000	28,000	98,000
Champs...............	118,000	15,000	119,000	252,000
Ile de Cuba............	274,000	114,000	212,000	600,000

Le rapport des castes entre elles restera un problême politique d'une haute importance jusqu'à l'époque où une sage législation aura réussi à calmer des haines invétérées, en accordant une plus grande égalité de droits aux classes opprimées. En 1811, le nombre des blancs surpassoit, dans l'île de Cuba, de 62,000 celui des esclaves, tandis qu'il égaloit, à $\frac{1}{5}$ près, le nombre des gens de couleur libres et esclaves. Les *blancs* qui étoient à la même époque dans les Antilles angloises et françoises, $\frac{9}{100}$ de la population totale, en formoient à l'île de Cuba les $\frac{45}{100}$. Les *libres de couleur* s'élevoient à $\frac{19}{100}$, c'est-à-dire au double de ce qu'on en trouve à la Jamaïque et à la Martinique. Comme le dénombrement de 1817, modifié par la *Deputacion Provincial*, n'a donné encore que 115,700 affranchis et 225,300 esclaves, cette comparaison prouve, 1° que les affranchis ont été évalués avec peu de précision, soit en 1811, soit en 1817, et 2° que la mortalité des nègres est tellement grande que, malgré l'introduction de plus de 67,700 nègres africains, *enregistrés* dans les douanes, il n'y avoit, en 1817, que 13,300 esclaves de plus qu'en 1811.

Les décrets des Cortès (des 3 mars et 26 juillet 1813), et la nécessité de connoître la population pour réunir les *juntas electorales de provincia, de partido* et *de paroquias*, engagèrent l'administration, en 1817, à substituer aux *évaluations approximatives*, tentées en 1811, un nouveau dénombrement. Je vais le consigner ici d'après une note manuscrite, qui m'a été communiquée officiellement par des députés américains aux *Cortès*. On n'en a imprimé jusqu'ici les résultats que par extraits, soit dans les *Guias de Forasteros de la Isla de Cuba* (1822, p. 48, et 1825, p. 104), soit dans la *Reclamacion hecha contra la ley de Aranceles* (1821, p. 7.)

CHAPITRE XXVIII.

DÉNOMBREMENT DE 1817 (EN EXCLUANT 58,617 TRANSEUNTES ET NÈGRES INTRODUITS DANS LA MÊME ANNÉE).

GRANDES DIVISIONS TERRITORIALES. (*Provincias y Gobiernos.*)	PARTIDOS.	PAROQUIAS.	ÉTAT CIVIL MILIT. ET ECCLÉS. DES BLANCS.		BLANCS.	LIBRES de COULEUR.	ESCLAVES.	TOTAL.
I. PROVINCE DE LA HAVANE.	12	94	...	...	197,658	58,506	136,213	392,377
a) Gobierno político de la *Havana.*	10	69	Civil. Ecclés. Milit.	123,566 644 10,967	135,177	40,419	112,122	
b) Gobierno de *Matanzas.*	1	12	Civil. Ecclés. Milit.	9,501 10 1,106	10,617	1,676	9,594	
c) Gobierno de *Trinidad* avec les 3 villas de S. Espiritu, Remedios et Villa Clara.	1	13	Civil. Ecclés. Milit.	50,332 80 1,452	51,864	16,411	14,497	
II. PROVINCE DE CUBA.	5	34	...	...	59,722	57,185	63,079	179,986
a) Gobierno político de *Cuba* avec les 3 Tenienc. de Bayamo, Holguin et Barracoa.	4	28	Civil. Ecclés. Milit.	30,587 171 2,975	33,733	50,230	46,500	
b) Ten. Gobern. de *Puerto Principe.*	1	6	Civil. Ecclés. Milit.	24,830 129 1,030	25,989	6,955	16,579	
POPULATION DE L'ILE DE CUBA, d'après le censo de 1817.	17	128	...	...	257,380	115,691	199,292	572,363

On peut être surpris que l'évaluation approximative, présentée aux Cortès en 1811, offre un total qui est supérieur de 28,000 à celui du recensement *effectif* de 1817; mais cette contradiction n'est qu'apparente. Le dernier recensement a été sans doute moins imparfait que celui de 1791, cependant on est resté au-dessous de la population existante à cause de la crainte qu'inspire partout au peuple une opération qu'on a coutume de regarder comme le funeste précurseur de taxes nouvelles. D'ailleurs la *Deputacion Provincial*, en transmettant le dénombrement de 1817 à Madrid, a cru y devoir faire deux modifications. On a ajouté 1° les 32,641 blancs (*transeuntes del comercio y de los buques entrados*) que les affaires de commerce appellent dans l'île de Cuba, et qui font partie des équipages d'après les livres des capitaines des ports, et 2° les 25,976 *negros bozales* qui ont été importés dans la seule année de 1817; d'où il résulteroit, pour 1817, d'après l'opinion de la *Deputacion Provincial*, un total de 630,980 dont 290,021 blancs, 115,691 libres de couleur et 225,261 esclaves. C'est par erreur, je pense, que, dans les almanachs (*Guias*) publiés à la Havane et

CHAPITRE XXVIII.   315

dans plusieurs tableaux manuscrits qui m'ont été envoyés récemment, on donne ce total de 630,980 comme appartenant, non à la fin de 1817, mais au commencement de l'année 1820. Les *Guias*, par exemple, ajoutent aux 199,292 esclaves du *censo* de 1817 les 25,976, comme « *aumento que se considera de* 1817 *à* 1819. » Or, il conste[1], d'après les registres des douanes,

---

[1] *Notes on Mexico*, p. 217. Dans cet ouvrage, le recensement de 1817 est porté à 671,079 au lieu de 630,980. Cette différence naît d'une faute de chiffres dans les *hommes libres de couleur*. Le tableau de M. Poinsett donne : noirs libres, mâles 28,373; femelles 26,002; mulâtres libres, mâles 70,512; femelles 29,170 : total des libres de couleur, 154,057. Or le *censo* n'offre, d'après les *Guias* et d'après mon tableau manuscrit, que 115,699, différence de 38,358. En substituant pour les hommes libres 32,154 à 70,512, on trouve un chiffre qui rend le rapport des deux sexes moins choquant, et qui le met en harmonie avec le rapport que l'on observe parmi les libres noirs. Comment aussi, s'il y avoit 70,000 hommes mulâtres libres et 28,000 hommes noirs libres dans l'île de Cuba, trouveroit-on, d'après M. Poinsett même, en individus capables de porter les armes, un nombre à peu près égal (17,862 et 17,246) de mulâtres et de nègres libres? Comment, à la Havane, n'y auroit-il, d'après le recensement de 1810 (*Voy.* plus haut, p. 201), que 9700

que le nombre des nègres introduits a été, dans ces 3 années, de 62,947; savoir: en 1817, de 25,851; en 1818, de 19,902; en 1819, de 17,194. Le judicieux auteur des *Lettres sur la Havane* adressées à M. Croker, premier secrétaire de l'Amirauté, croit la population de gens de couleur libres et esclaves, en 1820, de 370,000; mais il regarde [1] l'addition totale

mulâtres libres des deux sexes et 16,600 nègres et négresses libres? Les *Notes on Mexico*, dont généralement on ne sauroit trop louer la grande exactitude, indiquent, pour 1817, dans toute l'île a), 32,302 esclaves mulâtres et 166,843 esclaves nègres, dans le rapport de 1 : 5 b), 74,821 femmes esclaves de toutes les couleurs et 124,324 hommes esclaves dans le rapport 1 : 1,7. A la Havane, cependant, où les esclaves mulâtres sont bien plus nombreux que dans la campagne, leur rapport aux esclaves noirs n'est que de 1 : 11; et dans la juridiction de Filipinas (*Memorias de la Soc. economica de la Habana*, 1819, n° 31, p. 232), on a trouvé, en 1819, sur 3634 esclaves, 1049 femmes (52 mulâtresses, 437 négresses créoles et 560 négresses bozales ou récemment importées), et 2585 hommes (91 mulâtres, 548 nègres créoles et 1946 nègres bozales).

[1] Il y a également plusieurs erreurs de chiffres dans les *Letters from the Havanna*, p. 16-18 et 36; les esclaves

CHAPITRE XXVIII. 317

de 32,641 proposée par la *Junta provisional* comme trop forte. Il suppose que toute la population blanche n'étoit, en 1820, que de 250,000; et il n'admet, comme résultat du *censo* de 1817, que 238,796 blancs (dont 129,656 mâles, et 109,140 femelles). Le vrai chiffre publié pendant plusieurs années successives dans la *Guia* est 257,380.

Comment s'étonner des contradictions partielles dans les tableaux de la population dressés en Amérique, lorsqu'on se rappelle les difficultés qu'on a eues à vaincre, au centre de la civilisation européenne, en Angleterre et en France, chaque fois qu'on a entrepris la grande opération d'un dénombrement général?

sont évalués, pour 1817, à 124,324 au lieu de 199,292; pour 1819, à 181,968 « formant un excès de 143,050 sur la population blanche. » Cependant la population blanche étoit déjà alors au-dessus de 290,000. Je la crois, en 1825, pour le moins de 325,000, et un *Habanero* des plus instruits des localités l'avoit même supposé, en 1823, de 340,000. *Sobre la independ. de Cuba*, p. 17. Dans quelques parties de l'île, les tableaux statistiques ont été dressés avec un soin extrême, par exemple à San Juan de los Remedios et à Filipinas, pour l'année 1819, par Don Joaquin Vigil de Quiñones et Don Jose de Aguilar.

On *sait*, par exemple, que la population de Paris étoit, en 1820, de 714,000; on *croit*, d'après le nombre des décès et le rapport supposé des naissances à la population totale, qu'elle étoit, au commencement du 18me siècle, de 530,000. (*Rech. stat. sur la ville de Paris, par le comte de Chabrol*, 1823, p. XVIII), mais on ne connoît pas à $\frac{1}{6}$ près cette même population à l'époque du ministère de M. Necker. On sait qu'en Angleterre et dans le pays de Galles, la population s'est accrue, de 1801 à 1821, de 3,104,683, et cependant les registres des naissances et des décès ne rendent raison que d'un accroissement de 2,173,416, et il est impossible d'attribuer 931,267 aux seuls émigrations d'Irlande en Angleterre (*Statist. Illustrations on the British Empire* 1825, p. XIV et XV). Ces exemples ne prouvent pas qu'il faut se méfier de tous les calculs d'économie politique : ils prouvent qu'on ne doit employer des élémens numériques qu'après les avoir discutés et après avoir déterminé les limites des erreurs. On seroit tenté de comparer les différens degrés de probabilité qu'offrent les résultats statistiques dans l'empire ottoman, dans l'Amérique espagnole ou portugaise, en France ou en Prusse, à ces positions géographiques qui se fondent, ou sur des éclipses lunaires, ou sur des distances de la lune au soleil, ou sur des occultations d'étoiles.

Pour réduire un dénombrement fait il y a vingt ans à une autre époque donnée, il fait connoître le *quotient* de l'accroissement; or, ce *quotient* n'est connu que d'après les dénombremens de 1791, 1810 et 1817, faits dans la partie orientale, qui est la moins populeuse de l'île. Lorsque les comparaisons portent sur des masses trop petites, et placées sous l'influence de circonstances très-particulières (par exemple, sur des ports de mer ou sur des cantons où les sucreries se trouvent très-accumulées), elles ne sauroient donner des résultats numériques propres à être employés pour l'étendue entière du pays. On croit entrevoir en général que le nombre des blancs s'accroît plus dans les campagnes que dans les villes; que les libres de couleur, qui préfèrent à l'agriculture l'exercice d'un métier dans les villes, augmentent avec plus de rapidité que toutes les autres classes, et que les nègres esclaves, parmi lesquels il n'y a malheureusement pas le tiers des femmes qu'exige le nombre des mâles, diminuent de plus du $\frac{5}{100}$ par an.

Nous avons vu plus haut que, dans la Havane et les faubourgs, l'accroissement des blancs a été, en 20 ans, de 73 pour cent; celui des libres de couleur, de 171 pour cent. Dans la partie orientale, le doublement des blancs et des affranchis a eu lieu presque partout dans le même intervalle. Nous rappellerons à cette occasion que les libres de couleur augmentent en partie par le passage d'une caste à une autre, et que l'augmentation des esclaves, par l'activité de la traite, y contribue puissamment. Les blancs gagnent aujourd'hui très-peu par les émigrations [1] d'Europe, des Canaries, des Antilles et de la Terre-Ferme : ils augmentent par eux-mêmes, car les exemples d'un *blanchîment officiel* ou de *lettres de blanc* accordées par l'*Audiencia* à des familles d'un jaune pâle sont peu nombreux.

En 1775, on a trouvé, par un démembrement officiciel dans la *Juridiction de la Ha-*

---

[1] En 1819, par exemple, ils n'arrivèrent que 1702 individus, parmi lesquels : d'Espagne, 416; de France, 384; d'Irlande et d'Angleterre, 201. Les maladies enlèvent $\frac{1}{7}$ à $\frac{1}{6}$ de blancs non acclimatés.

vane, en comprenant sous cette domination 6 *ciudades* (la capitale avec les faubourgs, la Trinidad, San Felipe y Santiago, S. Maria del Rosario, Jaruco et Matanzas), 6 *villas* (Guanabacoa, Santi Espiritus, Villa Clara, San Antonio, San Juan de los Remedios et Santiago), et 31 pueblos : une population de 171,626; en 1806, avec plus de certitude, 277,364 (*Patriota amer.* Tom. II, p. 300). L'accroissement en 31 années n'auroit par conséquent été que de 0,61 : il paroîtroit beaucoup plus rapide si l'on pouvoit comparer la moitié de cet intervalle. En effet, le Padron de 1817 donne, pour la même étendue de pays appelée alors *Provincia de la Habana* et renfermant les *Gobiernos* de la capitale, de Matanzas et de Trinidad ou des *Quatro Villas*, une population de 392,377; ce qui prouve, pour 11 ans, un accroissement de plus de 0,41. Il ne faut pas oublier qu'en comparant les populations de la capitale et de la province de Cuba dans les années 1791 et 1810, on obtient des résultats d'accroissement un peu trop grands, le premier de ces dénombremens ayant donné lieu à beaucoup plus d'omissions que le second. Je pense qu'on approche plus de la vérité en comparant, pour la Province de Cuba, les *censos* plus récens de 1810 et 1817. On trouve alors : en 1810, blancs, 35,513; libres de couleur, 32,884; esclaves, 38,834. Total, 107,231; et, en 1817 : blancs, 33,733; libres de couleur, 50,230; esclaves, 46,500. Total, 130,463. Accroissement en 6 ans : au-delà de 23,200 ou de 21 pour cent, car il y a probablement erreur dans le second recensement des blancs. Le nombre de ces derniers et le nombre des hommes libres en général est tellement considérable dans le district des *Quatro Villas*, que, dans les 6 *partidos* de S. Juan de los Remedios, S. Agustin, S. Anastasio del Cupey, San Felipe, Santa-Fe, et Sagua la Chica, il y avoit, en 1819, sur une *area* de 24,651 *caballerias*, une population totale de 13,722 : donc blancs, 9572; libres de couleur, 2010; esclaves, 2,140. Au contraire, dans les 10 *partidos* de la Juridiction de Filipinas, il y avoit, dans la même année, sur une population totale de 13,026, près de 9400 hommes libres; savoir : blancs, 5871; libres de couleur, 3521 (dont 203 *negros bozales* libres); esclaves, 3634; les affranchis y étoient donc aux blancs = 1 : 1,7.

Dans aucune partie du monde où règne l'esclavage, les affranchissemens ne sont aussi fréquens que dans l'île de Cuba. La législation espagnole, loin de les empêcher ou de les rendre onéreux, comme font les législations angloises et françoises, favorisent la liberté. Le droit qu'a tout esclave *de buscar amo* (de changer de maître), ou de s'affranchir, s'il peut restituer le prix d'achat, le sentiment religieux qui inspire à beaucoup de maîtres aisés l'idée de donner par un testament la liberté à un certain nombre d'esclaves, l'habitude d'entretenir une multitude de noirs pour le service de la maison, les affections qui naissent de ce rapprochement avec les blancs, la facilité du gain pour les ouvriers esclaves qui ne paient à leur maître qu'une certaine somme par jour pour travailler librement pour eux-mêmes, voilà les causes principales qui font passer tant d'esclaves, dans les villes, de l'état servile à l'état de libres de couleur. J'aurois pu ajouter les chances de la loterie et des jeux de hasard si le trop de confiance en ces moyens hasardeux n'avoit pas souvent les suites les plus funestes. La position des libres de couleur est plus heureuse à la Havane que chez les nations qui, depuis des siècles, se vantent d'une culture très-avancée. On n'y connoît pas ces lois barbares [1] qui ont été encore invoquées de nos jours, et d'après lesquelles les affranchis, incapables de recevoir les donations des blancs, peuvent être privés de leur liberté et *vendus au profit du fisc* s'ils sont convaincus d'avoir donné asile à des nègres marrons !

Comme la population primitive des Antilles a entièrement disparu (les *Zambos* Caraïbes, mélanges d'indigènes et de nègres, ayant été transportés, en 1796, de l'île Saint-Vincent à celle de Ratan), on doit considérer la population actuelle des Antilles (2,850,000) comme étant composée de sang européen et africain. Les nègres de race pure en forment presque les deux tiers : les blancs $\frac{1}{6}$, et les races mélangées $\frac{1}{7}$. Dans les colonies espagnoles du continent on retrouve les descendans des Indiens qui disparoissent parmi les *mestizos* et *zambos*, mélanges d'Indiens avec les blancs et les nègres; cette idée consolante ne se présente pas dans l'archipel des Antilles. L'état

[1] Arrêt du Conseil souverain de la Martinique, du 4 juin 1720. Ordonnance du 1er mars 1766, § 7.

de la société y étoit tel, au commencement du xvi° siècle, qu'à de rares exceptions près, les nouveaux colons ne se mêlèrent pas plus aux indigènes que ne le font aujourd'hui les Anglois du Canada. Les Indiens de Cuba ont disparu comme les Guanches des Canaries, quoiqu'à Guanabacoa et à Ténériffe, on ait vu se renouveler, il y a 40 ans, des prétentions mensongères dans plusieurs familles qui arrachoient de petites pensions au gouvernement, sous le prétexte d'avoir dans leurs veines quelques gouttes de sang indien ou guanche. Il n'existe plus aucun moyen de juger de la population de Cuba ou d'Haïti du temps de Christophe Colomb. Comment admettre, avec des historiens d'ailleurs très-judicieux, que l'île de Cuba, lors de sa conquête, en 1511, avoit un million d'habitans [1], et que de ce million il ne restoit, en 1517, que 14,000! Tout ce que l'on trouve de données statistiques dans les écrits de l'évêque de Chiapa est rempli de contradictions; et s'il est vrai que le bon religieux dominicain, Fray Luys Bertran, qui

[2] *Albert Hüne, Historisch-philosophische Darstellung des Negersclavenhandels*, 1820, Tom. I, p. 137.

fut persécuté [1] par les *encomenderos*, comme le sont de nos temps les méthodistes par quelques planteurs anglois, a prédit, à son retour, que «les 200,000 Indiens que renferme l'île de Cuba périroient victimes de la cruauté des Européens», il faudroit, pour le moins, en conclure que la race indigène étoit loin d'être éteinte entre les années 1555 et 1569 [2]; cependant (telle est la confusion parmi les historiens de ces temps), selon Gomara [3], il n'y avoit déjà, dès 1553, plus d'Indiens dans l'île de Cuba. Pour concevoir combien doivent être vagues les évaluations faites par les premiers voyageurs espagnols à une époque où l'on ne connoissoit la population d'aucune province de la Péninsule, on n'a qu'à se rappeler que le nombre des habitans que le ca-

[1] *Voyez* de curieuses révélations dans *Juan de Marieta*, *Hist. de todos los Santos de España*, *Libro* VII, p. 174.

[2] On ne connoît avec précision que l'époque du retour (1569) de Fray Luys Bertran à San Lucar. Il fut consacré prêtre en 1547. *L. c.*, p. 167 et 175. (Comparez aussi *Patriota*, Tom. II, p. 51.)

[3] *Hist. de las Indias*, fol. XXVII.

pitaine Cook et d'autres navigateurs attribuoient à Taïti et aux îles Sandwich [1], dans un temps où la statistique offroit déjà les comparaisons les plus exactes, varie de 1 à 5. On conçoit que l'île de Cuba, environnée de côtes poissonneuses, auroit, d'après l'immense fécondité de son sol, pu nourrir plusieurs millions de ces Indiens, sobres, sans appétit pour la chair des animaux, et qui cultivoient le

[1] Sur la diminution rapide de la population dans l'archipel des îles Sandwich, depuis le voyage du capitaine Cook, voyez *Gilbert Farquhar Mathison, Narrat. of a visit to Brazil, Peru and the Sandw. Islands*, 1825, p. 439. Nous savons avec quelque certitude, par les rapports des missionnaires qui ont changé la face des choses à Taïti, en profitant des dissensions intérieures, que tout l'archipel des îles de la Société ne renfermoit, en 1818, que 13,900 habitans, dont 8000 à Taïti. Doit-on croire aux 100,000 qu'on supposoit dans Taïti seul du temps de Cook? L'évêque de Chiapa n'a pas été plus vague dans les évaluations de la population indigène des Antilles que ne le sont des écrivains modernes sur la population du groupe des îles Sandwich auxquelles ils donnent tantôt 740,000 (*Hassel, Hist. stat. Almanach fur* 1824, p. 384), tantôt 400,000 (*Id., Stat. Umriss*, 1824, *Heft* 3, p. 90). D'après M. de Freycinet, ce groupe ne renferme que 264,000.

maïs, le manioc et beaucoup d'autres racines nourrissantes; mais si cette accumulation de population avoit eu lieu, ne se seroit-elle pas manifestée par une civilisation plus avancée que celle qu'annoncent les récits de Colomb? Les peuples de Cuba seroient-ils restés au-dessous de la culture [1] des habitans des Iles Lucayes? Quelque activité qu'on veuille supposer aux causes de destruction, à la tyrannie des *conquistadores*, à la déraison des gouvernans, aux travaux trop pénibles dans les lavages d'or, à la petite vérole et à la fré-

[1] *De menor policia*, Gomara, p. xxi. L'éloignement assez général que marquent les indigènes de l'Amérique équinoxiale pour le régime animal et le lait se trouve déjà exprimé dans la fameuse bulle du pape Alexandre VI, de 1493. « Certas insulas remotissimas et etiam terras firmas invenerunt, in quibus quamplurimæ gentes, *pacifice viventes*, nudæ incedentes, *nec carnibus vescentes*, inhabitant, et, ut nuntii vestri possunt opinari, gentes ipsæ *credunt unum Deum creatorem in cœlis esse. (Car. Coquel. Bull. amp. Coll.*, Tom. III, P. III, p. 234.) Dans ces mêmes Antilles, où le peuple redoutoit l'influence des *zemes*, petits fétiches de coton (*Petr. Martyr. Epist.*, fol. xlvi), le monothéisme (la croyance d'un *Grand Esprit* supérieur aux *zemes*) étoit généralement répandu!

quence [1] des suicides, il seroit difficile de concevoir comment, en 30 ou 40 ans, je ne dirois

[1] Cette manie de se pendre par familles entières dans les cabanes et les cavernes, dont parle Garcilasso, étoit sans doute l'effet du désespoir : cependant, au lieu de gémir sur la barbarie du xvi° siècle, on a voulu disculper les *conquistadores*, en attribuant la disparition des indigènes à leur *goût pour le suicide. Voyez Patriota*, Tom. II, p. 50. Tous les sophismes de ce genre se trouvent réunis dans l'ouvrage qu'a publié M. Nuix *sur l'humanité des Espagnols dans la conquête de l'Amérique.* (*Reflexiones imparciales sobre la humanidad de los Españoles contra los pretendidos filosofos y politicos, para illustrar las historias de Raynal y Robertson, escrito en Italiano por el Abate Don Juan Nuix, y traducido al castellano por Don Pedro Varela y Ulloa, del Consejo de S. M.*, 1782). L'auteur qui nomme (p. 186) acte religieux et méritoire l'expulsion des Maures sous Philippe III, termine son ouvrage en félicitant (p. 293) les Indiens d'Amérique « d'être tombés entre les mains des Espagnols dont la conduite de tout temps a été la plus humaine et le gouvernement le plus sage. » Plusieurs pages de ce livre rappellent « les rigueurs salutaires des dragonades, » et ce passage odieux dans lequel un homme, connu par son talent et ses vertus privées, M. le comte de Maistre (*Soirées de Saint-Pétersbourg*, Tom. II, p. 121), justifie l'inquisition du Portugal, « parce qu'elle n'a fait

pas un million, mais seulement trois ou quatre cent mille Indiens, auroient pu disparoître entièrement. La guerre contre le Cacique Hatuey fut très-courte et restreinte à la partie la plus orientale de l'île. Peu de plaintes se sont élevées contre l'administration des deux premiers gouverneurs espagnols, Diego Velasquez et Pedro de Barba. L'oppression des indigènes ne date que de l'arrivée du cruel Hernando de Soto vers 1539. En supposant, avec Gomara, que déjà, quinze années plus tard, sous le gouvernement de Diego de Majariegos (1554-1564), il n'y avoit plus d'Indiens, on doit nécessairement admettre que c'étoient des restes très-considérables de cette peuplade qui se sont sauvés sur des pirogues en Floride, croyant, d'après d'anciennes traditions, retourner dans le pays de leurs ancé-

couler que quelques gouttes d'un sang coupable. » A quels sophismes ne faut-il avoir recours, lorsqu'on veut défendre la religion, l'honneur national ou la stabilité des gouvernemens en disculpant tout ce qu'il y a eu d'outrageant pour l'humanité dans les actions du clergé, des peuples et des lois! C'est en vain qu'on tenteroit de détruire le pouvoir le plus solidement établi sur la terre, le témoignage de l'histoire.

tres. La mortalité des nègres esclaves, observée de nos jours dans les Antilles, peut seule jeter quelque jour sur ces nombreuses contradictions. L'île de Cuba devoit paroître très-peuplée [1] à Christophe Colomb et à Velasquez,

[1] Colomb raconte que l'île d'Haïti étoit attaquée quelquefois par une race d'hommes noirs, *gente negra*, qui avoit sa demeure plus au sud ou au sud-ouest. Il espéroit les visiter dans son troisième voyage, parce que ces hommes noirs possédoient du métal *guanin* dont l'amiral s'étoit procuré quelques morceaux dans son second voyage. Ces morceaux, essayés en Espagne, avoient été trouvés composés de 0,63 d'or, 0,14 d'argent, et 0,19 de cuivre (*Herera, Dec. I, lib. 3, cap. 9*, p. 79). Balboa découvrit en effet cette peuplade noire dans l'isthme du Darien. » Ce conquistador, dit Gomara (*Hist. de Ind.*, fol. xxxiv), entra dans la province de Quareca : il n'y trouva pas d'or, mais quelques nègres esclaves du seigneur du lieu. Il demanda à ce seigneur d'où il les avoit reçus; on répondit que des gens de cette couleur vivoient assez près de là, et qu'on étoit constamment en guerre avec eux. « Ces nègres, ajoute Gomara, étoient tout semblables aux nègres de Guinée, et l'on n'en a pas vu d'autres en Amérique (*en las Indias yo pienso que no se han visto negros despues.*) Ce passage est extrêmement remarquable. On faisoit des hypothèses au xvie siècle, comme nous en faisons aujourd'hui; et Petrus Martyr (*Ocean.*

si elle l'étoit, par exemple, au degré où les Anglois la trouvèrent en 1762. Les premiers voyageurs se laissent tromper facilement par les rassemblemens, que l'apparition de vais-

Dec. III, lib. 1, p. 43) imagina que ces hommes, vus par Balboa, les Quarecas, étoient des noirs éthiopiens qui (*latrocinii causa*) infestoient les mers et avoient fait naufrage sur les côtes d'Amérique. Mais les nègres du Soudan ne sont guère des pirates, et l'on conçoit plus facilement que des Esquimaux, dans leurs nacelles d'outres, aient pu venir en Europe, que des Africains au Darien. Les savans qui croient à un mélange de Polynésiens avec les Américains, préféreront considérer les Quarecas comme de la race des Papoux semblables aux *negritos* des Philippines. Ces migrations tropicales, de l'ouest à l'est, de la partie la plus occidentale de la Polynésie à l'isthme de Darien, offrent de grandes difficultés, quoique les vents soufflent pendant des semaines entières de l'ouest. Avant tout, il faudroit savoir si les Quarecas étoient vraiment semblables aux nègres du Soudan, comme le dit Gomara, ou si ce n'étoit qu'une race d'Indiens très-basanés (à cheveux plats et lisses) qui infestoient de temps en temps (et avant 1492) les côtes de cette même île Haïti devenue de nos jours le domaine des Éthiopiens. Sur le passage des Caribes, des îles Lucayes aux Petites-Antilles, sans toucher à aucune des Grandes, *voyez* plus haut, Tom. IX, p. 35 et 36.

seaux européens fait naître sur quelques points d'une côte. Or, l'île de Cuba avec les mêmes *Ciudades et Villas* qu'elle possède aujourd'hui, n'avoit en 1762 pas au-delà de 200,000 habitans; et, chez un peuple traité comme esclave, exposé à la déraison et à la brutalité des maîtres, à l'excès du travail, au manque de nourriture et aux ravages de la petite vérole, 42 ans ne suffisent pas pour ne laisser sur la terre que le souvenir de ses malheurs. Dans plusieurs des Petites-Antilles, la population diminue, sous la domination angloise, de 5 à 6 pour cent par an; à Cuba, de plus de 8 pour cent; mais l'anéantissement de 200,000 en 42 ans suppose une perte annuelle de 26 pour cent, perte peu croyable, quoique l'on puisse croire que la mortalité des indigènes de Cuba ait été beaucoup plus grande que celle des nègres achetés à des prix très-élevés [1].

[1] Le nombre des *esclaves enregistrés* a été, en 1817, à la Dominique, de 17,959; à la Grenade, de 28,024; à Sainte-Lucie, de 15,893; à la Trinité, de 25,941. En 1820, ces mêmes îles ne comptoient plus que 16,554; 25,677; 13,050 et 23,537 esclaves. Les pertes ont donc été (d'après l'état des registres), *en trois ans*, de $\frac{1}{12}$, $\frac{1}{11}$, $\frac{1}{5}$ et $\frac{1}{11}$. (*Documens manuscrits* communi-

En étudiant l'histoire de l'île, on observe que le mouvement de la colonisation a été de l'est à l'ouest, et qu'ici comme partout dans les colonies espagnoles, les lieux qui ont été peuplés les premiers, sont aujourd'hui les plus déserts. Les premiers établissemens des blancs se firent en 1511, lorsque, d'après les ordres de Don Diego Colomb, le *conquistador* et *poblador* Velasquez débarqua au Puerto de Palmas, près du Cap Maysi, appelé alors *Alfa y Omega*, et subjugua le cacique Hatuey qui, émigré et fugitif d'Haïti, s'étoit retiré dans la partie orientale de l'île de Cuba et y étoit devenu le chef d'une confédération de petits princes indigènes. On commença à construire la ville de Baracoa en 1512 : plus tard, le Puerto Principe, Trinidad, la Villa de Santi Espiritus, Santiago [1] de Cuba (1514), San Sal-

qués par les bontés de M. Wilmot, sous-secrétaire d'état au département des colonies de la Grande-Bretagne.) Nous avons vu plus haut qu'avant l'abolition de la traite, les esclaves de la Jamaïque diminuoient de 7000 par an.

[1] *Patriota*, Tom. II, p. 280. *Manuscrits de Don Felix de Arrate*, rédigés en 1750, d'après les pièces officielles sauvées dans le grand incendie de la Ha-

vador de Bayamo et San Cristobal de la Havana. Cette dernière ville fut d'abord (1515) fondée sur la côte méridionale de l'île dans le *Partido* des Guines, et transférée, 4 ans plus tard, au Puerto de Carenas, dont la position, à l'entrée des deux canaux de Bahama (*el Viejo y el Nuevo*), parut beaucoup plus favorable au commerce que la côte au sud-ouest du Batabano [1]. Depuis le XVI° siècle, les progrès de la civilisation ont puissamment influé sur les rapports des castes entre elles : ces rapports varient dans les districts qui ne renferment que des fermes à bétail et dans ceux dont le sol est

vane, en 1538. Je suis surpris de voir (*Guia*, 1815, p. 73) que les religieux franciscains de Santiago de Cuba font remonter la fondation de leur couvent à l'année 1505, la reconnoissance entière des côtes par Sébastien de Ocampo ne datant que de l'année 1508.

[1] *Voyez* plus haut, p. 236 et suiv. *Documentos*, p. 116. On montre encore, à la Havane, l'arbre sous lequel (au Puerto de Carenas) les Espagnols ont célébré la première messe. L'île appelée aujourd'hui officiellement le *siempre fiel Isla de Cuba*, fut nommée, depuis sa découverte, successivement *Juana*, *Fernandina*, *Isla de Santiago* et *Isla del Ave Maria*. Ses armes datent de l'année 1516.

défriché depuis long-temps, dans les ports de mer et les villes de l'intérieur, dans les lieux où l'on cultive des denrées coloniales et ceux qui produisent du maïs, des légumes et des fourrages.

I. La *Juridiction de la Havane* éprouve une diminution de la *population relative* des blancs dans la capitale et ses alentours, mais non dans les villes de l'intérieur et dans toute la *vuelta de abajo* destinée aux plantations de tabacs qui emploient des mains libres. En 1791, le recensement de Don Luys de las Casas donna à la Juridiction de la Havane 137,800 ames, parmi lesquelles les rapports des *blancs*, des *libres* de *couleur* et des *esclaves* étoient de 0,53; 0,20; 0,27; en 1811, d'après de nombreuses introductions d'esclaves, on croyoit ces rapports comme 0,46; 0,12; 0,42. Dans les districts où se trouvent les grandes plantations de sucre et de café (*partidos de grandes labranzas*), les blancs forment à peine un tiers de la population, et les *rapports des castes* (en prenant cette expression dans le sens du rapport de chaque caste à la population totale) oscillent pour les blancs entre 0,30 et 0,36; pour les libres de couleur, entre 0,03 et 0,06; pour les esclaves, entre 0,58 et 0,67; tandis que, dans les districts à culture de tabac de la *vuelta de abajo*, on trouve 0,62; 0,24; 0,14, et dans les districts à pâturages (*ganaderia*), même 0,66; 0,20; 0,14. Il résulte de ces données que la liberté diminue dans les pays à esclaves à mesure que la culture et la civilisation augmentent.

II. Dans la *Juridiction des Quatro Villas* et dans celles de Puerto Principe et de Cuba, on connoît les progrès de la population avec plus d'exactitude que dans la partie occidentale. Les *Quatro Villas* ont ressenti ces mêmes effets qui naissent de la différence des occupations des habitans. Dans les districts de Santo Espiritu, où les fermes à bétail prospèrent; à San Juan de los Remedios, où le commerce de contrebande avec les Iles Bahames est très-fréquent, les blancs ont augmenté de 1791 à 1811. Ils ont diminué au contraire dans le district éminemment fertile de Trinidad où les plantations de sucre ont pris un développement extraordinaire. A Villa-

Clara, ce sont les libres de couleur qui gagnent sur les autres classes.

III. Dans la *Juridiccion de Puerto Principe*, la population totale a presque doublé en 20 ans. Elle s'est accrue de 0,89, comme dans les plus belles parties des États-Unis : cependant les alentours de Puerto Principe ne sont que d'immenses plaines où paissent des troupeaux à demi-sauvages. Les propriétaires, dit un voyageur récent [1], n'y ont d'autre soin que d'enterrer dans leur coffre-fort l'argent que le majordome des *hatos* leur porte et de l'exhumer pour le jeu et les procès qu'ils se lèguent d'une génération à l'autre.

IV. Dans la *Juridiction de Cuba*, considérée dans son ensemble, les rapports entre les trois classes ont peu changé depuis 20 ans. Le Partido de Bayamo se distingue toujours par le grand nombre de gens de couleur libres (0,44), qui s'accroît d'année en année, comme à Holguin et à Baracoa. Dans les environs de Cuba, les plantations de café prospèrent, et offrent

---

[1] *Masse, sur l'île de Cuba*, 1825, p. 302.

une augmentation d'esclaves très-considérable [1].

[1] Dans le tableau qui a été publié par le secrétaire du Consulado, M. del Valle Hernandez (*Documentos*, p. 149, et *Patr.*, Tom. II, p. 283), les esclaves de Bayamo sont évalués à 16,733 : ce chiffre ne s'accorde ni avec la somme totale 47,984, ni avec le quotient 0,26. Comme il est plus probable que l'erreur typographique ait porté sur un chiffre que sur deux, j'ai substitué le nombre des esclaves (12,633) que l'on trouve à la fois par le quotient et la somme totale. Le tableau des quatre districts de la province de Cuba est le résultat *non modifié* des dénombremens; il donne, pour la population de la Province de Cuba, 106,331. Dans le *tableau général de l'île de Cuba* (*voyez* plus haut, p. 310), les résultats du *censo* sont modifiés, soit en les réduisant à des sommes rondes, soit en les augmentant, comme il est dit tout exprès dans les *Docum.*, p. 137. Les contradictions ne sont par conséquent qu'apparentes. J'ignore pourquoi on a diminué le seul nombre des esclaves de la Juridiction de Cuba dans le tableau général, mais ce changement ne porte que sur un $\frac{1}{10}$ de la population servile de la partie orientale de l'île. Comme il existe des *variantes lectiones* dans tous les résultats des dénombremens, j'ajouterai que d'autres *Padrones* ont donné, en 1810, pour les quatre districts de Cuba, 98,780; pour le district (?) de Puerto Principe, 48,033. (*Docum.*, p. 137 et 150.) Un dénombrement de 1800 a donné aux Quatro Villas 53,267.

22 *

QUATRE DISTRICTS DE LA PROVINCE DE CUBA.

DISTRICTS.	BLANCS.	LIBRES de couleur.	ESCLAVES.	TOTAL.	RAPPORTS des trois classes à la population totale.		
Cuba 1791	7,926	6,698	5,213	19,837	0,40	0,33	0,27
1810	9,421	6,170	8,836	24,427	0,38	0,25	0,37
Baracoa 1791	850	1,381	169	2,400	0,35	0,57	0,08
1810	2,060	1,319	664	4,043	0,51	0,33	0,16
Holguin 1791	4,116	1,001	5,862	10,979	0,37	0,09	0,54
1810	8,534	4,542	16,850	29,926	0,28	0,13	0,59
Bayamo 1791	6,584	9,132	7,287	23,003	0,29	0,40	0,31
1810	14,498	20,853	12,633	47,984	0,30	0,44	0,26
Total 1791	19,476	18,212	18,521	56,219	0,34	0,33	0,33
1810	34,513	32,984	38,834	106,331	0,32	0,31	0,37

Jusque dans les dernières années du 18me siècle, le nombre des esclaves femelles étoit extrêmement petit dans les *plantations* de sucre; et, ce qui doit bien surprendre, c'est qu'un préjugé fondé sur des « scrupules religieux » s'opposoit à l'introduction des femmes, dont le prix étoit à la Havane généralement un tiers au-dessous du prix des hommes [1]. On forçoit les esclaves au célibat, sous prétexte d'éviter le désordre des mœurs ! Il n'y avoit que les Jésuites et les moines Bethlémites qui avoient renoncé à ce funeste préjugé ; eux seuls souffroient les négresses dans leurs plantations. Si le dénombrement, sans doute très-imparfait de 1775, donnoit déjà 15,562 femmes esclaves et 29,366 hommes esclaves, il ne faut pas oublier que ce dénombrement embrassoit la totalité de l'île, et que les sucreries n'occupent même aujourd'hui que le quart de la population servile. Depuis l'année 1795, le *Consulado* de la Havane commença à s'occuper sérieusement du projet de rendre l'accroissement de la population servile plus indépendant des variations de la traite. Don Francisco Arango, dont les vues ont toujours été pleines de sagesse, proposa d'imposer une taxe sur les plantations qui n'avoient pas un tiers de négresses parmi leurs esclaves. Il vouloit aussi qu'on levât un droit de 6 piastres par chaque nègre introduit dans l'île, droit dont les femmes (*negras bozales* seroient exemptes. Quoique ces

---

[1] *Documentos*, p. 34.

mesures ne fussent pas adoptées, les *assemblées coloniales* se refusant toujours à des moyens coërcitifs, le désir de multiplier les mariages et de mieux soigner les enfans des esclaves fut éveillé depuis cette époque, et une *cédule royale* (du 22 avril 1804) recommanda ces objets « à la conscience et à l'humanité des colons. » Le dénombrement de 1817 donna, d'après M. Poinsett, 60,322 négresses esclaves et 106,521 nègres esclaves. Le rapport des femmes noires esclaves aux hommes étoit, en 1777, comme 1:1,9; et, 40 années plus tard, il avoit à peine changé d'une manière sensible[1]. Il étoit = 1 : 1,7 ; la petitesse de ce changement doit être attribuée à l'énorme quantité de *negros bozales* introduits depus 1791, l'introduction des négresses n'ayant été considérable que de 1817 à 1820, de sorte que les nègres es-

---

[1] Dans les Antilles angloises, sur une population d'esclaves de 627,777, on comptoit, en 1823 : mâles, 308,467; femelles, 319,310 : ce qui donne par conséquent un excès des femelles de $3\frac{1}{5}$ pour cent. Il n'y avoit que Trinidad et Antigua qui, comme Demerary, offroient plus de mâles que de femelles parmi les esclaves. Voyez *Stat. Illustr. of the Brit. Emp.*, 1825, p. 54.

claves qui servent dans les villes sont devenus une plus petite fraction de la masse totale. Dans le *partido* de Batabano qui renfermoit, en 1818, une population de 2078 avec 13 *yngenios* de sucre et 7 *cafetales*, il y avoit 2226 nègres, et seulement 257 négresses esclaves (rapport = 8 : 1). Dans la Juridiction de San Juan de los Remedios (qui comptoit, en 1827, une population de 13,700 avec 17 sucreries et 73 *cafetales*), il y avoit 1200 nègres et 660 négresses esclaves (rapport = 19 : 1). Dans la Juridiction de Filipinas (qui comptoit, en 1819, une population de 13,026, il y avoit 2494 nègres et 997 négresses esclaves (rapport = 2,4 : 1); et si, dans toute l'île de Cuba, les esclaves noirs mâles sont aux femelles = 1,7 : 1, ils sont, dans les seules sucreries, à peine = 4 : 1.

La première introduction de nègres dans la partie orientale de l'île eut lieu en 1521 : elle n'excéda pas le nombre de 300. Les Espagnols étoient alors beaucoup moins avides d'esclaves que les Portugais; car, en 1539, il y avoit à Lisbonne[1] une vente de 12,000 nègres, comme

---

[1] *Bryan Edward*, *West. na.*, Vol. III, p. 202. *Voyez* aussi plus haut, Tom. I, p. 422 et suiv.

de nos jours (à l'éternelle honte de l'Europe chrétienne) on fait la *traite des Grecs* à Constantinople et à Smyrne. En Espagne, le commerce des esclaves n'étoit pas libre au xvi° siècle : la cour en accordoit le privilége qui fut acheté, pour toute l'Amérique espagnole, en 1586, par Gaspar de Peralta; en 1595, par Gomez Reynel; en 1615, par Antonio Rodriguez de Elvas. L'introduction totale n'étoit alors que de 3500 nègres par an; et les habitans de Cuba, tout adonnés à l'éducation des bestiaux, en recevoient à peine. Pendant la guerre de succession, les François relâchoient à la Havane pour échanger des esclaves contre du tabac. L'*asiento* des Anglois vivifia un peu l'introduction de nègres; cependant, en 1763, quoique la prise de la Havane et le séjour des étrangers eussent fait naître des besoins nouveaux, le nombre des esclaves n'atteignit, dans la Juridiction de la Havane, pas encore 25,000; dans toute l'île, pas 32,000. Le nombre total des nègres africains introduits a été probablement [2], de 1521 à 1763, de 60,000; leurs descendans existent parmi les mulâtres libres,

---

[2] *Documentos*, p. 39 et 118.

dont la majeure partie habite la partie orientale de l'île. Depuis l'année 1763 jusqu'en 1790, où le commerce des nègres fut déclaré libre, la Havane en a reçu 24,875 (par la *Compañía de Tabacos* 4957, de 1763 à 1766; par le contrat du marquis de Casa Enrile, 14,132, de 1773 à 1779; par le contrat de Baker et Dawson, 5786, de 1786 à 1789). Si l'on évalue l'introduction des esclaves dans la partie orientale de l'île pendant ces mêmes 27 années (1763 à 1790) à 6000, on trouve, depuis la découverte de l'île de Cuba, ou plutôt depuis 1521 jusqu'en 1790, un total de 90,875. Nous verrons bientôt que, par l'activité toujours croissante de la traite, les 15 années qui ont suivi celle de 1790 ont fourni plus d'esclaves que deux siècles et demi qui ont précédé l'époque du commerce libre. Cette activité a redoublé surtout, lorsqu'il fut stipulé entre l'Angleterre et l'Espagne, que la traite seroit prohibée, au nord de l'équateur, depuis le 22 novembre 1817, et qu'elle seroit entièrement abolie le 30 mai 1820. Le roi d'Espagne accepta de l'Angleterre (la postérité aura un jour de la peine à le croire) une somme de 400,000 livres sterling, comme compensation des dommages qui pourroient résulter de la cessation de ce commerce barbare. Voici le nombre des nègres africains introduits par le seul port de la Havane et d'après les registres de la douane :

1790......	2534	1806.....	4395
1791......	8498	1807.....	2565
1792......	8528	1808.....	1607
1793......	3777	1809.....	1162
1794......	4164	1810.....	6672
1795......	5832	1811.....	6349
1796......	5711	1812.....	6081
1797......	4552	1813.....	4770
1798......	2001	1814.....	4321
1799......	4919	1815.....	9111
1800......	4145	1816.....	17,737
1801......	1659	1817.....	25,841
1802......	13,832	1818.....	19,902
1803......	9671	1819.....	17,194
1804......	8923	1820.....	4122

1805...... 4999. Total de 31 années 225,574

Moyenne annuelle dans cet intervalle [1] de temps 7470, et pour les derniers 10 ans 11,542. Ce nombre peut être augmenté pour le moins

---

[1] D'autres notes manuscrites, que je possède, donnent, pour 1817 esclaves, 23,560.

CHAPITRE XXVIII. 347

d'un quart, tant à cause du commerce illicite et des omissions dans les douanes qu'à cause de l'introduction licite par la Trinidad et Santiago de Cuba, de sorte que nous trouvons

pour l'île entière, de 1521 à 1763...	60,000
de 1764 à 1790...	33,409
pour la Havane seule, de 1791 à 1805..	91,211
de 1806 à 1820..	131,829
	316,449
augmentation, tant pour le commerce illicite que pour la partie orientale de l'île, de 1791 à 1820............	56,000
	372,449

Nous avons vu plus haut que la Jamaïque a reçu d'Afrique [1], dans les mêmes 300 ans, 850,000 noirs, ou, pour nous arrêter à une évaluation plus certaine, en 108 ans (de 1700 à 1808), près de 677,000; et cependant cette

---

[1] *Voyez* plus haut, p. 145. J'ajouterai ici que toutes les colonies angloises des Antilles, qui n'ont aujourd'hui que 700,000 nègres et mulâtres, libres et esclaves, ont reçu, en 106 ans (de 1680 à 1786), selon les registres des douanes, 2,130,000 nègres des côtes d'Afrique!

île ne possède aujourd'hui pas 380,000 noirs et mulâtres libres et esclaves! L'île de Cuba offre un résultat plus consolant; elle a 130,000 libres de couleur, tandis que la Jamaïque, sur une populalation totale de moitié moins grande, n'en compte que 35,000. L'île de Cuba a reçu d'Afrique,

avant l'année 1791..................	93,500
de 1791 à 1825 pour le moins.......	320,000
	413,500

On n'y trouvoit, en 1825, à cause du petit nombre de négresses introduites par la traite, que

nègres libres et esclaves............	320,000
mulâtres.........................	70,000
hommes de couleur................	390,000

Un calcul semblable, fondé sur des élémens numériques peu différens, a été adressé aux *Cortès* d'Espagne le 20 juillet 1811. On a tâché de prouver par ce calcul que l'île de Cuba a reçu, jusqu'en 1810, moins de 229,000 nègres africains [1], et qu'elle les *représente*, en

---

[1] Selon une note publiée par le Consulado de la Havane (*Papel periodico*, 1801, p. 12), on comptoit le

1811, par une population servile et libre de nègres et de mulâtres, qui s'élève à 326,000, de sorte qu'il y a un excès de 97,000 sur l'importation africaine [1]. Oubliant que les blancs ont eu leur part à l'existence de 70,000 mulâtres [2]; oubliant l'accroissement naturel qu'au-

prix moyen des 15,647 *negros bozales*, introduits de 1797-1800, de 375 piastres par tête. D'après le même taux, les 307,000 noirs d'Afrique introduits de 1790 à 1823 auroit coûté aux habitans de l'île la somme de 115,125,000 piastres.

[1] Mon calcul termine en 1825, et donne 413,500 nègres introduits depuis la *conquête*. Le calcul, transmis aux Cortès, termine en 1810, et donne 229,000. (*Documentos*, p. 119.) Différence 184,500 : or, d'après les seuls registres de la douane de la Havane, le nombre des *negros bozales*, introduits dans ce port, a été, de 1811 à 1820, au-delà de 109,000, qu'il faut augmenter, 1° d'après les principes admis par le *Consulado* même de $\frac{1}{4}$ ou 27,000 pour l'introduction licite dans la partie orientale de l'île ; 2° du produit du commerce illicite de 1811 à 1825.

[2] Le travail entrepris par le *Consulado* en 1811, sur la répartition probable de 326,000 gens de couleur libres et esclaves, renferme des matériaux extrêmement remarquables, et qu'une très-grande connoissance des localités a pu seule fournir à l'administration. A) *Villes*: Partie occidentale ; dans la Havane, 27,000 libres de

roient dû avoir tant de milliers de nègres introduits progressivement, on s'écrie: « Quelle autre nation ou société humaine peut rendre un compte si avantageux des effets de cette funeste traite de noirs (*desgraciado trafico*) ! ». Je respecte les sentimens qui ont dicté ces lignes. Je répète qu'en comparant l'île de Cuba à la Jamaïque, le résultat de la comparaison semble être à l'avantage de la législation espagnole et des mœurs des habitans de Cuba. Ces comparaisons démontrent, dans cette dernière île, un état de choses plus favorable à la conservation physique et à l'affranchissement des noirs; mais quel triste spectacle que celui de peuples chrétiens et civilisés qui discutent lequel d'entre eux a fait périr, en trois

couleur et 28,000 esclaves; les 7 pueblos de *Ayantamiento*, 18,000; donc dans toute la Juridiction de la Havane, 36,000 libres de couleur et 37,000 esclaves. Partie orientale, 36,000 libres de couleur et 32,000 esclaves. Total des villes, 72,000 libres de couleur et 69,000 esclaves ou 141,000. B) *Champs* : Juridiction de la Havane, 6000 libres de couleur et 110,000 esclaves. Partie orientale, 36,000 libres de couleur et 33,000 esclaves. Total des champs (*campos*), 185,000. *Documentos sobre los negros*, p. 121.

siècles, le moins d'Africains en les réduisant à l'esclavage! Je ne vanterai pas le traitement des noirs dans les parties méridionales des États-Unis [1], mais dans les souffrances de l'espèce humaine il existe des degrés. L'esclave qui a une cabane et une famille est moins malheureux que celui qui est parqué comme s'il faisoit partie d'un troupeau. Plus grand qu'est le nombre des esclaves établis avec leurs familles dans des cases qu'ils croient être leur propriété, et plus la multiplication est rapide. Aux États-Unis on comptoit :

1790.....................	480,000 esclaves.
1791.....................	676,696
1800.....................	894,444
1810.....................	1,191,364
1820.....................	1,541,568

[1] Sur l'état comparatif de misère parmi les esclaves des Antilles et des États-Unis, voyez *Negro-Slavery in the U. St. of America and Jamaica*, 1823, p. 31. La Jamaïque comptoit, en 1823, esclaves mâles 170,466; femelles 171,916: aux États-Unis on trouvoit, en 1820, esclaves mâles 788,028; femelles 750,100. Ce n'est donc pas la disproportion entre les sexes qui cause le manque d'accroissement naturel aux Antilles!

L'accroissement annuel [1] des dernières dix années a été (sans compter un affranchissement de 100,000) de 26 sur mille, ce qui produit un doublement en 27 ans. Or, je dirai avec M. Cropper [2], que si les esclaves à la Jamaïque et à Cuba s'étoient multipliés dans le

---

[1] L'accroissement des nègres esclaves, de 1790 à 1810 (de 514,668), est dû, 1° à l'augmentation naturelle dans les familles; 2° à 30,000 nègres importés dans les 4 ans (1804 à 1808), que la législature de la Caroline du Sud permit malheureusement de nouveau l'importation par traite; 3° à l'acquisition de la Louisiane où il y avoit alors 30,000 noirs. Les augmentations, qui résultent des deux dernières causes, ne portent que sur $\frac{1}{8}$ de l'accroissement total, et trouvent leur compensation dans la manumission de plus de 100,000 noirs qui disparoissent, en 1810, sur les registres. Les esclaves augmentent un peu moins rapidement (dans la proportion exacte de 0,02611 à 0,02915) que la totalité de la population des États-Unis; mais leur accroissement est plus rapide que celui des blancs là où ils forment une partie très-considérable de la population, comme dans les états méridionaux. (*Morse, Mod. Geogr.,* 1822, p. 608.)

[1] *Letter addressed to the Liverpool Society,* 1823, p. 18.

même rapport[1], ces deux îles auroient, l'une depuis 1795, l'autre depuis 1800, presque leur population actuelle, sans que 400,000 noirs eussent été chargés de fer sur les côtes d'Afrique et traînés à Port-Royal et à la Havane.

La mortalité des nègres est très-différente dans l'île de Cuba, comme dans toutes les Antilles, selon le genre de culture, selon l'humanité des maîtres et des *gérans*, et selon le nombre des négresses qui peuvent donner des soins aux malades. Il y a des plantations dans lesquelles il en périt annuellement 15 à 18 pour cent. J'ai entendu discuter froidement s'il vaut mieux, pour le propriétaire, de ne pas fatiguer à l'excès les esclaves dans le travail, et par conséquent de les remplacer moins sou-

[1] Le nombre de 480,000 pour l'année 1770 ne se fonde pas sur un dénombrement effectif : ce n'est qu'une approximation. M. Albert Gallatin pense que les Etats-Unis qui possédoient, à la fin de 1823, une population de 1,665,000 esclaves et de 250,000 libres de couleur, et par conséquent un total de 1,915,000 nègres et mulâtres, n'ont jamais reçu des côtes d'Afrique plus de 300,000 noirs, c'est-à-dire 1,830,000 de moins qu'en ont reçus, de 1680 à 1786, les Antilles Angloises, dont la population en nègres et mulâtres surpasse à peine aujourd'hui le tiers de celle des Etats-Unis.

vent, ou d'en tirer en peu d'années tout le parti possible, sauf à faire plus fréquemment des achats de *negros bozales*. Tels sont les raisonnemens de la cupidité, lorsque l'homme se sert de l'homme comme bête de somme! Il seroit injuste de révoquer en doute que, depuis 15 ans, la mortalité des nègres a beaucoup diminué dans l'île de Cuba. Plusieurs propriétaires se sont occupés, de la manière la plus louable, de l'amélioration du régime des plantations. La mortalité moyenne des nègres récemment introduits est encore de 10 à 12 pour cent [1]; elle pourroit, d'après l'expérience de plusieurs sucreries bien gouvernées, diminuer jusqu'à 6 ou 8 pour cent. Cette perte des *negros bozales* diffère beaucoup selon l'époque de leur introduction. La plus

[1] On assure qu'à la Martinique, où il y a 78,000 esclaves, la mortalité moyenne est de 6000. Les naissances, parmi les esclaves, ne s'élèvent encore annuellement qu'à 1200. Sur les pertes dans les îles Antilles Angloises, *voyez* plus haut, p. 336. Avant l'abolition de la traite, la Jamaïque perdoit annuellement 7000 individus ou 2 ¼ pour cent; depuis cette époque, la diminution de la population est presque nulle. *Review of the registry laws by the Com. of the Afric. Inst.*, 1820, p. 43.

favorable est celle d'octobre en janvier, où la saison est saine et où l'abondance des alimens dans les plantations est très-considérable. Dans les mois très-chauds, la mortalité est quelquefois déjà, *pendant la vente*, de 4 pour cent, comme on l'a éprouvé en 1802. L'accroissement du nombre des esclaves femelles, si utiles par les soins qu'elles donnent à leurs maris et à leurs compatriotes malades, l'exemption du travail pendant la grossesse, la sollicitude pour les enfans, l'établissement des nègres par familles dans des cases séparées, l'abondance des provisions, la multiplication des jours de repos et l'introduction d'un travail modéré à tâche, voilà les moyens les plus susceptiles de prévenir la destruction des noirs. Des personnes qui connoissent bien le régime intérieur des plantations pensent que, dans l'état actuel des choses, le nombre des esclaves noirs diminueroit annuellement de $\frac{1}{10}$ si la traite frauduleuse cessoit entièrement. C'est une diminution à peu près égale à celle des Petites-Antilles Angloises, si l'on en excepte Sainte-Lucie et Grenade. Dans ces dernières, on a été averti par les discussions parlementaires, 15 années avant l'abolition définitive de la traite : on a eu le temps d'augmenter l'introduction des négresses. Dans l'île de Cuba, l'abolition a été plus subite et plus inattendue.

Dans les écrits officiels publiés à la Havane, on a essayé de comparer la *population relative* (le rapport de la population à l'*area* de l'île) avec la population relative des parties les moins peuplées de la France et de l'Espagne. Comme on ignoroit alors la véritable *area* de l'île, ces essais n'ont pu être exacts. Nous avons vu plus haut que l'île entière renferme à peu près 200 individus par lieue carrée marine (de 20 au degré). C'est $\frac{1}{5}$ de moins que la province la moins peuplée de l'Espagne, celle de Cuenca, quatre fois moins que le département le moins peuplé de la France, celui des Hautes-Alpes. Les habitans de l'île de Cuba sont si inégalement répartis, qu'on pourroit presque regarder comme dépeuplés les $\frac{5}{6}$ de l'île [1]. Il y a diverses paroisses (Consolacion, Macuriges, Hanabana), dans lesquelles on ne trouve, au milieu des pâturages, pas 15 habitans par lieue carrée : au contraire, dans le triangle formé par Bahia Honda, Batabano et Matanzas (plus

[1] *Documentos*, p. 136. *Voy.* aussi Tom. IX, p. 255 et 257.

exactement entre Batabano, le Pan de Guaixabon et Guamacaro), on trouve, sur 410 lieues carrées ou sur $\frac{1}{9}$ de l'*area* totale de l'île, plus de 300,000 habitans, c'est-à-dire $\frac{5}{7}$ de la population de l'île et plus de $\frac{6}{7}$ de sa richesse agricole et commerciale. Ce triangle n'offre encore que 732 habitans par lieue carrée. Il n'a pas tout-à-fait l'étendue de deux départemens de *grandeur moyenne* de la France, et une *population relative* de la moitié moins considérable; mais il ne faut pas oublier que, même dans ce ce petit triangle, entre Guaixabon, Guamacaro et Batabano, la partie méridionale est assez dépeuplée. Les *Paroquias*, les plus riches en plantations de sucre, sont celles de Matanzas avec Naranjal, ou Cuba mocha et Yumuri; de Rio Blanco del Norte avec Madruga, Jibacoa et Tapaste; de Jaruco, Guines et Managua avec Rio Blanco del Sur, San Geronimo et Canoa; de Guanabacoa avec Bajurayabo et Sibarimon; de Batabano avec Guara et Buenaventura; de San Antonio avec Govea; de Guanajay avec Bahia Honda et Guajaybon; de Cano avec Bauta et Guatao; de Santiago avec Hubajay, et de la Trinidad. Les Paroquias qui sont les plus dépeuplées, et qui ne servent qu'à l'économie pastorale (*cria de ganado*), sont, dans la *Vuelta de abajo*, celle de Santa Cruz de los Pinos, Guanacape, Cacaragicaras, Pinal del Rio, Guane et Baxa; dans la *Vuelta de arriba*, celles de Macuriges, Hanabana, Guamacaro et Alvarez. Les *hatos*, ou fermes de bétail qui occupent des déserts de 1600 à 1800 *caballerias*, disparoissent peu à peu; et si les établissemens tentés à Guantanamo et Nuevitas n'ont pas eu les succès rapides auxquels on croyoit avoir droit de s'attendre, d'autres établissemens, par exemple ceux de la Juridiction du Guanajay ont parfaitement réussi (*Expediente de Don Franc. de Arango*, 1798, manuscrit.)

Nous avons déjà rappelé plus haut combien la population de l'île de Cuba est susceptible d'augmenter dans la suite des siècles. Natif d'un pays du nord, qui est bien peu favorisé par la nature, je rappellerai que la Marche de Brandebourg, en grande partie sablonneuse, nourrit, sous une administration favorable aux progrès de l'industrie agricole, sur une surface trois fois plus petite que l'île de Cuba, une population presque double. L'extrême inégalité dans la distribution de la population, le manque d'habitans sur une grande partie des côtes, et l'énorme développement de ces dernières rendent impossible la défense militaire de l'île entière. On ne peut empêcher ni le débarquement de l'ennemi ni le commerce illicite. La Havane est sans doute une place bien défendue, et qui rivalise, par ses ouvrages, avec les places les plus importantes de l'Europe; les *Torreones* et les fortifications de Cogimar, Jaruco, Matanzas, Mariel, Bahia Honda, Batabano, Xagua et Trinidad peuvent opposer une résistance plus ou moins longue, mais les deux tiers de l'île sont presque sans défense et pourroient à peine en trouver dans le service le plus actif de chaloupes canonnières.

La culture intellectuelle, presque entièrement restreinte à la classe des blancs, se trouve aussi inégalement répartie que la population. La grande société de la Havane ressemble, par l'aisance et la politesse des manières, à la société de Cadix et des villes commerçantes les plus riches de l'Europe : mais si l'on quitte la capitale ou les plantations voisines, habitées par de riches propriétaires, on est frappé du contraste qu'offre cet état d'une civilisation partielle et locale d'avec la simplicité de mœurs qui règne dans les fermes isolées et dans les petites villes. Les Havaneros ont été les premiers, parmi les riches habitans des colonies espagnoles, qui ont visité l'Espagne, la France et l'Italie. C'est à la Havane qu'on a toujours été le mieux instruit de la politique de l'Europe et des ressorts qu'on fait jouer dans les cours pour soutenir ou pour renverser un ministère. Cette connoissance des événemens, cette prévision des chances futures ont puissamment servi aux habitans de l'île de Cuba à se délivrer d'une partie des entraves qui arrêtent le développement de la prospérité coloniale. Dans l'intervalle de temps qui a séparé la paix de Versailles et le commencement de la révolution de Saint-Domingue, la Havane paroissoit dix fois plus rapprochée de l'Espagne que le Mexique, Caracas et la Nouvelle-Grenade. Quinze années plus tard, à l'époque de mon séjour dans les colonies, cette apparence d'une inégalité de distance avoit déjà diminué considérablement; aujourd'hui où l'indépendance des colonies continentales, l'importation d'une industrie étrangère et les besoins financiers des nouveaux états, ont multiplié les liaisons entre l'Europe et l'Amérique, où les trajets se raccourcissent par le perfectionnement de la navigation, où les Colombiens, les Mexicains et les habitans du Guatimala [1] rivalisent à visiter l'Europe, la plupart des anciennes colonies espagnoles, du moins celles qui sont baignées par l'Océan-Atlantique, paroissent également rapprochées de notre continent. Tels sont les changemens qu'un petit nombre d'années a produits, et qui se développent avec une rapidité toujours croissante. Ils sont l'effet des lumières et d'une activité long-temps comprimée; ils rendent moins frappans les contrastes de moeurs et de civilisation que j'avois observés, au commencement de ce siècle, à Caracas, à Bogota, à Quito, à Lima, à Mexico et à la Havane. Les influences des origines basques, catalanes, galiciennes et andalouses [2] deviennent de jour en jour plus insensibles; et peut-être déjà, à

---

[1] *Los Centro-Americanos*, comme les nomme la Constitution de la République fédérale de Centro-America décrétée le 22 novembre 1824.

[2] Tom. IV, p. 150, 151 et 152.

l'époque où j'écris ces lignes, seroit-il peu juste de caractériser les nuances diverses de la culture nationale dans les six capitales que je viens de nommer, comme j'ai tenté de le faire ailleurs [1].

L'île de Cuba n'a pas de ces grands et somptueux établissemens dont la fondation date de très-loin au Mexique : mais la Havane possède des institutions que le patriotisme des habitans, vivifié par une heureuse rivalité entre les différens centres de la civilisation américaine, saura agrandir et perfectionner, lorsque les circonstances politiques et la confiance dans la conservation de la tranquillité intérieure le permettront. La Société patriotique de la Havane (établie en 1793); celles de Santo Espiritu, de Puerto Principe et de Trinidad qui en dépendent ; l'Université avec ses chaires de théologie, de jurisprudence, de médecine [2]

---

[1] Tom. IV, p. 206 et 207.

[2] À la Havane seule, il y avoit, en 1825, plus de 500 médecins praticiens, chirurgiens et pharmaciens ; savoir : 61 medicos, 353 cirujanos latinos y romancistas et 100 farmacénticos ! Dans toute l'île, on comptoit, dans la même année, 312 avocats (dont 198 à la Havane) et 94 escribanos. L'accroissement des avocats seuls

et de mathématique, établies depuis 1728, dans le couvent des *Padres Predicatores* [1]; la chaire d'économie politique, fondée en 1818; celle de Botanique agricole; le Musée et l'Ecole d'anatomie descriptive, due au zèle éclairé de Don Alexandro Ramirez; la bibliothèque publique; l'Ecole gratuite de dessin et de peinture, l'Ecole nautique, les Ecoles Lancastériennes et le Jardin botanique sont des institutions en partie naissantes, en partie vieillies. Elles attendent, les unes, des améliorations progressives; les autres, des réformes totales, propres à les mettre en harmonie avec l'esprit du siècle et les besoins de la Société.

AGRICULTURE. — Lorsque les Espagnols ont commencé à s'établir dans les îles et sur le

a été tels qu'en 1814, il n'y en avoit encore à la Havane que 84, et, dans toute l'île, 130.

[1] Le clergé de l'île de Cuba n'est ni nombreux ni très-riche, si l'on en excepte l'évêque de la Havane et l'archevêque de Cuba, dont le premier a 110,000 piastres, le second 40,000 piastres de rentes annuelles. Les chanoines ont 3000 piastres. Le nombre des ecclésiastiques n'excède pas, d'après les dénombremens officiels que je possède, 1100.

continent de l'Amérique, les principaux objets de la culture du sol ont d'abord été, comme ils le sont encore dans la vieille Europe, les plantes qui servent à la nourriture de l'homme. Cet état de la vie agricole des peuples, le plus naturel et le plus rassurant pour la société, s'est conservé jusqu'à nos jours au Mexique, au Pérou, dans les régions froides et tempérées de Cundinamarca, partout où la domination des blancs a embrassé de vastes étendues de terrains. Des plantes alimentaires, les bananes, le manioc, le maïs, les céréales d'Europe, la pomme de terre et le quinoa sont restés, à différentes hauteurs au-dessus du niveau de la mer, les bases de l'agriculture continentale entre les tropiques. L'indigo, le coton, le cafier et la canne à sucre ne paroissent dans ces régions que par groupes intercalés. Pendant deux siècles et demi, Cuba et les autres îles de l'archipel des Antilles ont présenté le même aspect. On cultivoit les mêmes plantes qui avoient nourri les indigènes à demi-sauvages; on peuploit de nombreux troupeaux de bêtes à cornes les vastes savanes des grandes îles. A Saint-Domingue, Piedro de Atienza planta les premières cannes à sucre vers l'an 1520;

on y construisit même des pressoirs à cylindres mus par des roues hydrauliques [1] : mais l'île de Cuba participa peu à ces efforts d'une industrie naissante ; et, ce qui est très-remarquable, en 1553, les historiens de la *Conquête* [2] ne parlent encore d'aucune autre exportation de sucre que de celle du *sucre mexicain* pour l'Espagne et le Pérou. Loin de verser dans le commerce ce que nous appelons aujourd'hui des *productions coloniales*, la Havane, jusque dans le XVIIIe siècle, n'exportoit que des peaux et des cuirs. A l'éducation des bestiaux succédoit la culture du tabac et la multiplication des abeilles dont les premières ruches (*colmenares*) avoient été apportées des Florides. Bientôt la *cire* et le *tabac* devinrent des objets de commerce plus importans que les *cuirs*, mais ils furent remplacés à leur tour par la canne à *sucre* et le *café*. La culture de chacune de ces productions n'excluoit pas les cultures plus anciennes ; et, dans ces différentes phases de l'industrie agricole, malgré la tendance

---

[1] Sur les *trapiches* ou *molinos de agua* du XVIe siècle, *voyez* Oviedo, *Hist. nat. des Ind.*, lib. 4, cap. 8.

[2] Lopez de Gomara Conquista de Mexico (*Medina del Campo* 1553), fol. cxxix.

qu'on observe assez généralement à faire prédominer les plantations de cafier, les sucreries ont offert jusqu'à ce jour la plus grande valeur de produits annuels. L'exportation du tabac, du café, du sucre et de la cire, par des voies licites et illicites, s'élève à 14 ou 15 millions de piastres, d'après les prix actuels de ces denrées.

SUCRE. — On a exporté du seul port de la Havane, selon les registres de la douane, dans les 64 années suivantes :

de 1760 à 1763, année moyenne, au plus	13,000 caisses.
de 1770 à 1778	50,000
en 1786	63,274
1787	61,245
1788	69,221
1789	69,125
1790	77,896
1791	85,014
1792	72,854
1793	87,970
1794	103,629
1795	70,437
1796	120,374
1797	118,066
1798	134,872
1799	165,602
1800	142,097
1801	159,841
1802	204,404

CHAPITRE XXVIII.

en 1803............................... 158,073
1804............................... 193,955
1805............................... 174,544
1806............................... 156,510
1807............................... 181,272
1808............................... 125,875
1809............................... 238,842
1810............................... 186,672
de 1811 à 1814, année moyenne...... 206,487
en 1815............................... 214,111
1816............................... 200,487
1817............................... 217,076
1818............................... 207,378
1819............................... 192,743
1820............................... 215,593
1821............................... 236,669
1822............................... 261,795
1823............................... 300.211
1824, année peu fertile........... 245,329

Ce tableau est le plus étendu qu'on ait publié jusqu'à ce jour. Il se fonde sur un grand nombre de pièces manuscrites officielles qui m'ont été communiquées, sur l'*Aurora* et le *Papel periodico de la Havana*; sur le *Patriota Americano*; sur les *Guias de Forasteros de la Isla de Cuba*; sur la *Sucinta Noticia de la situacion presente de la Havana*, 1800 (manuscrit) ; sur la *Reclamacion contra la ley de Aranceles*, 1821 et sur le *Redactor general de Guatemala*, 1825 *Jul.*, p. 25. D'après une notice moins certaine, on a embarqué, à la Havane, selon les registres de la douane, du 1er janvier au 5 novembre 1825, 183,960 caisses de sucre. Il manque les deux mois de novembre et décembre pendant lesquels, en 1823, on a embarqué sur le même port 23,600 caisses.

Pour connoître toute l'exportation du sucre de l'île de Cuba, il faut ajouter à l'exportation de la Havane, 1° celle des autres ports *habilités*, surtout de Matanzas, Santiago de Cuba, Trinidad, Baracoa et Mariel; 2° le produit du commerce illicite. Pendant mon séjour dans l'île, on n'évaluoit encore l'exportation de Trinidad de Cuba qu'à 25,000 caisses. En examinant les registres de la douane de Matanzas, il faut éviter les *doubles emplois* et distinguer [1] avec soin le sucre directement exporté pour l'Europe de celui qui est embarqué pour la Havane. En 1819, la véritable exportation transatlantique de Matanzas n'étoit que $\frac{1}{15}$ de celle de la Havane; en 1823, je la trouve déjà $\frac{1}{10}$; car, d'après deux tableaux de la douane, dont l'un offre l'exportation de la Havane seule, l'autre celle de la Havane et

[1] *Letters from the Havanna*, p, 91, 95.

de Matanzas, le premier porte 300,211 caisses de sucre et 895,924 arrobas de café, le second 328,418 caisses de sucre et 979,864 arrobas de café. Selon ces données, on peut ajouter aux 235,000 caisses que présente, pour le seul port de la Havane, la moyenne des dernières huit années, pour le moins 70,000 caisses embarquées dans d'autres ports; de sorte qu'en évaluant la fraude des douanes à $\frac{1}{4}$, on reçoit, pour l'exportation totale de l'île, par des voies licites et illicites, plus de 380,000 caisses (près de 70 millions de kilogrammes) de sucre. Des personnes très-instruites des localités évaluoient déjà [1], en

---

[1] *Historia natural y politica de la Isla de Cuba*, por Don Antonio Lopez Gomez, 1794 (manuscrit), cap. I, p. 22. J'ignore sur quel genre de recherches se fondoit cette évaluation d'une consommation de 25,000 à 30,000 caisses dans l'île entière, qui m'a été donnée comme un résultat certain, en 1804, avant que j'eusse connoissance du manuscrit de M. Lopez Gomez. Peut-être a-t-on conclu la consommation de l'île entière de celle de la Havane, qu'on peut contrôler plus facilement. La quantité de sucre qui s'emploie dans cette ville, soit dans la fabrication du chocolat et les confi-

1794, la consommation de la Havane à 298,000 arrobas ou 18,600 caisses de sucre; la consommation de toute l'île, à 730,000 arrobas, ou 45,600 caisses. Si l'on se rappelle que la population de l'île étoit à cette époque près de 362,000, dont au plus 230,000 hommes libres, et qu'elle est aujourd'hui de 715,000, dont 455,000 hommes libres, il faudroit admettre, pour 1825, une consommation totale de 88,000 caisses. En nous arrêtant à 60,000, on obtient, pour la production totale des plantations de cannes à sucre, pour le moins 440,000 caisses, ou 81 millions de kilog. C'est là un *nombre limite* qui ne diminueroit que de $\frac{1}{15}$, si l'on supposoit de moitié trop forte l'évaluation de la consommation intérieure en 1794 et 1825.

Pour mieux juger de la richesse agricole de Cuba, nous allons comparer la production de cette île, dans des années médiocrement fertiles, avec la production et l'exportation des

tures, soit dans les alimens du peuple, est au-delà de tout ce qu'on peut s'imaginer en Europe même lorsqu'on a parcouru l'Espagne méridionale.

[1] *Voyez* plus haut, p. 304.

sucres dans le reste des Antilles, dans la Louisiane, au Brésil et dans les Guyanes [1].

Ile de Cuba, d'après les évaluations discutées ci-dessus : production, pour le moins

[1] Dans les évaluations qui suivent, on s'est arrêté aux résultats que donnent les *registres des douanes*, sans augmenter les chiffres, conformément à des hypothèses toujours vagues sur les effets du commerce illicite. Dans les réductions des poids on a supposé 1 *quintal* ou 4 *arrobas* = 100 livres espagnoles = 45^{kil},976; 1 *arroba* = 25 livres espagnoles = 11^{kil},494; 1 *caja de azucar* de la Havane = 16 arrobas = 183^{kil},904; 1 cwt = 112 livres angl. = 50^{kil},796. Cette dernière évaluation se fonde sur le travail de M. Kelly qui suppose 453^{gr},544 = 1 livre avoir du poids. M. Francœur, en calculant d'après le poids d'un pouce cube d'eau distillée, sous les conditions indiquées dans la nouvelle loi angloise, trouve seulement 453^{gr},296 dans la livre avoir du poids, ce qui donne 1 cwt = 50^{kil},769, ou à $\frac{5}{1000}$ près le résultat de la réduction de M. Riffault dans la seconde édition de la *Chimie de Thomson*, T. I, p. xvii. J'ai employé, d'après M. Kelly, 1 cwt = 50^{kil},79, mais j'ai dû rappeler les doutes qui restent sur un élément aussi important. Dans les *Prices-Current* imprimés à la Havane, le quintal espagnol est évalué à 46 kil. : la réduction du *Hundred-Weight* dont on se sert dans le commerce, à Paris, est aussi de 50^{kil},792.

440,000 caisses; exportation, par des voies licites, 305,000 caisses, ou 56 millions de kilog.; avec la contrebande, 380,000 caisses (70 millions de kilog.); par conséquent, presque $\frac{1}{7}$ de moins que l'exportation moyenne de la Jamaïque.

Jamaïque. Production [1] (c'est-à-dire la consommation intérieure + l'exportation) en 1812, d'après une évaluation de M. Colquhoun qui paroît un peu forte, de 135,592 *hogsheads* à 14 cwt, ou 96,413,648 kil. Exportation, en 1722, lorsque l'île n'avoit pas encore 60,000 esclaves, de 11,008 hds; en 1744, de 35,000 hds; en 1768 (avec 166,914 esclaves), de 55,761 hds, ou 780,654 cwt [2]; en 1823 (avec 342,382 esclaves), de 1,417,758 cwt [3], ou 72,007,928 kilogrammes. Il résulte de ces données que l'exportation de la Jamaïque, dans l'année très-fertile de 1823, n'a été que

---

[1] Colquhoun, *Wealth of the Brit. Emp.*, p. 378.

[2] Stewart, *View of the present state of Jamaica*, 1825, p. 17.

[3] *Stat. Illustr.*, p. 57. Voyez Note A, à la fin du 10ᵉ Liv.

de $\frac{1}{18}$ plus grande¹ que celle de l'île de Cuba qui s'élevoit, dans la même année, par des voies licites, à 370,000 caisses, ou 68,080,000 kilogrammes. En prenant la moyenne de 1816 à 1824, on trouve, d'après des documens que je dois à l'obligeance de M. Charles Ellis, l'exportation de la Jamaïque aux ports de la Grande-Bretagne et de l'Irlande de 1,597,000 cwt (81,127,000 kil.).

BARBADOS (avec 79,000 esclaves); la GRENADE (avec 25,000 escl.); SAINT-VINCENT (avec 24,000 escl.) sont les trois îles qui, parmi les Antilles angloises, fournissent le plus de sucre. Leur exportation pour la Grande-Bretagne a été, en 1812, de 174,218 cwt; 211,134 cwt et 220,514 cwt. En 1823, elle étoit de 314,630 cwt; 247,360 cwt; et 232,577 cwt. Barbados, la Grenade et Saint-Vincent exportent par conséquent ensemble une quantité de sucre qui n'égale pas encore celle que la Guade-

---

[1] L'exportation des sucres de la Jamaïque aux ports de la Grande-Bretagne et de l'Irlande, pour 1812, a été, d'après Colquhoun, de 1,832,208 cwt, ou 93,076,166 kilogrammes : en 1817, pour la Grande-Bretagne seule, 1,717,259 cwt.

loupe et la Martinique envoient annuellement en France. Les trois îles angloises ont 128,000 esclaves et 43 lieues carrées marines; les deux îles françoises ont 178,000 esclaves et 81 lieues carrées. L'île de la Trinidad qui, après Cuba, Haïti, la Jamaïque et Portorico, est la plus grande des Antilles, a, d'après MM. de Lindenau et Bauza, un *area* de 133 lieues carrées : cependant elle n'exportoit, en 1823, que 186,891 cwt (9,494,000 kilog.), produit du travail de 23,500 esclaves. Le progrès de la culture de cette île conquise sur les Espagnols a été tellement rapide, qu'en 1812, la production n'étoit encore que de 59,000 cwt.

ANTILLES ANGLOISES. La culture de la canne à sucre a commencé à la Jamaïque, comme une branche de l'industrie coloniale, en 1673. L'exportation de toutes les Antilles angloises, pour les ports de la Grande-Bretagne, a été, année moyenne, de 1698 à 1712, de 400,000 cwt; de 1727 à 1733, d'un million de cwt; de 1761 à 1765, de 1,485,377 cwt; de 1791 à 1795 (avec 460,000 escl.), de 2,021,325 cwt; dans l'année très-fertile de 1812, de 3,112,734 cwt; en 1823 (avec 627,000 esclaves), de

CHAPITRE XXVIII.   373

3,005,366 cwt[1]. La moyenne de 1816 à 1824
a été de 3,053,373 cwt. La Jamaïque exporte

---

[1] L'année 1812, selon l'ouvrage de Colquhoun; celle
de 1823, d'après l'ouvrage publié récemment sous le
titre de *Statistical Illustrations of the British Empire*. J'ai pu me convaincre, par les données partielles,
que les exportations de 1812 et de 1823 appartiennent
à peu près aux mêmes îles que l'Angleterre possède depuis la paix de Paris. On n'a ajouté, pour 1823, que les
îles de Tabago et de Sainte-Lucie qui donnent 175,000
cwt de sucre. Les évaluations antérieures à l'année 1812
sont de M. Edwards (*West-Ind.*, Tom. I, p. 19), et se
rapportent à quelques îles près, dont la production
étoit alors insignifiante, aux mêmes parties des Antilles.
On peut observer que, depuis 1812 jusqu'à l'époque
actuelle, l'exportation du sucre, pour l'Angleterre, n'a
plus augmenté; cependant le nombre des esclaves ne
paroît pas avoir éprouvé de changemens sensibles, si
toutefois on peut admettre que les omissions dans les
registres aient été les mêmes en 1812 et en 1823. On
comptoit, dans la première de ces deux années (avec
Sainte-Lucie, les Bahames et les Bermudes), 634,100
esclaves; dans la seconde année, 630,800. Des recherches faites avant la publication des *Statistical Illustrations* m'avoient donné (*Voy.* plus haut, p. 145 et suiv.)
626,800 esclaves. Je n'ai pas voulu faire usage des tableaux publiés pour les années 1807-1822, dans lesquels
on a compris, sous le nom de sucre des Indes occiden-

aujourd'hui, dans les ports de la Grande-Bretagne, plus de la moitié du sucre de toutes les Antilles angloises. Sa population esclave est à

tales angloises, l'exportation des Antilles éphémèrement conquises et celles des Guyanes hollandoises (Demerary, Berbice, et, avant la paix de Paris, même Surinam). Cette confusion géographique a fait naître l'idée d'un accroissement de production plus grand qu'il ne l'est réellement. Les moyennes des exportations de 1809-1811 et de 1815-1818, par exemple, ont été (*Stat. Illust.*, p. 56) de 3,570,803 et 3,540,993 cwt; mais, en décomptant de ces sucres de l'Amérique angloise 370,000 cwt pour Demerary et Berbice, il ne reste, pour les 15 Antilles qui se trouvent aujourd'hui sous la domination de l'Angleterre, que 3,185,000 cwt. La seule année 1822 donne, avec les mêmes corrections, 2,933,700 cwt, et ce résultat est conforme à $\frac{1}{42}$ près à celui que j'ai donné dans le texte pour l'année 1823 (3,005,366 cwt). M. Edwards, selon la dernière édition de son excellent ouvrage sur les Indes occidentales, croit l'exportation moyenne des Antilles angloises, dans la période de 1809 à 1811, de 4,210,276 cwt. Dans cette évaluation, trop forte du tiers, on a sans doute confondu les sucres des Antilles avec ceux qui arrivent des Guyanes, du Brésil et de toutes les autres parties du monde; car *l'importation totale* des sucres dans la Grande-Bretagne n'étoit, de 1809 à 1811 année moyenne, que de 4,242,468 cwt.

la population totale des Antilles angloises, comme 1 : 1 $\frac{8}{10}$. Exportation des Antilles angloises pour l'Irlande : 185,000 cwt.

ANTILLES FRANÇOISES. Exportation pour la France : 42 millions de kilogrammes. La Guadeloupe a exporté, en 1810, en sucres terrés, 5,104,878 livres; en sucres bruts, 37,791,300 livres : la Martinique, 53,057 barriques (à mille livres) de sucre, et 2,699,588 gallons (à 4 pintes de Paris) de sirop; d'où résulte, pour les deux îles, 95,955,238 livres [1]. De 1820 à 1823, les Antilles françoises ont importé, en France, 142,427,968 kilogrammes de sucre brut, et 19,041,840 kilog. de sucre terré; ensemble 161,469,808 kilog., ce qui donne, pour l'année moyenne, 40,367,452 kilog. [2].

ARCHIPEL DES ANTILLES. En évaluant l'exportation des Petites-Antilles hollandoises, danoises et suédoises qui n'ont que 61,000 esclaves, à 18 millions de kilogrammes, on trouve, pour l'exportation de tout l'Archipel

[1] *Notes officielles.*
[2] *Rodet, de l'Entrepôt de Paris,* 1825, p. 150.

des Antilles, en sucres bruts et terrés, près de 287 millions de kilog., dont

165 millions ou $\frac{59}{100}$ des Antilles angloises (626,800 escl.)
62     $\frac{22}{100}$ espagnol. (281,400 escl.)
42     $\frac{14}{100}$ françoises (178,000 escl.)
18     $\frac{6}{100}$ hollandoises, danoises et suédoises (61,300 esclaves).

L'exportation des sucres de Saint-Domingue est presque nulle dans ce moment. Elle étoit, en 1788, de 80,360,000 kilog. : on la croyoit, en 1799, encore de 20 millions. Si elle s'étoit conservée telle qu'elle a été à l'époque de la plus grande prospérité de l'île, elle augmenteroit l'exportation totale des sucres des Antilles de $\frac{28}{100}$; mais celle de toute l'Amérique, à peine de $\frac{18}{100}$. Le Brésil, les Guyanes et Cuba, avec leurs 2,526,000 esclaves, fournissent aujourd'hui ensemble presque 230 millions de kilogrammes, c'est-à-dire (sans la contrebande) trois fois autant de sucre qu'à Saint-Domingue, lors de sa plus grande richesse. L'énorme accroissement qu'ont pris les cultures depuis 1789 dans le Brésil, à Demerary et à Cuba, a remplacé ce que Haïti donne de moins, et a rendu insensible l'abandon des sucreries dans cette république.

CHAPITRE XXVIII. 379

Les Guyanes angloise, hollandoise et française. Exportation totale, pour le moins 40 millions de kilog. Guyane angloise, moyenne de 1816 à 1824, de 557,000 cwt ou 28 millions de kilog. En 1823, l'exportation aux ports de la Grande-Bretagne a été, à Demerary et à Essequebo (avec 77,370 escl.), de 607,870 cwt; à Berbice (avec 23,400 escl.) 56,000 cwt; total 33,717,757 kilog. On peut admettre, pour la Guyane hollandoise [1] ou Surinam, de 9 à 10 millions de kilogrammes. Les exportations de Surinam ont été, en 1823, de 15,882,000 liv.; en 1824, de 18,555,000;

---

[1] Un auteur hollandois, M. Van den Bosch, dans un ouvrage très-instructif sur les *Nederlandsche Bezittingen in Azia, Amerika en Afrika* (1818, Tom. II, p. 188, 202, 204, 214), n'évalue encore, en 1814, les trois colonies de Demerary, Essequebo et Berbice (avec 85,442 esclaves), qu'à une exportation de 32,468,293 livres de sucre. Surinam a, d'après le même auteur, à peine 60,000 esclaves, et exportoit, en 1801, près de 20,477,000 livres de sucre. Cette exportation a peu varié depuis: elle est généralement de 17,000 barriques (à 550 kilog.). Cayenne commence à donner 1 million de kilog. L'évaluation de la population noire des trois Guyanes (*voyez* plus haut, p. 168) est peut-être de $\frac{1}{7}$ trop forte.

en 1825, de 20,266,000. Ces notions ont été recueillies par M. Thuret, consul général du roi des Pays-Bas à Paris.

Brésil. L'exportation de ce vaste pays qui compte 1,960,000 esclaves, et où la canne à sucre est cultivée dans la *Capitania general* de Rio Grande jusqu'au parallèle [1] de Porto Alegre (lat. 30° 2′), est beaucoup plus considérable qu'on ne le croit communément [2]. Elle a été,

[1] Sur les limites des plantes cultivées dans l'hémisphère austral, voyez *Auguste de Saint-Hilaire*, *Aperçu d'un Voyage au Brésil*, p. 57. Au nord du tropique du Cancer, nous trouvons la production en sucre de la Louisiane, en 1815, de 15 millions de livres ou 7,350,000 kilogrammes. (*Pitkins*, p. 249.

[2] Dans l'ouvrage statistique qui a paru sous le titre, *Commerce du dix-neuvième siècle*, Tom. II, p. 238, l'exportation du sucre du Brésil en Europe n'est évaluée qu'à 50,000 caisses; mais, d'après les registres de la douane de Hambourg, ce port seul a reçu, en 1824, de sucres brésiliens, 44,800 caisses; en 1825, plus de 31,900 caisses (à 650 kilog.). L'Angleterre et la Belgique ont importé, à la même époque, plus de 10,000 caisses. M. Auguste de Saint-Hilaire croit que, dans ces dernières années, l'exportation de Bahia ne s'est élevée qu'à 60,000 caisses. D'après des documens officiels ras-

en 1816, d'après des renseignemens très-exacts, de 200,000 caisses (à 650 kilog.), ou 130 millions de kilogrammes, dont ⅖ fut expédié pour l'Allemagne et la Belgique par Hambourg, Brême, Trieste, Livourne et Gênes, et le reste pour le Portugal, la France et l'Angleterre. Ce dernier pays n'en a reçu, en 1823, que 71,438 cwt, ou 3,628,335 kilog. Ces sucres ont généralement sur les côtes du Brésil un prix très-élevé. La production du sucre brésilien a diminué depuis 1816, à cause des troubles intérieurs: dans des années de grande sécheresse, l'exportation s'est élevée à peine à 140,000 caisses. Les personnes qui connoissent particulièrement cette branche du commerce américain pensent que, dès que la tranquillité sera entièrement rétablie, l'exportation du sucre deviendra, année moyenne, de 192,000 caisses, ou 125 millions de kilogrammes, dont 150,000 caisses de sucre terré et 42,000 de sucre brut. On croit que Rio Janeiro fournira 40,000 caisses; Bahia 100,000;

semblés par M. Adrien Balbi, on trouve l'exportation du sucre brésilien pour le Portugal, en 1796, de 34,692,000 kilog.; en 1806, de 36,018,000 kilog.; en 1812, de 45 millions de kilogrammes.

Pernambouc 52,000, sans compter sur des années d'une fertilité extraordinaire.

L'Amérique équinoxiale et la Louisiane versent aujourd'hui (tel est le résultat de la discussion minutieuse de toutes les données partielles) dans le commerce de l'Europe et des États-Unis, 460 millions de kilogrammes de sucre, dont

287 millions ou $\frac{62}{100}$ des Antilles (1,147,500 esclaves)
125           $\frac{27}{100}$ du Brésil   (2,060,000 esclaves)
40             $\frac{9}{100}$ des Guyanes (206,000 esclaves)

Nous verrons bientôt que la Grande-Bretagne seule, avec une population de 14,400,000, consomme plus du tiers des 460 millions de kilogrammes que fournit le Nouveau-Continent dans des pays où la traite a rassemblé 3,314,000 malheureux esclaves! La culture de la canne à sucre est aujourd'hui tellement répandue dans les différentes parties du globe, que les causes physiques ou politiques qui suspendroient ou détruiroient les efforts de l'industrie dans une des Grandes-Antilles, ne pourroient plus produire le même effet sur le prix du sucre, et sur le commerce général de l'Europe et des États-Unis, qu'à l'époque où les grandes cultures étoient concentrées dans un petit espace. Des écrivains espagnols ont souvent comparé l'île de Cuba, pour la richesse de ses productions, aux mines de Guanaxuato dans le Mexique. En effet Guanaxuato, au commencement du XIXe siècle, a fourni le quart de tout l'argent mexicain et un sixième de tout l'argent américain. L'île de Cuba exporte aujourd'hui par des voies licites $\frac{1}{5}$ de tout le sucre de l'Archipel des Antilles; $\frac{1}{8}$ de tout le sucre de l'Amérique équinoxiale qui reflue en Europe et aux États-Unis.

On distingue dans l'île de Cuba trois qualités de sucre, selon le degré de pureté qu'atteint cette matière par le *terrage* (*grados de purga*). Dans chaque pain ou cône renversé, la partie supérieure donne le sucre *blanc*; la partie moyenne, le sucre blond ou *quebrado*; la partie inférieure ou pointe du cône, le *cucurucho*. Tous les sucres de Cuba sont par conséquent terrés; on n'y produit qu'une très-petite quantité de sucre brut ou de moscouade (par corruption *azucar mascabado*). Comme les *formes* sont de différentes grandeurs, les pains (*panes*) diffèrent aussi de poids. Généralement ils pèsent, après le terrage, une *arroba*. Les raffineurs (*maestros de azucar*) veulent que chaque pain de sucre rende $\frac{5}{9}$ de blanc, $\frac{3}{9}$ de *quebrado* et $\frac{1}{9}$ de *cucurucho*. Le sucre blanc a un prix plus élevé, lorsqu'il se vend seul, que dans la vente appelée de *surtido*, dans laquelle on réunit, dans un lot de vente, $\frac{3}{5}$ de sucre blanc et $\frac{2}{5}$ de *quebrado*. Dans ce dernier cas, la différence du prix est généralement de 4 réaux (*reales de plata*); dans le premier, elle s'élève à 6 ou 7 réaux. La révolution de Saint-Domingue, les prohibitions dictées par le *système continental*, l'énorme consommation de sucre en Angleterre et aux Etats-Unis, les progrès de la culture à Cuba, au Brésil, à Demerary, à Bourbon et à Java, ont causé de grandes oscillations dans les prix. Dans une période de douze années, ils ont été, en 1807, de 3 et 7 réaux [1]; et, en 1818, de 24 et 28 réaux, ce qui prouve des

[1] Dans les prix des sucres de la Havane, les deux chiffres indiquent toujours le prix des sucres *quebrado* et *blanco* par *arroba*. La piastre forte a 8 reales, et vaut, droite de poids et de titre, 5 fr. 43 cent.: dans le commerce, elle vaut 13 cent. de moins.

oscillations dans le rapport de 1 à 5. Dans ce même espace de temps, les prix des sucres en Angleterre n'ont varié [1] que de 33 à 73 shillings par quintal, c'est-à-dire comme 1 à 2 $\frac{1}{5}$. En ne considérant pas les prix moyens de l'année entière, mais ceux que les sucres de la Havane ont eus à Liverpool pendant le cours de quelques mois, on trouve aussi des oscillations de 30 sh. (en 1811) à 134 sh. (en 1814), d'où résulte le rapport de 1 à 4 $\frac{3}{5}$. Les prix élevés de 16 et de 20 réaux par arroba se sont maintenus, à la Havane, pendant cinq ans, de 1810 à 1815, presque sans interruption, tandis que, depuis 1822, les prix ont baissé d'un tiers, à 10 et 14, et récemment (1826) même à 9 et 13 réaux. J'entre dans ces détails pour donner une idée plus précise du produit net d'une sucrerie et des sacrifices qu'un propriétaire enclin à se contenter d'un profit plus modique peut faire pour améliorer l'état de ses esclaves. La culture du sucre est encore profitable avec le prix actuel de 24

---

[2] *Voyez* les tableaux des prix de 1807 à 1820 dans *Stat. Illustrations of the Brit. Emp.*, p. 56, et de 1782 à 1822, dans *Tooke on high and low Prices*, 1824, *Append. to Part. II*, p. 46-53.

piastres par caisse de sucre (en prenant la moyenne entre le *blanco* et le *quebrado*); or un propriétaire, dont la sucrerie médiocrement grande donne 800 caisses, ne vend aujourd'hui sa récolte que pour 19,200 piastres, tandis qu'elle lui valoit, il y a douze ans (à 36 piastres par caisse), 28,800 piastres [1].

Pendant mon séjour dans les plaines de Guines, en 1804, j'ai tâché de réunir quelques renseignemens précis sur les *élémens numériques* de la fabrication du sucre de canne : un grand *yngenio*, qui produit 32,000 à 40,000 arr. (367,000 à 460,000 kilog.) de sucre, a généralement une étendue de 50 caballerias [2], ou 650 hectares, dont la moitié

---

[1] La mesure agraire, appelée *caballeria*, a 18 *cordeles* (chaque cordel a 24 *varas*) ou 432 *varas* en carré; par conséquent, comme 1 vara = 0^m,835, d'après Rodriguez, une caballeria a 186,624 vares carrées, ou 130,118 mètres carrés, ou 32 $\frac{2}{10}$ acres anglois.

[2] Il n'y a, dans toute l'île de Cuba, que très-peu de *plantations* qui puissent fournir 40,000 arrobas : ce sont les *yngenios* de Rio Blanco, ou du marquis del Arco, de Don Rafael Ofarril et de Doña Felicia Jaurregui. On considère déjà comme de très-grandes sucreries celles qui donnent annuellement 2000 caisses, ou 32,000 ar-

(moins de $\frac{1}{15}$ de lieue carrée marine) est destinée à la sucrerie proprement dite (*cañaveral*), l'autre moitié aux plantes alimentaires et aux pâturages (*potrero*). Le prix du terrain varie naturellement d'après la qualité du sol et la proximité des ports de la Havane, de Matanzas et du Mariel. Dans un rayon de 25 lieues autour de la Havane, on peut évaluer la caballeria à deux ou trois mille piastres. Pour un produit de 32,000 arrobas (ou 2000 caisses de sucre), il faut que l'*yngenio* ait pour le moins 300 nègres. Un esclave adulte et acclimaté vaut 450 à 500 piastres; un nègre adulte bozal, non acclimaté, 370 à 400 piastres. Il est probable qu'un nègre coûte annuellement, en nourriture, vêtement et médecine, 45 à 50 piastres, par conséquent avec l'intérêt du capital, et en décomptant les jours de fête, plus de 22 sols par jour. On

---

robas (à peu près 368,000 kilogrammes). Dans les colonies françoises, on ne compte généralement que le tiers ou le quart des terrains consacrés à la *plantation des vivres* (bananes, ignames, batates): dans les colonies espagnoles, on perd une plus grande surface en pâturages. C'est une suite naturelle des anciennes habitudes des *haciendas de ganado*.

donne aux esclaves du *tasajo* (viande séchée au soleil) de Buenos-Ayres et de Caracas; de la morue salée (*bacalao*), quand le tasajo est trop cher; des légumes (*viandas*), comme calebasses, muñatos, batates et maïs. Une arroba de tasajo valoit, en 1804, aux Guines, 10 à 12 réaux; aujourd'hui (1825) elle en coûte 14 à 16. Dans un *yngenio* tel que nous le supposons ici (avec un produit de 32,000 à 40,000 *arrobas*), il faut, 1° trois équipages à cylindres mis en mouvement par des bœufs (*trapiches*) ou deux roues hydrauliques; 2° selon l'ancienne méthode espagnole qui, par un feu très-lent, cause une grande consommation de bois, 18 chaudières (*piezas*); selon la méthode françoise des *réverbères* (introduite, depuis l'année 1801, par M. Bailli, de Saint-Domingue, sous les auspices de Don Nicolas Calvo), 3 *clarificadoras*, 3 *peilas* et 2 *traines de tachos* (chaque train a 3 *piezas*), en tout 12 *fondos*. On dit vulgairement que 3 *arrobas* de sucre terré donnent 1 baril de *miel*, et que les mélasses suffisent pour l'entretien des frais de la plantation : cela est tout au plus vrai là où l'on fabrique des eaux-de-vie en abondance. Trente-deux mille *arrobas* de su-

CHAPITRE XXVIII. 389

cre donnent 15,000 *barils de miel* (à 2 *arrobas*), dont on fait 500 *pipas de aguardiente de caña* à 25 piastres. Si, d'après ces données, on vouloit tenter de former un état des frais et produits, on trouveroit, pour 1825 :

Valeur de 32,000 *arr.* de sucre (blanco et quebrado), à 24 piast. la caisse, ou les 16 arrobas..	48,000 piastres
Valeur de 500 *pipas de aguardiente*.................	12,500
	60,500 piastres

Les frais de l'*yngenio* seront évalués, par an, à 30,000 piastres.
Or, le capital employé consiste en

50 caballerias de terrain, à 2500 p.	125,000 piastres
300 nègres, à 450 piastres....	135,000
édifices, moulins..............	80,000
cuves, cylindres, bestiaux et l'inventaire en général.........	130,000
	470,000 piastres

Il résulte de ce calcul qu'en établissant aujourd'hui un *yngenio* capable de fournir 2000 *caxas* par an, un capitaliste retireroit, d'après l'ancienne méthode espagnole et avec le prix actuel du sucre, 6 $\frac{1}{6}$ pour cent d'intérêt. Cet intérêt n'est point considérable pour un établissement qui n'est pas simplement agricole, et dont les frais restent les mêmes, quoique les produits diminuent quelquefois de plus du tiers. Il est très-rare qu'un de ces grands *yngenios* puisse faire 32,000 caisses de sucre pendant plusieurs années consécutives. Il ne faut donc pas être surpris que, lorsque le prix des sucres étoit très-bas dans l'île de Cuba (4 ou 5 piastres le quintal), on ait préféré la culture du riz à celle de la canne. Le profit des propriétaires (*hacendados*) anciennement établis consiste, 1° dans la circonstance que les frais d'établissement ont été beaucoup moindres, il y a 20 ou 30 ans, où la caballeria de bonnes terres ne coûtoit que 1200 ou 1600 piastres, au lieu de 2500 à 3000 piastres; le nègre adulte 300 piastres, au lieu de 450 à 500 piastres; 2° dans la compensation des prix très-bas et très-élevés du sucre. Ces prix sont si différens dans une période de 10 ans, que les intérêts du capital varient de 5 à 15 pour cent. Dans l'année 1804, le capital employé n'auroit été, par exemple, que de 400,000 piastres; et, d'après la valeur des sucres et des eaux-de-vie, le produit brut se seroit élevé à 94,000 piastres. Or, de 1797 à 1800, le prix d'une caisse de sucre a été, valeur moyenne [1], quelquefois de 40 piastres, au lieu de 24 piastres que j'ai dû supposer dans le calcul pour l'année 1825. Lorsqu'une sucrerie, une grande filature ou une mine se trouvent entre les mains de celui qui en a fait le premier établissement, l'évaluation du taux d'intérêt que donnent au propriétaire les capitaux employés ne doit pas guider ceux qui, en achetant de seconde main, balancent les avantages que peuvent offrir les différens genres d'industrie.

D'après des calculs que j'ai faits à l'île de Cuba, il m'a paru qu'un hectare donne, terme moyen, 12 mètres cubes de vezou, dont on retire, par les procédés usités jusqu'à ce jour, au plus 10 à 12 pour cent de sucre brut. Au Bengal, il faut, d'après M. Bockford, 6, d'après M. Roxburgh, 5 $\frac{6}{10}$ livres de suc; car 28 décilitres de vezou fournissent 450 gr. de sucre brut. Il en résulte qu'en considérant le vezou comme un liquide chargé de sel, ce liquide contient, selon la fertilité du sol, 12 à 16 pour cent de sucre

[1] *Papel periodico de la Hav.*, 1801, n° 12.

cristallisable. L'érable à sucre (Acer saccharinum) rend, dans de bons terrains aux États-Unis, 450 grammes de sucre par 18 kilog. de sève ou $2\frac{1}{2}$ pour cent. C'est aussi la quantité de sucre que fournit la betterave, en comparant cette quantité au poids entier de la racine tubéreuse. On retire de 20,000 kilog. de betteraves, cultivées en de bonnes terres, 500 kilog. de sucre brut. Comme la canne à sucre perd la moitié de son poids lorsqu'on en exprime le suc, elle donne, en comparant, non les sucs, mais les racines tubéreuses de la Beta vulgaris au chaume du Saccharum officinarum, à poids égal de masse végétale, six fois plus de sucre brut que la betterave. Selon la nature du sol, la quantité de pluie, la distribution de la chaleur entre les différentes saisons, et la disposition plus ou moins précoce de la plante à la floraison, le suc de la canne à sucre varie dans ses parties constituantes. Ce n'est pas seulement, comme le disent les *praticiens* ou *maestros de azucar*, la partie sucrée qui est plus ou moins délayée; la différence consiste plutôt dans les rapports entre le sucre cristallisable, le sucre incristallisable (sucre liquide de M. Proust), l'albumine, la gomme, la fécule verte et l'acide malique. La quantité de sucre cristallisé peut être la même ; et cependant, d'après les procédés uniformes que l'on emploie, la quantité de cassonade que l'on retire d'un même volume de vezou diffère considérablement, à cause du rapport variable des autres principes qui accompagnent le sucre cristallisable. Celui-ci, en se combinant avec quelques-uns de ces principes, forme un syrop qui n'a pas la propriété de cristalliser et qui reste dans les mélasses. Une élévation trop grande de la température semble accélérer et augmenter la perte. Ces considérations expliquent pourquoi les *maestros de azucar* se regardent quelquefois, pendant une certaine saison, comme *ensorcelés*, parce que, avec les mêmes soins, ils ne peuvent *faire la même quantité de sucre*; elles expliquent pourquoi du même vezou, en modifiant les procédés, par exemple les degrés de chaleur et la rapidité de la cuisson, on retire plus ou moins de cassonade. On ne sauroit trop le répéter, ce n'est pas de la construction et de la disposition seules des chaudières et des fourneaux qu'on peut attendre de grandes économies dans la fabrication du sucre ; c'est de l'amélioration des procédés chimiques, de la connoissance plus intime des modes d'action de la chaux, des substances alcalines et du charbon animal, c'est de la détermination exacte des *maxima* de température auxquels le vezou doit être successivement exposé dans les diverses chaudières. Les analyses ingénieuses du sucre, de l'amidon, de la gomme et du ligneux, faites par MM. Gay-Lussac et Thénard, les travaux entrepris en Europe sur les sucres de raisin et de betterave, les recherches de MM. Dutrone, Proust, Clarke, Higgins, Daniell, Howard, Braconnot et Desrones ont facilité et préparé ces perfectionnemens : mais tout resté à faire sur les lieux, aux Antilles mêmes. Il est certain qu'on ne pourra améliorer l'amalgamation mexicaine en grand avant d'avoir examiné, pendant un long séjour à Guanaxuato ou à Real del Monte, la nature des minérais mis en contact avec le mercure, le muriate de soude, le *magistral* et la chaux : de même aussi, pour améliorer les procédés techniques dans les sucreries, il faudra commencer, dans plusieurs *yngenios* de l'île de Cuba, à faire analyser, par un chimiste qui connoît l'état actuel de la chimie végétale, de petites quantités de *vezou* retiré, en différens terrains, et dans differentes saisons.

de l'année, soit de la canne à sucre ordinaire ou *créole*, soit de celle d'Otaïti, soit enfin de la canne rouge ou *de Guinée*. Sans ce travail préalable, entrepris par une personne récemment sortie d'un des laboratoires les plus célèbres de l'Europe, et possédant une connoissance solide de la fabrication du sucre de betterave, on pourra parvenir à quelques perfectionnemens partiels; mais la fabrication entière du sucre de canne restera ce qu'elle est aujourd'hui, le résultat d'un tâtonnement plus ou moins heureux.

Dans des terrains qui peuvent être arrosés, ou dans lesquels des plantes à racines tubéreuses ont précédé la culture de la canne à sucre, une caballeria de terre fertile donne, au lieu de 1500 *arrobas*, jusqu'à trois ou quatre mille *arrobas*, ce qui fait 2660 à 3540 kilog. de sucre (*blanco* et *quebrado*) par hectare. En s'arrêtant à 1500 *arr.* et en évaluant, d'après les prix de la Havane, la caisse de sucre à 24 piastres, on trouve que le même hectare produiroit, en sucre, pour la valeur de 870 fr.; en froment, pour la valeur de 288 fr., dans la supposition d'une récolte octuple et du prix de cent kilog. de froment, à 18 fr. J'ai fait remarquer ailleurs que, dans cette comparaison de deux branches de cultures, il ne faut pas oublier que celle du sucre exige l'emploi de très-grands capitaux, actuellement par exemple, de 400,000 piastres pour une production annuelle de 32,000 *arrobas*, ou 368,000 kilogrammes, si cette production se fait dans un seul établissement. Au Bengal, dans des terres arrosées, un acre (à 4044 mètres carrés) rend, d'après MM. Bockford [1] et Roxburgh, 2300 kilog. de sucre brut, ce qui fait 5700 kilog. par hectare. Si cette fertilité est commune à des terrains d'une grande étendue, il ne faut pas s'étonner du bas prix du sucre dans les Grandes Indes. Le produit d'un hectare y est le double plus grand que dans les meilleurs terrains des Antilles, et le prix de la journée de l'Indien libre est presque trois fois moindre que le prix de la journée du nègre esclave à l'île de Cuba.

On comptoit qu'à la Jamaïque, en 1825, une plantation de 500 *acres* (ou 15 ½ *caballerias*), dont 200 acres sont cultivés en cannes à sucre, donnoit, par le travail de 200 esclaves,

---

[1] *Ind. Recreat.* (Calcutta, 1810, p. 73), Roxburgh, Repertory, Tom. II, p. 425.

CHAPITRE XXVIII. 397

100 bœufs et 50 mulets, 2800 cwt, ou 142,200 kilog. de sucre, et valoit, avec les esclaves, 43,000 livres st. D'après cette évaluation de M. Stewart, 1 hectare donneroit 1760 kilog. de sucre brut ; car telle est la qualité du sucre qu'on livre au commerce à la Jamaïque. Nous avons vu plus haut qu'en comptant dans une grande sucrerie de la Havane 25 caballerias ou 325 hectares pour un produit de 32,000 à 40,000 caisses, on trouve 1130 ou 1400 kilog. de sucre terré (*blanco* et *quebrado*) par hectare. Ce résultat s'accorde assez bien avec celui de la Jamaïque, si l'on réflechit sur les pertes qu'éprouve le poids du sucre par le *terrage*, en convertissant le sucre brut en *azucar blanco y quebrado* ou sucre terré. A Saint-Domingue, on évalue un carreau (à 3403 toises carrées $= 1 \frac{29}{100}$ hectare) à 40, quelquefois même à 60 quintaux : si l'on s'arrête à 5000 livres, on trouve encore 1900 kilog. de sucre brut par hectare. En supposant, comme on doit le faire en parlant du produit de toute l'île de Cuba, que, dans des terrains d'une fertilité moyenne, la caballeria (à 13 hectares) donne 1500 arrobas de sucre terré (mêlé de *blanco* et de *quebrado*), ou 1330 kilog. par hec-

tare, il résulte que 60,872 hectares, ou 19 $\frac{3}{4}$ lieues carrées marines (à peu près un neuvième de l'étendue d'un département de la France de moyenne grandeur), suffisent pour produire les 430,000 caisses de sucre terré que l'île de Cuba fournit pour sa propre consommation et pour l'exportation par des voies licites et illicites. On est surpris que moins de vingt lieues carrées marines peuvent donner un produit annuel dont la valeur (en comptant 1 caisse, à la Havane, au taux de 24 piastres) est de plus de 52 millions de francs. Pour fournir tout le sucre brut dont 30 millions de François ont besoin pour leur consommation, et qui est actuellement de 56 à 60 millions de kilogrammes, il ne faudroit [1], sous les tropi-

---

[1] M. Barruel compte 67,567 arpens des eaux et forêts (11 lieues mar. car.) pour 15 millions de kilog. de sucre brut de betterave. (*Moniteur* du 22 mars 1811.) Dans la culture des tropiques, j'ai admis 1900 kilog. de sucre brut par hectare. Je dois des renseignemens très-précis, sur la fabrication du sucre de betterave, à l'amitié et aux obligeantes communications de M. le baron De Lessert, mon confrère à l'Académie des Sciences, qui, par ses publications botaniques, ses immenses herbiers et une bibliothèque également riche

ques, que 9⅚ lieues carrées marines cultivées en cannes à sucre; dans les climats tempérés, que 37½ lieues carrées marines cultivées en betteraves! Un hectare de *bon* terrain semé ou planté en betteraves produit, en France, depuis dix mille jusqu'à trente mille kilogrammes de betteraves. La fertilité moyenne est de 20,000 kilog. qui fournissent 2½ pour cent, ou 500 kilog. de sucre brut. Or, 100 kil. de ce sucre brut donnent 50 kilog. de sucre raffiné, 30 kilog. de sucre vergeoise, et 20 kil. de moscouade. Un hectare de betteraves produit par conséquent 250 kilog. de sucre raffiné.

Peu de temps avant mon arrivée à la Havane, on avoit fait venir d'Allemagne quelques échantillons de ce sucre de betterave que l'on disoit « menacer l'existence des *îles à sucre* en Amérique. » Les planteurs avoient reconnu avec une sorte de frayeur que c'étoit une substance entièrement semblable au sucre de canne, mais on se flattoit que la cherté de

en ouvrages de science et d'économie politique, a facilité, depuis tant d'années, la rédaction des différentes parties de mon *Voyage aux Régions équinoxiales*.

la main d'œuvre en Europe et la difficulté de séparer le sucre cristallisable d'une si grande masse de pulpe végétale rendroit l'opération en grand peu profitable. La chimie est parvenue, depuis ce temps, à vaincre ces difficultés; la France seule a eu, en 1812, plus de 200 fabriques de sucre de betterave qui travailloient avec un succès très-inégal et produisoient un million de kilogrammes de sucre brut, c'est-à-dire *un cinquante-huitième* de la consommation actuelle du sucre en France. Ces 200 fabriques sont aujourd'hui réduites à un nombre beaucoup plus petit que dirigées avec intelligence, et donnent encore plus d'un demi-million de kilog [1]. Les habitans des Antilles, très-

[1] Quoique le prix actuel du sucre de canne non terré soit, dans les ports, de 1 fr. 50 cent. le kilog., la fabrication du sucre de betterave offre encore de l'avantage dans de certaines localités, par exemple dans les environs d'Arras. On en établiroit dans beaucoup d'autres parties de la France, si le prix du sucre des Antilles s'élevoit jusqu'à 2 francs ou 2 francs 25 cent. le kilog., et que le gouvernement ne frappât d'aucun impôt le sucre de betterave, pour compenser la perte que les douanes éprouveroient sur la consommation des sucres des colonies. La fabrication du sucre de betterave est surtout profitable là où elle se lie au système

instruits des affaires de l'Europe, ne craignent plus ni les sucres de betterave, de chiffons, de raisin, de châtaigne et de champignon, ni le café de Naples, ni des indigos du midi de la France. Heureusement l'espoir de voir s'adoucir le sort des esclaves aux Antilles ne dépend pas du succès de ces petites cultures européennes.

J'ai rappelé plusieurs fois que jusqu'en 1762 l'île de Cuba ne versoit pas plus de productions dans le commerce que ne font aujourd'hui les trois provinces les moins industrieuses et les plus négligées sous le rapport de la culture, Veragua, l'isthme de Panama et le Darien. Un événement politique très-malheureux en apparence, la prise de la Havane par les Anglois, réveilla les esprits. La ville fut évacuée le 6 juillet 1764, et de cette mémorable époque datent les premiers efforts d'une industrie naissante. La construction de nouvelles fortifications d'après un plan gigan-

général de l'économie rurale, à la bonification du sol et à la nourriture des bestiaux : ce n'est pas une culture indépendante de circonstances locales, comme la culture de la canne à sucre entre les tropiques.

tesque [1] mit soudainement beaucoup d'argent en circulation; plus tard la traite, devenue libre [2], donna des bras aux sucreries. La franchise du commerce avec tous les ports d'Espagne, et par intervalles même avec les neutres, la sage administration de Don Luys de Las Casas, l'établissement du *Consulado* et de la *Société patriotique*, la destruction de la colonie françoise de Saint-Domingue [3] et l'exhaussement du prix des sucres qui en fut une suite nécessaire, le perfectionnement des machines et des fourneaux dû en grande partie aux réfugiés du Cap François, les liens plus intimes formés entre les propriétaires des sucreries et les négocians de la Havane, les grands capitaux de ceux-ci employés dans des établissemens agricoles (sucreries et caféières), telles ont été successivement les causes de la

---

[1] On assure que la seule construction du fortin de la *Cabaña* a coûté 14 millions de piastres.

[2] *Real cedula de 28 de Febraro de* 1789.

[3] A trois reprises, en août 1791, en juin 1793, et en octobre 1803. C'est surtout la malheureuse et sanguinaire expédition des généraux Leclerc et Rochambeau qui a achevé la destruction des sucreries de Saint-Domingue.

prospérité croissante de l'île de Cuba, malgré le conflit des autorités qui embarrassent la marche des affaires.[1]

Les plus grands changemens qu'ont éprouvés les plantations de cannes à sucre et les ateliers des sucreries ont eu lieu depuis 1796 jusqu'en 1800. On commença d'abord à substituer des manéges à mulets (*trapiches de mulas*) aux manéges à bœufs (*trapiches de bueyes*); puis, dans les Guines, on introduisit les roues hydrauliques (*trapiches de agua*), dont les premiers *conquistadores* avoient déjà fait usage à Saint-Domingue; enfin (à Ceibabo), on essaya, aux frais du comte de Jaruco y Mopox, l'action des pompes à feu (*bombas de vapor*). De ces dernières machines, il y en a aujoud'hui 25 dans les différentes sucreries de l'île de Cuba. La culture de la canne à sucre d'Otahiti devint en même temps plus commune. On introduisit les chaudières de préparation (*clarifica-*

[1] La complication des *autoridades y jurisdicciones* est telle que, dans le Mémoire sur la *situation présente de l'île de Cuba*, p. 40, on compte 25 espèces de *Juzgados* civils et ecclésiastiques. Ce morcellement de l'autorité suprême explique ce qui a été dit plus haut (p. 363 et suiv.), sur le nombre toujours croissant des avocats.

doras) et des fourneaux à réverbère mieux disposés. Dans un grand nombre de plantations (il faut le dire à l'honneur des propriétaires aisés), on montra une noble sollicitude pour la santé des esclaves malades, pour l'introduction des négresses et pour l'éducation des enfans.

Le nombre des sucreries (*yngenios*) étoit, dans toute l'île, en 1775, de 473; en 1817, de plus de 780. Parmi les premières, aucune ne produisoit la quatrième partie du sucre que fabriquent aujourd'hui les *yngenios* du second rang : ce n'est par conséquent pas le nombre seul des sucreries qui puisse donner une idée précise des progrès de cette branche de l'industrie agricole. Dans la province de la Havane, on comptoit

en 1763.................... 70 sucreries
1796.................... 305
1806.................... 480
1817.................... 625

TABLEAU DE LA RICHESSE AGRICOLE DE LA PROVINCE DE LA HAVANE, EN 1817.

PARTIDOS.	SUCRERIES (*Yngenios de azucar.*)	CAFÉIÈRES (*cafetales*).	POTREROS[1].	HACIENDAS de Cria.	PLANTATIONS (*Vegas*) de TABAC.	ÉGLISES.	MAISONS.
Havane............	1	...	12	...	...	31	16,613
Villa de Santiago...	43	17	190	...	30	32	3,327
Bejucal............	49	14	62	...	...	6	872
Villa de San Antonio..	4	124	51	51	76	10	1,684
Guanajay...........	122	295	96	...	...	50	1,159
Guanabacoa.........	9	1	1	...	...	36	5,654
Filipinas...........	...	16	48	196	883	13	1,822
Jaruco.............	135	81	148	...	5	8	1,793
Guines.............	78	55	124	1	10	17	2,055
Matanzas...........	95	83	200	12	...	10	1,954
Santa Clara.........	14	78	220	267	100	7	3,441
Trinidad............	77	55	45	403	150	24	3,914
Total.............	625	779	1197	930	1601	224	42,268

[1] Pour ne pas altérer les traits caractéristiques de

On distingue, dans ce tableau, les districts (Trinidad et Santa Clara) qui conservent encore l'ancienne prédilection pour la vie pastorale et pour l'établissement des *Hatos* destinés à l'éducation des bestiaux ; les districts à tabac (Filipinas, Trinidad) ; enfin ceux qui abondent le plus en plantations de sucre (Jaruco, Guanajay, Matanzas et San Antonio Abad). Les accroissemens partiels sont très-remarquables. En 1796, il n'y avoit dans le *partido* de Jaruco et Rio Blanco del Norte,

l'agriculture des colonies espagnoles, je m'abstiens de substituer des mots françois aux mots espagnols consacrés par un long usage. Les *Hatos* ou *Haciendas de cria* et les *Potreros* sont les uns et les autres des fermes à bétail; mais les premiers, dont l'étendue est souvent de 2 à 3 lieues de diamètre et qui sont dépourvus de clôture, renferment du bétail presque sauvage; ils ne demandent que les soins de 3 ou 4 hommes à cheval (*peones*) qui parcourent le pays pour y découvrir les vaches et les jumens qui ont mis bas, et pour *marquer* les jeunes animaux. Les *Potreros* sont des pâturages en enclos dont souvent une petite partie est cultivée en maïs, en bananes ou en manioc. On y engraisse les animaux nés dans les *Hatos*, et l'on s'y occupe secondairement aussi de la multiplication du bétail (*de pequeñas crias*).

dans les *partidos* des Guines et de Matanzas, que 73, 25 et 27 sucreries : en 1817, on en comptoit 133, 78 et 95.

L'augmentation des dîmes étant, sous toutes les zones, un des signes les plus certains de l'accroissement des richesses agricoles, nous allons en consigner ici le progrès pendant 15 ans. Les dîmes (*rentas decimales arrendadas*) ont été affermées, dans l'évêché de la Havane[1], de 4 à 4 ans, comme il suit :

    de 1789 à 1792 pour......   792,386 piastres.
       1793 à 1796 pour...... 1,044,005
       1797 à 1800 pour...... 1,595,340
       1801 à 1804 pour...... 1,864,464

On voit que, dans la dernière période, la dîme s'est élevée, année moyenne, à 2,330,000 fr., quoique les sucres ne paient qu'une demi-dîme ou un vingtième.

Pour faire connoître, par des exemples de quelques années, les rapports que conser-

---

[1] *Documens officiels* dans lesquels on distingue pour chaque période le produit de 40 *Paroquias* et des *Casas excusadas*, c'est-à-dire les maisons ou habitations dont les dîmes sont réservées et destinées à la construction des églises et des hôpitaux.

vent, je ne dis pas la production, mais les exportations des eaux-de-vie et des mélasses (*miel de purga*) avec l'exportation des sucres terrés, je consignerai ici, d'après les registres de la douane de la Havane, le résultat des années 1815-1824.

ÉPOQUES.	PIPAS d'eau-de-vie.	BOCOYES de mélasse.	CAISSES de sucre terré.
1815	3000	17,874	214,111
1816	1860	26,795	200,487
1817	....	30,759	217,076
1818	3219	34,990	207,378
1819	2830	30,845	92,743
1822	4633	34,604	261,795
1823	5780	30,145	300,211
1824	3691	27,046	245,329

D'après la moyenne des derniers cinq ans, on trouve qu'à l'exportation de 1000 caisses de sucre terré (183,904 kilog.) correspond l'exportation de 17 *pipas* d'eau-de-vie de canne et 130 *bocoyes* de mélasse [1].

[1] *Une pipa de aguardiente* = 180 *frascos* ou $67\frac{1}{2}$ gal-

CHAPITRE XXVIII.

Les frais énormes que causent les grands *yngenios* et de fréquens dérangemens domestiques, effets du luxe et du désordre, placent trop souvent les propriétaires dans la dépendance absolue des négocians [1]. Les emprunts les plus communs sont ceux dans lesquels on

lons; 1 *bocoy* = 6 *bariles*. La pipa d'*aguardiente de caña* qui vaut aujourd'hui, à la Havane, 25 piastres, en valoit, de 1815 à 1819, plus de 35. Le *bocoy de miel de purga* valoit 7 reales de plata. On admet généralement que trois pains de sucre donnent un *baril de miel de purga*, à 2 arrobas. Dans le *terrage*, on met souvent, après la première couche d'argile humectée (*barro*) qui a été foulée par les pieds des animaux sous un hangar (*piza*), une autre couche d'argile (*barrillo*). En ôtant celle-ci, on laisse le sucre terré encore huit jours dans le cône (*horma*) pour que le foible résidu de la mélasse puisse s'écouler entièrement (*para escurrir y limpiar*),

[1] Les contrats entre les négocians capitalistes et les *hacendados* ont laissé aux derniers, surtout à l'époque de la construction de tant de nouvelles sucreries, en 1798, des pertes de 30 à 40 pour cent. Les lois sont contraires à tout emprunt qui excède 5 pour cent, mais on sait en éviter les effets par des contrats fictifs. (*Sedano, sobre la Decadencia del ramo de Azucar*, 1812, p. 17.)

avance des capitaux à *l'hacendado* qui fournit chaque quintal de café, deux piastres; chaque arroba de sucre, deux *reales de plata* au-dessous du prix courant, à l'époque de la récolte. C'est ainsi qu'une récolte de mille caisses de sucre se vend par anticipation (ou *refaccion*) avec une perte de 4000 piastres. La masse des affaires et la rareté du numéraire sont si grandes à la Havane, que le gouvernement même se voit souvent forcé[1] d'emprunter de l'argent à 10 pour cent, et que les particuliers donnent 12 ou 16 pour cent. Les énormes profits que laisse la traite des noirs et qui s'élèvent, à l'île de Cuba, dans un seul voyage, quelquefois à 100 et 125 pour cent, ont beaucoup contribué à la hausse des intérêts, plusieurs spéculateurs ayant emprunté de l'argent à 18 et 20 pour cent, dans le but de vivifier ce lâche et abominable commerce.

Sur des terrains vierges, la première canne à sucre, plantée avec soin, donne des récoltes pendant 20 à 23 ans; puis il faut la replanter tous les trois ans. A l'Hacienda de Matamoros,

---

[1] Je rappelle l'*emprestito de la Intendencia de la Havana* du 5 novembre 1804.

il existoit, en 1804, un carreau (*cañaveral*) exploité depuis 45 ans. Les terrains les plus fertiles pour la production du sucre sont aujourd'hui les environs du Mariel et de Guanajay. La variété de canne à sucre, connue sous le nom de *Caña de Otahiti*, que l'on reconnoît de loin par un vert plus frais, a l'avantage de fournir à la fois, sur une même étendue de terrain, $\frac{1}{4}$ de suc de plus et une *bagasse* plus ligneuse, plus épaisse, et par conséquent plus riche en matières combustibles. Les raffineurs (*maestros de azucar*), qui ont tout l'orgueil des demi-savans, prétendent que le *vezou* (*guarapo*) de la *Caña de Otahiti* est plus facile à traiter, et qu'il donne du sucre cristallisé en ajoutant [1] moins de choux ou de potasse au vezou. Cette *canne de la Mer du Sud* présente sans doute, après 5 à 6 ans de culture, le chaume plus mince; mais les nœuds restent toujours plus éloignés les uns des autres que dans la *Caña creolia* ou *de la tierra*. La crainte qu'on avoit conçue d'abord de voir la première dégénérer peu à peu en canne à

---

[1] Au moment où l'on ajoute la chaux, les *écumes* noircissent; le suif et d'autres corps gras font aller l'écume (*cachasa*) au fond et la diminuent.

sucre ordinaire [1] ne s'est heureusement pas réalisée. On plante la canne, à l'île de Cuba, dans la saison des pluies de juillet en octobre : la récolte se fait de février en mai.

A mesure que, par des défrichemens trop rapides, l'île est devenue déboisée, les sucreries ont commencé à manquer de combustible. On s'étoit toujours servi d'un peu de *bagasse* (de la canne à sucre dépourvue de son suc), pour vivifier le feu sous les anciennes chaudières (*tachos*); mais ce n'est que depuis l'introduction des fourneaux à réverbère par les émigrés de Saint-Domingue qu'on a tenté de se passer entièrement du bois, et de ne brûler que la *bagasse* seule. D'après l'ancienne construction des fourneaux et des chaudières, on brûle une *tarea* de bois, à 160 pieds cubes, pour produire 5 arrobas de sucre, ou, pour 100 kilog. de sucre brut, il faut 278 pieds cubes de bois de citronnier et d'oranger. Dans les fourneaux à réverbère de Saint-Do-

---

[2] Sur ces variétés et sur l'histoire de leur introduction, *voyez* Tom. V, p. 102, 103, 104, 218 et 219. Les caisses de sucre venant du *Mississipi* dans des bâtimens qui en chargent 3000, sont de pins et de cyprès. En 1804, elles coûtoient 14 à 18 réaux la pièce.

mingue, une charrette de bagasse, à 495 pieds cubes, produisoit 640 livres de sucre brut, ce qui fait 158 pieds cubes de bagasse pour 100 kilog. de sucre. J'ai tenté, pendant mon séjour aux Guines, et surtout à Rio Blanco, chez le comte de Mopox, plusieurs nouvelles constructions, dans le but de diminuer la dépense de combustible, d'environner le foyer de substances qui conduisent mal la chaleur, et d'obtenir que les esclaves souffrissent moins en attisant le feu. Un long séjour dans les salines d'Europe, et des travaux de halurgie pratique auxquels je m'étois adonné dans ma première jeunesse, m'avoient fait naître l'idée de ces constructions qui ont été imitées avec quelques succès. Des couvercles de bois, placés sur les *clarificadoras*, accéléroient les évaporations et me faisoient croire qu'un système de couvercles et de châssis mobiles munis de contrepoids pourroit s'étendre aux autres chaudières. Cet objet mérite un nouvel examen; mais il faut évaluer avec soin le volume du *vezou* (*guarapo*), le sucre cristallisé qu'on retire et celui que l'on détruit, le combustible, le temps et les dépenses pécuniaires.

Dans les discussions sur la possibilité de remplacer, en Europe, le sucre des colonies par le *sucre de betterave*, on a avancé sur le prix du sucre de canne plusieurs assertions qui ne sont pas exactes. Voici des données qui pourront servir à des comparaisons plus précises. Le prix qu'ont les sucres des colonies [1], en Europe, se compose, 1° du prix d'achat primitif; 2° du fret et des assurances, et 3° des droits d'entrée. Le prix d'achat dans les Antilles n'est aujourd'hui que le tiers du prix de vente en Europe. Lorsqu'à la Havane, un mélange égal de sucre blanc et blond (*blanco y quebrado*) coûte 12 reales de plata

---

[1] On ne sauroit douter qu'aujourd'hui le profit des planteurs (*hacendados*) de la Havane ne soit beaucoup moindre qu'on le croit généralement en Europe; cependant un calcul très-ancien de Don José Ignacio Echegoyen sur les *frais de fabrication* du sucre me paroît un peu exagéré. Cet homme, d'une grande expérience dans la partie technique, comptoit que la fabrication de 10,000 arr. de sucre causoit au propriétaire une dépense annuelle de 12,767 piastres et engageoit un capital de 60,000 piastres. La dépense seroit par conséquent de 55 francs les 100 kilogrammes; et, en supposant leur valeur de 65 francs (à peu près de 24 piastres la *caxa*), le capital de 60,000 piastres ne porteroit, d'après des suppositions si défavorables, qu'un

l'arroba, une *caxa*, à 184 kilog., vaut 126 fr. 48 cent.; par conséquent le prix de 100 kilog. de sucre terré est de 68 francs 69 centimes, en évaluant, dans ce calcul, la piastre à 5 fr. 27 cent. Dans les colonies françoises, le prix d'achat primitif est de 50 francs les 100 kilogrammes de sucre brut, ou de 50 cent. le kilogramme. Le fret et les assurances s'élèvent aussi à 50 cent. Les droits sont de 49 francs 50 cent. les 100 kilog., ou de 49 ½ cent. le kilogramme; d'où résulte le prix total du sucre brut dans les ports (par exemple au Havre) de 1 fr. 50 cent. Le suc des betteraves, cultivées dans des climats tempérés, ne contient

intérêt de 3 $\frac{6}{5}$ pour cent. Ce calcul, qui m'a été communiqué à la Havane, date de 1798, d'une époque où les frais de fabrication, ceux d'achat de terres et de nègres étoient bien moindres qu'ils ne le sont aujourd'hui. Mais il ne faut pas oublier, 1° que les mélasses et la production des eaux-de-vie dont la *pipa* vaut 25 piastres et qui peuvent s'élever à ¼ de la valeur du sucre fabriqué, ne sont pas portés en ligne de compte; 2° que M. Echegoyen composoit son mémoire pour prouver combien la dîme sur la production du sucre étoit vexatoire, et qu'il a cru devoir exagérer les frais des *hacendados*. (*Voyez* plus haut, p. 389; *Patriota*, Tom. II, p. 65, et le mémoire déjà cité de Don Diego Jose de Sedano *sobre la Decadencia del ramo de Azucar*, 1812, p. 5.)

que le tiers ou le quart du sucre cristallisé [1] que renferme le *vezou* ou suc de la canne à sucre sous les tropiques; mais les fabriques de betteraves gagnent, en fret, en assurances et en droits, 10 sols, ou $\frac{2}{3}$ du prix total par livre de sucre brut sur les sucres des colonies. Si ces derniers étoient entièrement remplacés par des sucres indigènes, les douanes de France perdroient, dans l'état actuel des choses, annuellement près de 29 millions de francs.

[1] Le comte Chaptal ne suppose aussi, en sucre brut, que 210 kilog. par 10,000 kilog. de racines de betteraves ou $2\frac{1}{10}$ pour cent du poids entier. (*Chimie appliquée à l'Agr.*, Tom. II, p. 452). Comme les racines bien râpées donnent 70 pour cent de suc, on peut compter que l'on retire, année commune, $3\frac{1}{2}$ pour cent de sucre brut du suc de la betterave. Dans quelques localités, ce suc contient, en Touraine, jusqu'à 5 pour cent de sucre cristallisable, de même qu'à Java, on compte quelquefois 25 à 30 pour cent de sucre dans le *vezou* de la canne à sucre! Le produit d'un hectare dans cette île ne diffère cependant, pour des terrains d'une fertilité moyenne, que très-peu de produit auquel nous nous sommes arrêtés (p. 396 et 397) pour l'île de Cuba. M. Crawfurd évalue l'acre anglois, à Java, à 1285 livres avoir du poids de sucre terré, ce qui fait 1445 kilog. par hectare (*Hist. of the Ind. Arch.*, Tom. I, p. 476.)

FIN DU ONZIÈME VOLUME.

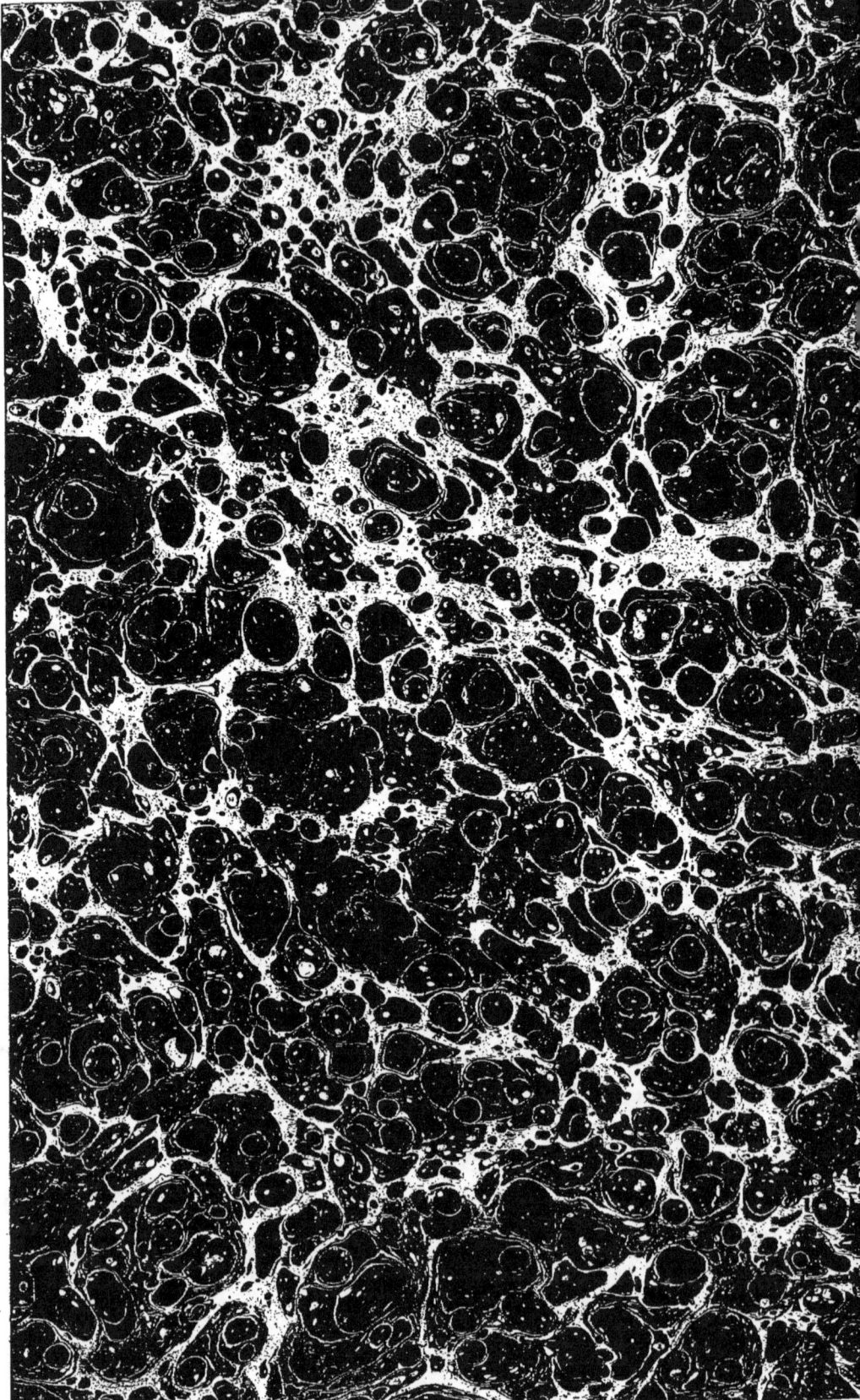

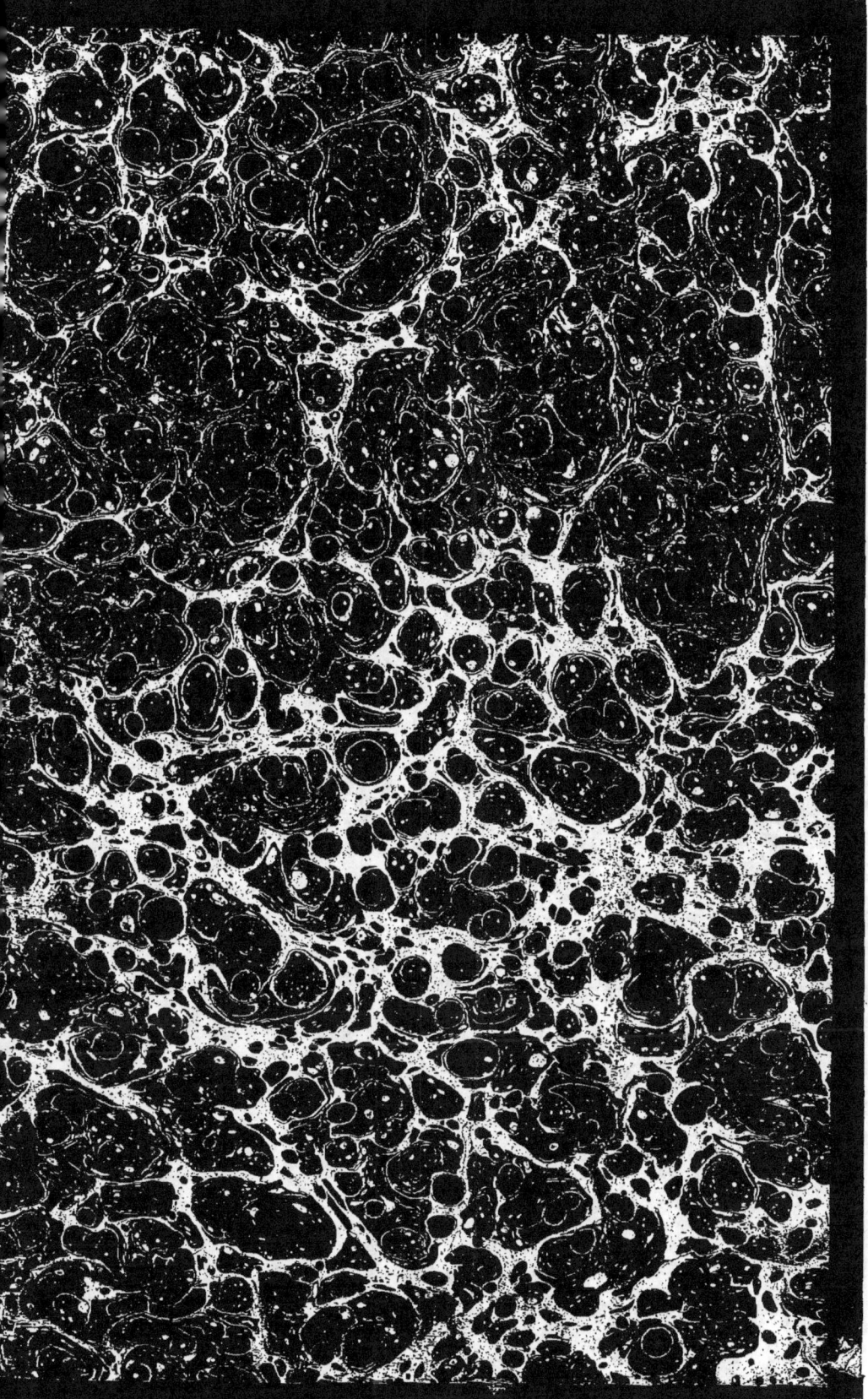

www.ingramcontent.com/pod-product-compliance
Lightning Source LLC
Chambersburg PA
CBHW070622230426
43670CB00010B/1614